本书受国家社科基金项目"城市家政服务业发展⋯⋯
（项目编号：20BSH116）资助出版，是该项目的阶段性成果。

家政学研究生系列教材

丛书主编　赵媛　熊筱燕

家政企业信用管理

主编　赵自强　熊筱燕　李胜楠

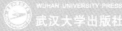

WUHAN UNIVERSITY PRESS
武汉大学出版社

图书在版编目(CIP)数据

家政企业信用管理/赵自强,熊筱燕,李胜楠主编.—武汉:武汉大学出版社,2023.11

家政学研究生系列教材

ISBN 978-7-307-23872-5

Ⅰ.家… Ⅱ.①赵… ②熊… ③李… Ⅲ.家政服务—服务业—企业经营管理—教材 Ⅳ.F719.9

中国国家版本馆 CIP 数据核字(2023)第 141461 号

责任编辑:田红恩 责任校对:鄢春梅 版式设计:韩闻锦

出版发行:**武汉大学出版社** (430072 武昌 珞珈山)

(电子邮箱:cbs22@whu.edu.cn 网址:www.wdp.com.cn)

印刷:武汉邮科印务有限公司

开本:720×1000 1/16 印张:17 字数:276 千字 插页:1

版次:2023 年 11 月第 1 版 2023 年 11 月第 1 次印刷

ISBN 978-7-307-23872-5 定价:88.00 元

家政学研究生系列教材

丛书主编　赵媛　熊筱燕

《家政学研究生系列教材》编委会

丛书主编

赵　媛　熊筱燕

编　委（以姓氏拼音为序）

柏　愔　高爱芳　黄　颖　金一虹　李　芸　沈继荣　王　佩

薛传会　许　芳　熊筱燕　徐耀缤　鄂继尧　杨　笛　张戌凡

赵　媛　赵丽芬　赵自强　周　薇　朱运致

丛 书 序

党的十九大报告指出："新时代我国社会主要矛盾是人民日益增长的美好生活需要和不平衡不充分的发展之间的矛盾"，"保障和改善民生要抓住人民最关心最直接最现实的利益问题"。随着我国城乡居民收入水平不断提升，人口老龄化程度不断加深以及二孩、三孩政策的推进实施，家庭管理及家政服务日渐成为新时代满足人民日益增长的美好生活需要的重要领域。

但由于长期以来我国家政学专业未得到充分发展，导致家政专业人才短缺，人们家庭治理能力弱化，家政服务质量与社会的发展、人们的需求尚存在差距。为促进我国家政服务业提质扩容，实现高质量发展，2019 年 6 月 26 日，国务院办公厅印发《关于促进家政服务业提质扩容的意见》，提出 10 个方面的重点任务，其中第一条就是"采取综合支持措施，提高家政从业人员素质。包括支持院校增设一批家政服务相关专业……"。同年 7 月 5 日，教育部出台政策，鼓励高校开设家政专业，要求原则上每个省至少有一所本科高校和若干职业院校开设家政相关专业。种种现象表明，随着家政服务业的快速发展，我国的家政教育也将步入一个新的发展阶段。随着高校家政专业的不断开设，一方面家政学的本专科毕业生有进一步深造的需求，另一方面各学校家政学的专业师资严重不足，此外，家政服务业的高质量发展也需要高层次家政学人才提供智力支持。2020 年河北师范大学获批家政学交叉学科硕士点，2021 年南京师范大学获批社会学一级学科下家政学二级学科硕士点。相信随着家政服务业的高质量发展，家政学研究生培养的规模会越来越大，为此，我们组织编写《家政学研究生系列教材》，以期进一步推动我国家政学研究生教育。

家政学是一门以家庭生活为主要研究对象，以提高家庭物质生活、文化生活、伦理感情生活质量，促进家庭成员健全发展，解决家庭问题、协调家庭关系为目的的综合性应用学科，研究内容包括家庭生活规律的科学认知、家庭生活管理、家庭生活技能以及家庭生活服务等，该套研究生系列教材涉及家政学的主要研究领域。不同于本科生教材的更注重基础性和系统性，该套教材在系统阐述某领域主要研究内容之后，以专题的方式，探讨该领域研究或发展中的热点、难点及痛点问题，理论与实践相结合，带着问题思考，更注重学生发现问题、分析问题及解决问题能力的培养。"立德树人"是教育的根本任务，习近平总书记要求"要坚持把立德树人作为中心环节，把思想政治工作贯穿教育教学全过程，实现全程育人、全方位育人"。家政学是以提高家庭生活质量为目标，家政学的研究对象及研究内容关涉人的身心发展以及人与人的交往交流等，因此，坚持"立德树人"，将课程思政融入到教材的编写之中是本套教材的重要遵循和特色。

南京师范大学金陵女子学院的前身金陵女子大学是我国最早设立家政学专业的高校，1940年吴贻芳校长参照美国学科设置模式，在金陵女大创办家政系。家政学是金陵女大的品牌专业，毕业生中赴国外继续深造者很多，在国内外产生很大的影响力。金陵女子学院传承金陵女大家政学传统，早在1994年就创办过周末家政学校，并面向社会开设短期生活技能培训班；1996年成立家政教育与社区发展研究中心。江苏省家政学会是全国第一个家政学会，自1996年成立起一直挂靠在金陵女子学院，学会与国际家政学会、亚洲家政学会一直保持着密切联系。2020年11月在江苏省促进家政服务业提质扩容联席会议办公室成员单位的倡导和推动下，在南京师范大学成立江苏家政发展研究院，经过多年的研究与实践，形成了一支具有一定影响力的团队。本套教材是南京师范大学金陵女子学院集体智慧的成果，计划出版12本，内容包括家政学的基本理论、思想与方法，家庭发展、治理、教育等相关问题，家庭健康、财富管理等技能，以及家政服务业经营管理等理论与方法。

推动家政服务业高质量发展，家政服务高质量人才培养是动力。在欧美、日本等地区和国家，家政学已经建立起从本科、硕士到博士的完整人才培养体系。我国应在加强职业教育和职业培训的同时，鼓励高校开设家政本科专业，扩大硕士研究生培养，并积极增设博士点，构建家政学高质量人才培养体系。该套《家政学研究生系列教材》的编写出版，希望能为我国家政学学科建设、人才培养和家政服务业高质量发展贡献绵薄之力！

赵 媛 熊筱燕
2021年7月于金陵

前　言

  家政企业信用管理是现代家政企业管理的核心内容之一，是构建现代家政企业管理体系、防范家政信用风险、加强家政企业内部控制、提升家政企业市场竞争力的重要手段和措施，是进一步规范家政信用市场秩序、推动社会信用体系建设、促进中国特色社会主义市场经济发展与完善的强大动力。南京师范大学是教育部批准试点开办家政管理硕士点建设的一所大学。目前，该专业设在南京师范大学金陵女子学院，将从 2021 年开始面向全国招收研究生。本书在家政专业授课讲义的基础上，几经修改与完善，既可作为家政管理研究生的基础课教学的教材，也可作为各项家政企业信用管理培训的基础教材。

  本书由南京师范大学的赵自强和熊筱燕以及中山大学的李胜楠统稿。参加本书编写的人员如下：第一章，李胜楠；第二章，陈紫颖、赵自强；第三章，纪苏源、熊筱燕；第四章，赵自强、熊筱燕、张皖宁；第五章，颜琪；第六章，李胜楠；第七章，徐勤勤。在本书编写过程中南京师范大学的赵自强、熊筱燕负责前期策划，中山大学的李胜楠协助全书的校对与调整，最后由南京师范大学赵自强和熊筱燕通读全书并审定。本教程阐述家政企业信用管理的内涵和意义，介绍家政企业信用征信管理、家政企业信用风险分析方法、家政企业信用政策的运用与评价以及家政企业信用管理机构设置，详述家政企业信用评价的研究思路与目的、家政企业信用评价指标体系的构建、提升家政企业信用管理的路径、家政企业面临的风险及应对措施方法和管理流程以及信用风险转移的方式与途径、家政企业家政信用管理部门的组织结构，同时介绍了家政企业信用信息化管理及企业信用管理中的相关法律问题，重点章节配置了相关案例并加以讨论。我们在教学与编写的过程中深深认识到，家政企业信用管理既是现代家政企业管理的重要内容，又是一个需要在实践中不断丰富和发展的新课题。对于本书的编写完成，我们虽然付出了很大的努力，但难免存在不尽如人意之处，恳请专家学者以及读者批评指正。

目　　录

第一章 家政企业

家政企业是改革开放、城市经济繁荣和城市建设高速发展的产物。家政企业在我国发展30多年的时间，截至2021年4月，目前在册的家政企业约为212万家，从业人数达3504万人。随着人均收入水平的不断增长，我国家政服务市场飞速发展，中国家政服务行业市场规模正不断扩大，业务服务范畴也日益广泛，因此，对家政企业进行信用评价具有重要的现实意义。

第一节 家政企业概述

家政企业是依法设定专门从事家政服务活动的经营实体，其目的就是为居民提供服务。而家政服务人员指的是具有家政服务能力或经国家劳动技能部门考核及评定取得家政服务资格的人员，家政服务人员可分为家政员和家政师。家政员是指凡具备可以为所服务的家庭料理家务、照顾其家庭成员、管理家庭有关事务的能力的人员，可分为初、中、高三级；参加国家劳动技能考核及鉴定取得资格证认定的，并能从事家政服务事务或对家政服务活动实施管理的人员，称为家政师，可分为1、2、3三个等级。

一、家政服务的特性

（一）家政服务范畴

家政服务属劳务密集型独立营运的第三产业范畴，是一种古老而又新兴的新型服务产业，其职业内涵也发生了全新的变化。

（二）服务形式

1. 服务项目：家政企业开始经营项目比较单一，如保洁、老人护理等。随着家政服务理念的更新，经营逐渐向全方位、多元化的方向发展，目前出现了家庭秘书、家庭理财、生活陪伴、营养师、茶艺插花等二十多种服务项目。

2. 服务组织：家政企业是为居民提供家务服务的组织，目前家政企业正在逐渐由单一的家庭服务，向家政培训机构、家政服务咨询等较复杂的家政企业组织形式转变。

（三）服务人员

1. 家政服务人员性别：在家政服务整个行业内，从业人员以女性居多，男性从事家政服务行业的人员较少。

2. 职业道德：家政服务员只有具备良好的职业道德和柔和的性格特征，才可以更好地为家庭服务。

3. 生活技能：家政服务员不但应具备熟练的家务料理技能，还要略懂法律、安全、卫生、电器、护理等生活基本常识。

二、我国家政企业的运营现状

目前我国的家政企业正处于飞速发展的时期，家政服务市场潜力巨大、商机无限，家政企业在拓展服务范围、改善生活质量、吸纳下岗失业人员、培育打造家政品牌和提高行业地位等方面占据了重要地位。

（一）我国家政企业的发展阶段

改革开放以来，我国家政企业的发展经历了三个阶段：

1. 萌芽阶段：在 20 世纪 80 年代末至 90 年代初，家政企业刚刚兴起，规模小、信誉度低。人们通常是到劳务市场寻找家政服务人员。

2. 破土而出阶段：90 年代末期，少数个体家政企业已开始出现，基本可以解决家政服务问题。

3. 扩张发展阶段：21 世纪初，家政企业如雨后春笋般出现在中国大地，突出服务特色，打造了一批品牌家政企业。随着家政服务需求不断扩大，公司利润不断增长，规模不断壮大，家政服务正处于持续扩张发展阶段。

（二）我国家政企业发展的成效

1. 行业地位不断提高。随着家政行业发展速度的加快，社会各界越来越意识到家政服务的重要性，对家政服务的需求和品质要求也在不断提升。

2. 品牌公司大量涌现。许多家政企业在运作过程中，注册商标，实施品牌战略，使得行业中新涌现出一大批品牌公司，他们在做好自身经营的同时，对整个行业的健康发展起到了积极作用，为家政服务业的规范发展树立了新风标。

3. 服务范围逐渐拓宽。整个家政行业向多元化发展，家政现有服务项目已逐步细化，服务对象由最初的家庭向社会拓展。家政服务逐步由家庭向单位后勤、社区服务延伸，甚至向城市道路保洁、城市设施的养护等政府公共领域拓展。此外，有的家政公司还搭建起网络平台，拓展了商务服务。

4. 协会凝聚力日渐增强。家政服务行业协会建设不断加强，家政企业与政府间的沟通渠道逐步理顺，协会在解决行业中共性问题、整顿行业发展秩序等方面发挥着举足轻重的作用。家政企业加入协会积极性日益高涨，使协会的凝聚力逐渐增强，为家政服务业的有序发展提供了组织保障。

（三）我国家政企业发展中存在的问题

目前，在我国家政企业的发展过程中，内部问题层出不穷，使得目前的家政企业处于小而多、散而乱、差而难的现状。

1. 家政企业规模小

（1）家政企业门槛低：家政企业创业投资小，绝大多数在10万元左右，有的甚至只需投入几万元就可以开办一家小型家政机构。还有很多家政企业仅是社区机构或者是单位的一个部门，没有到工商局注册就无证经营。

（2）家政企业数量多：据不完全统计，目前我国家政服务企业和网点达200多万家，因为缺乏市场准入机制，导致家政企业进入门槛低，企业数量繁多。如此低的门槛不仅不利于家政企业的长远发展，而且会给从业者、消费者带来不良影响。

2. 家政企业经营欠规范

目前，家政企业经营之所以乱，就是缺乏有效规范，经营无序，鱼龙混杂。主要表现在：

（1）组织化程度低：80%的家政企业零零散散、各自为政；收费随意化、服务自由化；管理机构不统一，服务质量没有衡量的标准；营业时间不固定；收费标准不统一，运行随意无序。有些家政企业，缺乏安全保障机制和后续服务，在推荐人员的质量和保证家庭安全等方面无章可循，使得市场处于无规范约束状态。

（2）缺少统领行业的业态方式：因为家政服务行业是一个新兴的市场，无系统、无章法、无制度、无标准，家政企业各自为政，试图以自己的管理体系统领整个行业，但无法得到其他家政企业的认同。

（3）缺乏其他行业的借鉴：大多数家政企业的管理者，很少借鉴、学习、了解其他行业的经验。在我国经济高速发展的背景下，家政服务行业要想更好地发展壮大，就必须吸取其他行业的经验，绝对不能闭门造车。

（4）只重视眼前利益：大多数家政企业只注重眼前利益，忽视长久利益，单纯把家政服务质量的不足归结为家政从业人员素质低，却忽视了公司管理制度上的漏洞。

（5）政府管理缺位导致公司不规范：由于行业管理部门缺乏有效规范，导致市场鱼龙混杂，例如，从业人员的身份确定、健康要求、待遇规定、持证上岗等没有统一的管理机构，服务质量没有一致的衡量标准，市场价格缺乏统一的定价等，在一定程度上制约了家政服务业的快速健康有序发展。

3. 家政企业管理层次跨度大

客户与家政企业及家政服务员之间存在着文化底蕴、素质、价值观等方面的差异。家政企业在服务过程中，如果中间环节应有的缓冲作用不到位，管理难度就会加大。

（1）家政企业管理者经验不足。行业中很少有高学历、高能力的人有意愿做家政管理。目前，高学历的人做不到"从行业中来到行业中去"，而大批未接受过高等教育的人却涌入家政服务行业。虽然他们能做到从行业中来，但看问题缺少高度，在管理经营方面出现的很多问题难以解决，限制了家政企业的发展。

（2）家政企业功能实现的失调。家政服务行业是一个特殊的行业，是人现场操作产生的没有载体呈现的服务。家政企业在服务过程中是起协调作用的管理者，但是家政企业缺乏对家政服务员的人性化管理，缺少对客户的售后服务，造成功能失调。

（3）家政企业内部管理上下脱节。由于家政服务员的工作不直接受家政企业管理，公司在制度、条例等方面没有系统化，更不易于管理。公司管理人员不了解基层的工作内容，无法洞察所出现的问题，不理解所出现问题的严重性，导致了上下级之间缺乏沟通，管理脱节。

（4）价值趋向的不同。家政服务员的价值观是生存，而公司的价值观是发展，实现盈利，二者的价值观存在差异。当公司的管理无法满足家政服务员的生存需要时，会提高员工离职率，降低企业凝聚力，不利于企业长远发展。

4. 培训工作不到位

目前，由于缺乏师资和相应教材，加上标准不统一，家政服务的培训不能系统进行，导致培训质量不高，服务过程中存在安全隐患，出现职业道德问题，使行业整体声誉受到影响。

（1）家政服务员整体水平不高。主要表现在不能够正确对待善意的批评和教育，个人意识比较强，认识不到自己的不足等。比如：有些家政服务员在客户家随意接打电话、带亲友到客户家、向客户暗示加工资、偷吃嫌疑、经常外出不向客户打招呼或总是迟归、买菜虚报金额，且不会很好地从自身找原因等。因此，必须加强岗前培训，既要培训服务技能，又要讲授基本的法律知识，还要让他们了解自己的权利和义务。

（2）家政企业对培训重视不够。家政服务行业没有实行持证上岗和就业准入，导致从业人员参加培训的积极性不高，不少家政服务员没有经过专业系统培训就被推荐上岗，服务仅依靠日常经验和生活习惯。家政企业考虑到成本因素，也不愿意在培训方面进行过高投入。

5. 家政服务的消费尚需引导

（1）客户的需求难以保证。目前家政服务可供选择的余地小，难以找到安全可靠和服务质量满意的人选，故不得已而选择放弃使用家政服务员的需求。

（2）客户缺乏耐心与包容心。第一次进入岗位的家政服务员，对城市生活常识和生活习惯缺乏了解，同时缺乏合同观念和劳动纪律观念。而有些客户缺乏耐心与包容心，无法与家政服务员和谐相处，导致家政服务员无法提供令顾客满意的服务。

（3）客户故意试探或者诱惑，让家政服务员难以接受。有些客户把贵重物品摆放在显眼的位置，或者经常在家政服务员面前显露钱财，导致家政服务员出现不平衡的心理；有些客户过于严厉、苛刻，造成家政服务员不堪重负而出走，甚至因为在客户家受气，为了报复铤而走险。

6. 权益保障机制不健全

目前，社会相关权益与保障机制不健全，纠纷或事件的处理缺乏政策和法规依据，给家政服务员、家政企业及客户带来许多后顾之忧。

（1）无法确保弱势群体权益。客户对弱势群体家政服务员在心理上呈现出既接纳又排斥的复杂心态，也使得家政服务员无法真正融入城市生活。她们被推向"边缘人"的艰难境地,无形中在就业、求知、社交等诸多方面受到限制,制约了家政服务员自身的进步和发展。家政服务员一般维权意识薄弱,不知道自己有什么权利,遇到客户的侵权行为,如歧视、虐待、性骚扰、罚站、罚跪等问题往往想不到投诉、维权,只是一走了之。家政服务人员权益的保护和个人安全无可靠保障,社会保险无法可依,行业立法严重滞后,家政服务人员仍有后顾之忧。

(2)三方责权利难以界定。由于家政服务行业法律不健全,家政服务缺乏公认的客观衡量标准和社会担保机制。一旦客户和家政服务员发生纠纷,难以维权,造成了客户和家政服务员的心理负担较重。同时,家政企业是否具备合法资格,如营业执照、税务登记证,家政服务人员是否有健康证、身份证、学历证书、培训证书等,服务协议是否规范,在服务中有无侵害客户人身安全、财产的行为等需要统一标准。

7. 供需信息的不对称

供不应求是当前家政行业发展的一大症结。即使人们就业意愿强烈,也不愿意涉足家政服务业。究其原因主要有:

(1)旧观念的作祟不可忽视。家政服务业是从传统保姆发展过来的行业,在"伺候人"、低人一等的旧观念影响下,仍被社会上一些人看不起,同时也没有得到应有的尊重,由此产生的自卑感,导致人们从事家政服务业的意愿偏低。

(2)家政服务业尚未真正获得社会的认可。由于世俗成见的影响,家政服务业并没有真正以一个新兴产业的身份获得过全社会普遍的认可,而被认为是一种不需要技能的低级劳动。

三、家政企业的前景

我国家政服务业已粗具规模。家政服务作为一个行业并不年轻,但作为一个产业实属朝阳,是新兴、新型第三产业的代表。

(一)家政服务与管理的发展前景

纵观目前家政企业的经营状况,无论从政策还是市场来分析,都蕴藏着巨大的商机。

1. 家政服务需求逐渐增大

据调查统计,全国各城市对家政服务员的需求量日益增多,而实际从业人员只占需要量的 60%，还有 40% 以上的缺口。

（1）家庭结构的改变。我国社会家庭结构变化正在发生显著变化，家庭结构小型化夫妻核心化、人口老龄化等社会现象日益突出，家庭成员从事日常事务工作的压力越来越大，因此通过社会上专业家政服务帮助管理家事的需求越来越多。

（2）社会进步创造新的家政服务业需求。我国逐渐成为中等收入国家，居民收入的增加，为家政服务市场需求提供了物质条件和消费能力，相当一部分居民已经有能力支付此类消费。

2. 家政服务国际化进程加快

（1）"菲佣"的出现加速了我国家政服务的国际化进程。"菲佣"属于"智家型"的综合性家政人才，具有训练有素的家政技能、流利的英文、为人称道的职业素养具备文化水平高、敬业精神强、温柔可亲、诚实可靠、爱清洁、关心客户等特点。"菲佣"的出现迅速引起世界的关注，为了保护本国的家政服务市场不被占领，中国及世界各国都在强化家政服务人员的培训，提高本国家政服务人员服务质量，以抗衡愈演愈烈的"菲佣热"，无形之中促进了家政服务的国际化进程。

（2）对外开放加速了我国家政服务的国际化进程。随着我国对外开放步伐的加快，大量境外人士常驻境内，带动了家政服务的需求，同时也促进了境内家政服务水平向国际标准靠近。

（3）我国家政服务特色品牌的涌现加速了国际化进程。中国特色的家政服务品牌已具备向海外输出的水准，已有一家政特色品牌走出国门、走向世界，为各国人民提供优质的特色家政服务，同时也带动国内家政服务与国外家政服务的交流与融合。

3. 家政服务发展的新机遇

（1）国家加大扶持力度。党中央和国务院对加快家政业发展的扶持力度加大，并给予专项资金支持，各地政府相继出台了相关条例法规，来维护家政服务行业的合法权益。2009 年国务院八部委联合办公并成立了"家扶办"，同年，商务部、财政部、全国总工会开始实施"家政服务工程"，加大了对家政服务人员培训和家政服务网络中心建设的资金扶持力度。2010 年国家继续推行"家政服务工程"，与 2009 年不同的是，国家增加了对家政服务企业的资金扶持力度。2010 年 9 月时任国务院总理温家宝主持召开国务院常务会议，研究部署发展了家政服务业的五项政策措施，对实现家政服务业的市场化、产业化、社会化起到了巨大的推动作用。

（2）家政服务网络的建设完善。进一步完善城市社区服务设施，整合资源，鼓励大中城市依托大型服务企业，积极推进建设家政服务网络中心，提供安全便利的家政服务。

（3）从业结构的改变。高等教育的快速发展，全民素质的提高，使得家政从业结构正在发生改变。一些高学历、高素质的人员开始涉入这个行业。同时，随着人们更加注重生活水平的提高，家政服务也从一种简单的佣家型服务向着复杂的智家型服务转型。

（4）专业化分工越来越明显。企业多样化发展，服务细分进一步突出，为系统的家政服务提供了发展空间。目前的家政服务已由简单的服务延伸到生活的方方面面，涉及家务服务的 20 多个领域、200 多个服务项目。

（5）家政服务业具有强大的就业吸纳能力，这也是这一行业发展潜力巨大的原因之一。据劳动保障部门调查显示，全国 1.3 亿城镇家庭可提供近5000 万个就业岗位，就业容量和发展潜力巨大。

（二）家政企业的发展方向

家政服务业的发展，使得一批龙头家政企业迅速崛起，并成为推进家政企业发展及其规模扩张和发展方式转变的中坚力量，同时也是家政企业规范化、标准化和品牌化的先行实践者。

1. 家政服务社会化

家政服务社会化是家政服务发展的源泉。家政服务社会化是指家政服务工作由封闭到开放，服务对象由特殊到普遍，服务内容由单一到复杂，服务方式由单渠道到多渠道的发展过程。社会化是以社会效益为目标兼顾经济效益。家政服务社会化的结果就是更多的社会成员能够享受到家政服务，有助于人们对家政服务的了解，也有利于家政企业自身的发展。

2. 家政服务市场化

目前随着家政服务范围日益扩大，服务分工更加精细，从业人员的服务水平尚不能满足目前市场的需求，专业的家政服务人员则少之又少。这就必然要求家政服务行业以市场需求为导向，建立市场反馈机制，加强市场监管，公平竞争、优胜劣汰，实现资源充分合理配置，培养更加专业化的服务人员，从而推动未来家政服务的市场化。

3. 家政服务产业化

我国家政企业在经历十几年的发展后，已经拥有了良好的基础，虽然目前仍未达到产业化发展，但家政服务产业化是其发展的必然趋势。

4. 家政服务信息化

家政服务信息化是家政服务业发展过程中非常重要的一个方面。近年来，很多家政企业以建立家政服务信息网平台为切入点，综合运用多种信息化手段，建立全方位、多功能、一体化的信息展示、用户之间信息交流和技能培训平台，充分实现了资源整合和共享。

5. 家政服务规范化

家政服务规范应从国家政策的角度、企业管理的角度等几个层面加以规范。政府加强管理措施及规范化管理，制定相关政策法规，企业加强自身管理水平，强化服务质量，才能促进家政服务业向产业化进程发展。

（三）家政企业信用管理科学化的意义

1. 对提供优质服务有巨大的推动作用

现代社会，一方面双职工家庭增多、生活节奏加快、竞争激烈，人们都追求事业上的发展和家庭生活质量的提高，减少了家务劳动和与家人沟通的时间，家庭关系容易出现问题；另一方面人们对子女教育有了更高的要求，对老人的赡养又有了新的政策和方法。家政企业的科学化管理，可使家庭成员拥有更多的闲暇时间，从沉重的家务劳动中解放出来，从而提高生活质量。

2. 促进社会安定与精神文明建设

（1）为社会富余劳动力创造大量新的就业岗位。科学技术的发展、机械化、电器化的普遍应用，极大地提高了劳动生产率，导致富余劳动力的出现，失业现象在所难免。而家政服务作为现代社会的新兴产业，客户规模庞大，可提供大量新的就业岗位，为社会创造出更多的财富。

（2）促进社会和谐稳定发展。家庭是社会的组成细胞，和谐幸福美满的家庭生活，能促进社会和谐稳定发展。家政企业科学化管理提高了家庭生活质量，减少了失业率，使广大群众安居乐业，促进了社会的安定与精神文明的建设。

当然，在家政企业发展的道路上，会出现优胜劣汰，同样存在着与原有服务模式之间的竞争。家政企业经营者要关注到家政服务市场的整体消费水平、消费心理和习惯，密切关注客户的需求，只有做到这一点，才能在竞争中立于不败之地。

第二节　家政企业的经营模式

一、经营模式分类

目前家政企业一般有以下几种分类方式。

（一）按家政企业规模大小划分

家政企业按规模大小，可分为微型家政企业、中型家政企业、大型家政企业。

1. 微型家政企业：微型家政企业一般投资比较少，管理人员少，开展的服务项目也比较单一，基本上属于纯中介形式的管理模式。此模式比较容易失去客户，基本上也没有固定的客户积累，由于没有固定的员工，客户满意度比较低，没办法形成品牌效应，业务很不稳定。所以，微型家政企业一般寿命很短。

2. 中型家政企业：中型家政企业基本上属于中介式家政企业和员工制家政企业的结合体，有一些固定的员工，服务项目、范围相对比较广泛。如果经营管理得当，中型的公司还是比较有发展机会的。但是，面对大型家政企业强势推广，其发展速度也会受到影响，还可能会回到微型公司的状态。

3. 大型家政企业：大型家政企业基本上是以员工制家政企业为主体，有足够的品牌支撑和稳定的客户群体，有资金也有条件开展新型的家政服务项目也有足够的实力去完成较大的业务订单，而且服务项目和技术支持都比较全面。

（二）按经营方式划分

家政企业按经营方式划分，可分为中介式家政企业、员工制家政企业、会员制家政企业。

1. 中介式家政企业：中介式家政企业是在供方（家政服务员）和需方（客户）之间提供牵线搭桥的服务，每达成一笔业务，从客户方收取一定的中介服务费作为收入来源。投资资金较少，管理较为简单，但难以保证所提供的服务质量，公司缺乏成长性。

2. 员工制家政企业：员工制家政企业是把家政服务员作为公司的员工，

并与公司签订服务合同，上岗时由家政企业与客户签订服务合同，公司收取服务费用及合同保证金，由公司负责对服务员工进行垂直管理和跟踪服务。自签订合同之日起，由家政企业全程承担客户家庭的用工风险及责任，能较好保证服务质量，公司成长性较好。

3. 会员制家政企业：会员制家政企业经营方式既不同于纯粹的中介型家政企业，又不同于全面管理的员工制家政企业。它是中介型家政企业和员工制家政企业之间的一种经营管理方式，它是根据不同经济收入水平的客户对家政服务员的需求，利用市场经济手段对客户的不同服务需求而采取不同的服务、管理方法的一种经营方式。此运作模式在经营管理方式、经济收益等方面，与中介型家政企业基本相同。

（三）其他

1. 直营连锁经营模式；

2. 特许加盟连锁经营模式；

3. 以失业人员提供计时服务为主的经营模式；

4. 培训与服务相结合的经营模式。

二、家政企业经营管理的基本模式

目前，从家政企业的运营模式分析，国内家政企业运营的基本模式主要有三类组织形式，下面针对这三类经营管理模式展开分析。

（一）中介式经营模式

中介式经营模式是最早出现的家政服务组织运作模式，产生于 20 世纪 80 年代初期，始创多年后劳动力成为商品，并赢得了社会的认同。

中介式经营模式就是把家政服务员介绍给客户，收取中介费，工资由客户与家政服务员双方商定，由客户直接发放。

1. 中介式经营模式的优点：投资资金较少，管理较为简单，因为不必花太大精力进行后续服务，承担的责任最小。

2. 中介式经营模式的缺点：

（1）无法化解服务风险，服务纠纷众多。家政服务员要到客户家里进行贴身服务，这意味着客户与服务员之间会有一些服务风险。首先是客户对家政服务员的服务质量的认可风险，然后是照看小孩、老人的安全风险，最后是客户的财产毁损风险。日常生活中，关于此类纠纷的事件众多。客户逐渐意识到家政服务风险的问题，倾向于用法律武器——合同来规避服务风险，这其实是把风险转移到家政公司。家政公司为了规避这一风险，往往不得不采取合同、押金等手段。所以，许多家政公司用的都是当地人，就是出于"出了事跑不了"的想法，但这却会造成服务员成本较高的问题。

（2）无法形成规模。家政企业提供的服务价值单一，无法锁定客户和服务员，难以形成规模。同时，家政企业与家政服务员是一种松散的合作关系，公司为他们提供的工作机会有限，他们对公司的忠诚度也仅来源于公司提供的工作机会。

（3）盈利模式单一，利润空间日益减小。传统家政企业的盈利模式是通过向客户收取一定的中介费，其收入来源单一，经营收入随季节、市场需求大幅波动，同时由于进入门槛极低，竞争非常激烈，中介服务费日益降低，大多数家政企业利润微薄，以至于有的很难持续经营下去。

3. 中介型家政服务组织的管理模式：

（1）客户、家政服务员登记制度。甲方（客户）凭身份证、户口本、工作证或由当地派出所或街道行政科出具的介绍信，办理用人登记，公司建立客户档案。严格的登记制度是中介管理模式的基础，也是做后期工作的前提。

乙方（家政服务员）提供身份证、体检表、务工证、本人照片等，由公司统一编号，建立家政服务员档案。

（2）岗前培训。家政服务员上岗前，必须进行若干个学时或者几天的岗前培训，鉴于培训时间短，所以就把培训的重点放在有关注意事项上，如礼貌、交通规则、家庭用品的安全使用知识、个人安全的保护方式及法律常识、公司的规章制度和面试技巧等。

（3）提供洽谈场地。为甲、乙双方提供直接见面的时间和场所，双方就服务内容、工资待遇等方面的内容进行面谈。

（4）签订服务合同。甲、乙双方经过相互了解、相互洽谈和认可后，即可签订合同。其内容包括：甲乙双方的权利和义务、工作内容、工资标准、合同期限、休息天数解除合同的条件等内容。管理人员将服务合同及有关证明交给雇佣双方，并在双方的登记卡上填写对方在公司的联系方式、登记号码、工作内容、服务地址和合同起始日期等。

（5）调解矛盾与纠纷。调解矛盾纠纷是中介机构最难做的工作之一。难在家政服务工作的好坏没有一个统一的标准；难在当事人是客户和家政员，外界无从知道；难在有时家政服务员明明有理，反而说不清自己的理。这些都需要管理人员在处理矛盾时特别注意，要讲究工作方法和语言技巧。

（6）日常管理与教育。周转换户的家政服务员在找到新的客户之前，一般是吃住在公司的，这就需要公司重点抓好以下两点：①派专人负责对周转留宿的家政服务员进行管理，组织他们的日常学习和娱乐；②遇有特殊情况，有针对性地组织家政服务员学习讨论。

（7）组织有意义的活动。比如创办各种技能学习班，开展评选优秀家政服务员活动，组织家政服务员举办一些有意义且实际可行的比赛等活动。

（二）员工制经营模式

纵观国内家政企业，实行员工制管理的并不多，而且都处于摸索阶段。固有的成功模式还不多，最主要的原因是缺乏政府的引导和参与。

员工制经营模式创立于1994年，实行招聘、培训、考核、就业安置与后续跟踪管理体化模式。家政企业把家政服务员作为公司员工，经过统一培训、统一考核，考核合格后，统一由家政企业负责安排工作，与客户签订劳务合同，收取服务费，家政服务员的工资给由公司发放，公司负责对服务员进行培训和管理。

1. 员工制经营模式的优点：

（1）适应市场需求。员工制的家政企业将围绕着市场需求，建立更完善的家政服务职业培训，使公司和员工更具有竞争力。

（2）权益有保障。员工制的家政企业实行员工统一招聘、统一培训考核、岗位统一调配、持证上岗统一要求、后期服务统一跟踪管理的"五统一服务模式"，使家政企业更有信誉保障，家政服务员的权益也更容易得到保障，大大减少了虐待、歧视家政服务员的现象。

（3）具有吸引力。员工制家政企业是通过内部协调来进行运作的，提供的服务将比以前零散的家政服务更具有吸引力。

2. 员工制经营模式的缺点：

（1）缺乏政府引导机制。目前没有打造出成熟的成功模式。家政企业承担的责任大，因家政服务员的原因造成对客户、客户家人的伤害或损失，协商解决不成则由公司与家政服务员承担相应的责任。基于以上这些原因，目前员工制家政企业整体上处于摸索阶段。

（2）难度系数大。员工制的家政企业投资资金较大，运作成本较高，管理队伍及培训基地规模大，公司管理难度较大。

3. 员工制经营模式的管理：家政企业朝企业化管理方向发展，公司的管理者要使公司更好更快的发展，还需要从以下三个方面入手：

（1）培训员工。员工培训是保证家政服务质量的第一要素，重点是做好职业道德心理、业务技术的培训，与客户的沟通、做事的心态也会对服务质量产生一定的影响。基本技能培训可直接地对服务质量产生影响，因此需对员工进行统一的标准动作培训，使客户更加信赖家政企业的服务。

（2）技术支持。家政服务在技术方面需要的不仅是专业，更需要的是全面技术支持。家政涉及的服务项目比较多，范围比较广，所以强大的技术支持是做好家政服务的关键。

（3）服务质量。服务质量和工作效率是赢得客户的前提，也是客户评价家政企业好坏的标准。

（三）会员制经营模式

会员制经营模式是指客户每年支付一次性费用，成为家政企业的会员，并在1年内获得公司提供的服务。它是中介型家政服务组织和员工制家政服务组织两种模式的综合运营方式，是介于两者之间的一种过渡经营管理模式。

1. 会员制经营模式的优点：

（1）价格优势。会员制实行的是年付费制度，而且价格不高，客户都能接受。

（2）程序简单。家政服务员与客户签订服务合同，由客户直接支付家政服务员工资，家政企业不提供后续服务，节省了人力、物力、财力。

（3）责任较小。家政企业不承担由家政服务员给客户造成的任何损失及其他责任，减少了不必要的麻烦。

2. 会员制经营模式的缺点：

（1）权利无保障。客户与家政服务员直接签订合同，缺乏公司的后续服务跟踪管理，双方权利都没有足够的保障。

（2）信誉无保障。由于签订合同后，公司不负责客户和家政服务员双方的后续服务，加之不论以后的合作能否顺利，客户预付的一次性年费也很难退回，这就使得许多客户对这种经营模式不信任。

（3）利润较少。会员制家政企业收费相对较少，如果客户数量少，就会导致公司盈利不足、周转困难。

3. 会员制经营模式的管理

（1）由家政服务员与客户签订服务合同，约定双方的权利及义务。公司不是服务合同的主体，只起中间人的作用。

（2）家政服务员在公司登记个人信息后，由公司为其介绍工作，并每年交纳一次费用。当家政服务员在原客户家庭服务期满或中止服务后，由公司为其重新安排工作，并在重新安排工作期间为他们提供免费住宿。

（3）由客户将工资直接支付给家政服务员，公司不再收取家政服务员工资。

（4）家政企业不承担任何由家政服务员给客户造成的损失，客户与家政服务员之间的纠纷由其自主解决，公司可予以协助。

（5）由客户决定是否为家政服务员购买商业保险，公司不承担保险责任。

十几年来，我国家政企业的经营模式一直以中介形式存在，虽然给客户带来了供应量上的相对充足，但服务质量上却没有明显提升。越来越多的家政服务信息告诉我们，家政企业的发展壮大仅靠中介式的模式经营是无法实现的，员工制经营管理模式更能适应当前市场发展环境，有利于保障客户、家政服务员和公司的权益需求，有利于家政服务行业的健康快速发展。

第三节　家政企业的制度建立

家政企业的经营与管理离不开制度保障。严格的公司管理制度对规范经营者、管理者、公司员工的行为起到重要的作用，本节对家政企业的规章制度的建立及制度的制定方式、内容进行探讨。

一、家政企业章程的制定

（一）公司章程制定依据

公司章程是指公司依据公司法等法律制定的，规定公司名称、住所、经营范围、经营管理制度等重大事项的基本文件。公司章程是公司组织和活动的基本准则，是公司的宪章。

（二）公司章程制定的意义

公司章程是公司组织与行为的基本准则，对公司的成立和运营有十分重要的意义。并且，公司的章程内容必须符合国家的法律规定，如有违反，公司登记机关会要求公司申请人进行修改，公司申请人拒绝修改的会被登记机关驳回登记申请。所以说，公司章程是公司成立的基础。

（三）公司章程的基本特征

公司章程的基本特征包括法定性、真实性、自治性和公开性。法定性是强调公司章程的法律地位，任何公司的设立都必须要有由全体股东或发起人订立的公司章程，并在公司设立时交给登记机关进行登记；真实性是指公司章程所记载的内容必须是真实的，不能存在虚假信息；自治性是指公司章程是依照公司法制定的，是公司股东意见一致的表现，是公司内部的规章制度，不具有约束公司以外其他人的效力；公开性是对股份有限公司来说的，公司章程必须要对投资人和债权人公开。

（四）公司章程的基本内容

一般公司章程的内容是分章节来进行说明的，比如第一章通常称为总则，包括公司名称、公司住所、公司的经营范围、公司的宗旨、公司的注册资本等基本信息；从第二章开始，记载公司股东的姓名或者名称、股东的权利和义务、股东的出资方式和出资额等。有限责任公司和股份有限公司的公司章程所记载的内容是有区别的。有限责任公司应载明的事项包括：公司的名称和住所、公司的经营范围、公司注册资本、股东的姓名或者名称、股东的权利和义务、股东的出资方式和出资额、股东转让出资的条件、公司的机构及其产生办法和职权、公司的法定代表人、监事成员、公司的解散事由和清算办法等；股份有限公司应载明的事项包括：公司名称和住所、公司经营范围、公司设立方式、公司股份总数、股东的权利和义务、董事会的组成和职权、公司法定代表人、监事会的组成、公司利润分配办法、公司的解散事由和清算办法、公司的通知和公告办法等。以上列举的事项都是公司章程必须记载的，缺少其中任何一项都是不合法的。

（五）公司章程的修改

公司章程的修改也是有严格规定的。必须符合以下情形之一才能修改：公司章程与修改后的《公司法》或有关法律、行政法规相抵触的；公司情况发生变化，与章程记载的事项不一致的；股东大会决定修改章程的。公司章程的修改必须依照公司法的程序来进行，不是依照公司某一个人的意志来进行更改的，更改后的公司章程须报政府机关批准。

公司章程的重要作用促使公司股东或者创办人必须要考虑周全，制定完整的公司章程，家政服务企业更应该这样，公司章程的约束对家政服务行业的规范具有重大作用。

二、客户保障制度的制定

(一) 制定客户保障制度的目的

客户保障制度是家政企业得以生存和发展的基本制度。如果客户利益得不到有效保证，公司就很难留住客户，造成客户的流失，进而影响公司的经营与管理。

(二) 制定客户保障制度的内容及要求

1. 保证员工素质。公司的客户保障制度来源于对家政服务人员的素质要求，必须保证家政服务人员的来源清白。比如：建立完善的输送渠道、严格的体检制度和岗前培训制度，严格的家政服务人员管理是保护客户利益的重要基础，让客户可以放心聘请家政服务人员，赢得客户的信赖。

2. 建立应急机制。应急机制主要是指家政企业处理家庭意外的制度。家政企业的应急机制一般是通过岗前安全知识、职业道德培训来起到事前控制的。购买家政服务人员人身意外保险也是有效的预防手段，可以把意外伤害风险转嫁给保险公司，一旦出现意外事故，应首先判断事件的性质、类型等，立即启动应急机制，及时、正确地进行处理，将风险降到最低。

3. 建立纠纷处理机制。家政服务员进入家庭后，与家庭成员之间存在磨合期，摩擦、纠纷在所难免。建立纠纷处理机制，可以有效地解决纠纷，避免事态的扩大和客户的流失。

4. 建立家政服务人员更换机制。客户对家政服务人员不满意的，经过协商或再培训仍然无法满足客户需求的，应立即为客户更换家政服务人员，并要保证客户在节假日的用工需求。

5. 客户告知书的制定。客户告知书是家政企业为了保障客户和家政服务员双方权益的重要措施。"客户告知书"一般包括：客户聘请家政服务员的程序、如何正确对待处于适应期的家政服务员等。

三、家政服务员保障制度的制定

(一) 家政服务员保障制度制定的目的

家政服务人员是社会弱势群体。特别是第一次接触家政服务工作的农村富余劳动力，他们的思想很不稳定。如果家政企业没有建立有效的员工保障制度，就会使他们产生思想波动，造成员工流失。

（二）家政服务员保障制度的内容及要求

1. 建立家政服务人员岗前管理机制。在家政服务人员上岗前要加强管理，特别是刚招聘人员，进入一个陌生的环境会很不习惯，正是需要关心的时候，公司管理人员应给予更多的照顾，在制度保障方面可以提供免费吃住和培训，让他们迅速适应公司环境，强化服务技能，早日走上工作岗位。

2. 建立岗中管理机制。在家政服务员进入家庭后，公司管理人员要及时与家政服务员进行沟通，确保家政服务人员思想稳定，落实协议条款的实施，比如：每天连续睡眠是否达到 8 个小时？每日三餐是否能够吃饱？工作量、工作项目是否严重超出协议范围？客户是否有打骂、侮辱家政服务人员的现象？

3. 建立家政服务人员奖惩制度。对工作态度认真、思想端正、品行良好的家政服务员要进行奖励和评优，对获奖员工可以给予适当的物质奖励和精神鼓励；对表现较差的家政服务员要建立惩罚制度。在工作期限内，思想态度差，工作表现懒惰的，给予降低"职称"处理；思想态度较差，连续 3 次被客户投诉退回公司的家政服务人员，公司要向他们提出警告，待岗期间在公司吃住收取相应的食宿费；思想表现很差，连续 3 次以上（不含 3 次）被客户投诉的，公司责令开除；家政服务人员对客户家庭犯原则上的错误，造成较大财产损失的，要赔偿相应损失；家政服务人员违反国家法律，做出的不良行为对客户的家庭财产造成损失的，要移送公安机关处理，追究刑事责任。

4. 家政服务员告知书的制定。家政服务员告知书对帮助家政服务员适应客户家庭生活、保障自身安全具有重要的指导作用，主要内容包括：家政服务员到客户家庭后该干什么、不该干什么、如何避免意外伤害等。

四、家政企业管理人员制度的制定

（一）管理人员制度制定的目的

家政企业业绩的好坏，与公司管理人员的管理水平有很大的关系。公司应时刻关注管理人员的素质高低、管理经验积累等问题，建立公司管理人员制度，更好地规范管理人员的行为。

（二）管理人员制度制定的内容

1. 建立管理人员培训制度。根据管理人员的水平，制定管理人员培训、学习制度，定期参观、学习其他公司先进管理经验，定期召开例会，认真研讨国家出台的家政服务方面的方针、政策，关注电视、网络等媒体的报道，吸取教训、总结经验，规范自身服务标准，紧随时代发展。

2. 建立管理人员绩效考评制度。根据岗位调查和工作要求，制定管理人员绩效考评制度。绩效考评制度结合薪酬管理制度，可以有效提高管理人员的工作积极性。

建立管理人员请销假制度。为加强公司日常管理，保证公司各项工作的正常运转，家政企业必须建立管理人员请销假制度。请假一般分为事假、病假、产假等事假，根据员工的请假事由不同，其请假的时间也不同，公司可以按照员工请假的天数来规定请假审批程序，一般事假时间较长的需公司高层领导批准；病假，可以根据员工病情来规定请假审批程序，病情可以根据医院的病历、证明来判断，因病无法胜任工作的员工需按规定办理离司手续等；产假，是指在职妇女产期前后的休假待遇，女员工生育享受不少于90天的产假。销假是请假期满向上级领导报到，与请假相对应。销假与请假的程序一致，可逐级销假。

五、在外部环境影响下的家政企业运营管理

（一）依靠政府扶持

1. 政策型扶持。社区应大力推进福利性质的家政服务，满足人们福利生活的基本需求，这项工作应在民政局及各社区的支持下，进一步理清思路，把政府扶持、科学管理、分析需求、服务介入等几个方面更好地融合起来，实现政府福利性扶持。大力推行生活应用与研究的家政教育，鼓励高校对家政专业的招生，加强对家政科学的研究。

2. 平台型扶持。政策性扶持的第二层面是做强家政行业协会，使协会发挥更强大的作用。以协会为纽带，扶持微型家政企业，提供一个平等竞争的平台，规范、引导和促进家政服务行业的发展。

3. 激励型扶持。制定相应的制度，吸引、激励投资资本和规模化公司加入本地家政服务业，参与竞争，刺激家政服务市场的成熟与发展。

4. 构建网络联动。以街道为行为主体，整合区域或跨区域的供需资源，

再进一步连接各街道的信息，在提供服务的同时，加强管理与监督，评价服务，推进家政服务业的现代化发展进程。

5. 根据实际情况推动家政服务立法。明确家政服务适用哪个现有法律，或新增条款，或创设新的法律法规，通过立法措施，规范公司、家政服务员和家庭客户的法律权利及义务，从而有效预防风险的发生。在立法过程中，一方面要充分考虑家政企业的实际经营情况，另一方面也要保护劳动者的合法权益。

（二）加强家政协会建设，充分发挥协会作用

1. 加强协会自身建设，政府部门在宏观规划和调控的基础上，充分授权行业协会。协会应加强自身建设，学习较成功的行业协会经验，广泛吸纳家政企业，扩大协会影响。

2. 制订行业标准，规范行业发展。协会在主管政府部门指导下，参照国家家政服务标准，在充分调研基础上制定行业标准和规范，包括公司和员工分级、分类标准等。协会应把公司员工获得职业培训证书的比例，作为公司定级的重要指标，以此提高公司参与职业培训的积极性；对于参加职业培训并获得等级证书的员工，应在员工的定级和薪酬上有所体现。

3. 促进会员交流，加大社会宣传。协会可以在会员公司之间开展各种形式的经验交流，推广发展较好的家政企业的成功经验。对于优秀家政企业和家政服务员，协会可以组织各类先进管理人员和优秀家政服务员评选活动，促进家政服务业的健康发展。

4. 扶持规模化的诚信服务，打造星级家政服务品牌。国家劳动和社会保障部制定《家政服务员国家职业标准》表明家政服务已成为一个新兴行业，并朝着职业化、正规化、社会化的方向迈进。家政服务只有从以往原始无序运作，向公司化、规模化的方向发展，不断提高服务质量和信誉，打造响亮诚信、优质家政服务的品牌，才能满足不断增长的家政服务之需求。

5. 严格服务员身份审查，力推家政服务综合保险。由于家政服务直接关系到被服务对象和家庭的人身和财产安全，因此，为确保提供安全可靠的服务，家政服务组织应建立相应的安全机制，并制定严格的家政服务员上岗程序。

第二章　信用管理

　　信用缺失的危害性已经被全世界认同，信用管理在发达国家已经成为新的社会管理制度。中国历来有诚实守信的传统，诚信在社会道德体系中扮演着至关重要的作用。但是，在当今社会，由于忽视信用教育，以及法律制度的不健全，毁信、乱信行为屡见不鲜，信用危机严重影响着社会经济秩序的正常运转。近年来，我国家政服务业快速发展，政策体系逐步完善，产业规模持续扩大，服务模式不断创新，努力满足人民群众日益增长的多样化、多层次家政服务需求。行业的不断发展也促使市场对于家政服务行业信用管理的要求不断提升，但家政企业有其自身的独特性，家政企业的信用管理不同于一般的企业。因而本章希望对信用管理、征信等知识进行全面、系统的阐述，并对家政行业的发展、信用管理的特点等进行简单的介绍。

第一节　信用管理

　　随着市场经济的发展，信用对经济运行产生了越来越深刻的影响，信用活动决定经济活动已经成为经济的一个重要特征。现代信用交易建立在新的市场规则上，他的理论基础是信用和信用管理。现代信用属于市场经济范畴，市场经济就是信用经济，或者更准确地说，市场经济发展到一定阶段必然成为信用经济。正是有了这样的认识，我们在市场经济中就必须重视和发挥信用在经济活动中的作用，建立和完善社会信用体系，创造适宜发展信用经济的环境。信用管理相关理论的形成与实践运用，就是在市场经济走向信用经济的这一过程中逐渐形成的。

一、信用的内涵

(一) 相关概念辨析

1. 诚信与信用

诚信与信用，两者既有联系又有区别，如果将经济领域中的"信用"和通常意义上的"诚信"分别看作两个集合，那么两个集合一定存在着交集。但它们存在着差别，广义上的信用应该包括经济领域的信用与通常所说的诚实守信等全部内容，是对信用道德规范、各个领域的信用活动、信用关系、信用管理、信用制度及其组成的信用体系的总括。本书讨论的主要是经济领域经济活动中所涉及的信用。而诚信是一个基础概念，是道德理念和社会文化对人们精神和心理的基本要求，是人类生存发展过程中朴素的本性需要，它维系着社会主体的基本道德准则和文化底线，并可以归结为一种精神和原则。

2. 信任与信用

如果说"诚实"是人们在各种活动中所应遵守的行为准则，那么"信任"则是遵守这项行为准则所达到的理想效果，信任是社会学的研究范畴，与社会制度、法律法规密切相关，它的极端社会表现就是社会上人与人之间的信用危机。信用是获得信任的资本。信任就是拥有或者可能拥有这种资本的最核心证明。信用这种资本是抽象的、无形的，需要从多个角度进行分析和评价，当人们关心某主体是否具有信用这种资本的时候，最简单、最直接的方法就是看这个主体是否能获得信任。获得信任就意味着拥有或可能拥有信用这种资本。信任是信用最简单、最直接的能力证明，也是一种最简捷、最通俗的衡量方法。信任程度的高低在某种程度上可以并不严谨地表述为信用资本的大小。但信任并不等于信用，在现实社会中，也不乏以下情形存在，某人获得了别人的信任，并形成了社会交往或达成了经济交易，但是最终他并不遵守信用，因而这样的人并不拥有信用资本。

3. 信誉与信用

信誉是依附在人之间、单位之间和商品交易之间形成的一种互相信任的生产关系和社会关系。信誉构成了人之间、单位之间、商品交易之间的双方自觉自愿的反复交往，通俗地讲就是形成了口碑或声誉。微观主体的信誉可以为其带来更大的市场份额，可通过资产评估转化为价值计入无形资产。所有主体都拥有信用，即都拥有获得信任的资本，只是多少不同而已，但并不是所有的主体都拥有信誉。信誉只在少部分主体中存在，这部分主体长期以诚信基本素质为约束，维护社会形象和践约经济交易。拥有信誉的主体，表明他已经拥有了信用这种资本，并且在以往长期的社会交往和经济交易活动中得到了社会的认可，获得了交易机会，并且能够履约，其资本价值已经被确认和实现。因此，拥有信用不代表一定具有信誉，但具有信誉则表明主体一定拥有信用。

（二）信用的内涵

现代信用完全是经济和市场范畴的概念，它是建立现代市场信用交易的出发点，甚至有经济学家称成熟的契约经济为"信用经济"。对于现代市场交易活动，信用是一种建立在信任（Trust）基础上的能力，不用立即付款就可获取资金、物资、服务的能力。这种能力受到一个条件的约束，即：受信方在其应允的时间期限内为所获得的资金、物资、服务而付款，上述时间期限必须得到提供资金、物资、服务的授信方的认可。由此可见，信用是受信方和授信方的双方约定，发生在两者之间。信誉是一个法人或者自然人对于所处市场环境而言的，但它可以被扩大到其所处的周边社会环境，而且突破经济范畴，它是一个对社会而言的概念。《中国大百科全书》将信用解释为：借贷活动，以偿还为条件的价值运动的特殊形式。在商品交换和货币流通存在的条件下，债权人以有条件让渡形式贷出货币或赊销商品，债务人则按约定的日期偿还借贷或偿还货款，并支付利息。信用是从属于商品和货币关系的一个经济范畴，不是任何特定社会形态的专利。不同于货币，信用是一种有条件限制的交易媒介。而货币是法定的支付工具，是五条件限制的交易媒介。信用与货币的不同之处，在于它只是未来付款的一种承诺，而承诺是否兑现，即承诺的可靠性（Credit Worthiness），完全靠授信或赊销卖方自行判断。从市场实践看，信用有等同货币作用的性质。

信用是获得信任的资本，这种资本由信用意愿与信用能力构成。获得信任的标志或结果就是获得社会交往、达成信用交易。信用是资本，是一种财富，不仅可以交易、度量和管理，还有社会价值、经济价值和时间价值。

信用是一种心理现象，其心理特征和基本表现就是信任和安全感。这种心理现象最终表现为人与人之间的社会关系，构成整个社会运行的信用环境。心理上的信任是一切信用活动形式的共同基础，是市场秩序和效率形成的前提。从这个角度来说，市场经济是一种以信用为基础和纽带进行生产、交换、分配、消费的经济形式，即信用经济。

信用是一种能力，这是指在商品交换过程中，交易的一方以未来偿还的承诺为条件，获得另一方财物或服务的能力。从这个角度上看，信用是一种禀赋，是一种无形资产。信用越高，这种资产就越大，相应可以产生的负债也就越多。信用资产与信用负债是平衡的。

信用是一种经济活动，信用作为一种经济活动体现在以下两个方面：

第一，信用是以营利为目的的投资活动。信用投资活动直接表现为所有权的转移交易。其表现形式主要是实物投资与货币投资。实物投资的信用活动主要体现在实体经济的运行中。货币投资的信用活动部分直接或间接地同时体现在实体经济与虚拟经济的运行中。这部分信用活动构成的不是债权债务关系，而是所有权关系的转化，其背后是社会资产与财富的转移与重组，从本质上体现了信用是一种以追求盈利为目的的投资活动。

第二，信用是一种有时间间隔的经济交易活动，在交易中形成债权债务关系。因此，这种信用的具体形式与划分标准更丰富，一般有两种划分标准。以交易的内容不同，划分为实物交易信用、货币交易信用、票据交易信用、债券信用等。以债务人主体的不同，划分为公共部门的信用、私人部门的信用、金融部门的信用等。后一种划分方法，是国际上比较通行的方法。

广义而言，信用（Credit）是二元主体或多元主体之间，以某种经济生活需要为目的，建立在诚实守信基础上的心理承诺与约期实践相结合的意志和能力。他指获取信任的资本，这是对现代信用的概括和总结。它形成于古代而广泛流行于近代商务和金融领域之中，是从属于商品和货币关系的产物。交易中一手交钱一手交货常常有各种不便，为了克服这种不便，卖主往往同意买主在未来约定的时间再行付款，即进行赊账。这样，便出现了最早的信用关系。后来，信用超出了商品买卖的范围，作为支付手段的货币（信用货币）本身也加入了交易的过程，出现了借贷活动。贷款意味着债权人给予债务人未来还款付息的承诺以信任。所以说，信用是社会经济发展到一定阶段的必然产物，信用经济的发展虽然有阶段性的特征，但是在不同的历史阶段，早期的信用形式也依然存在，各种信用形式并存，构成了今天丰富多彩的经济生活。

狭义的信用限定于经济范畴，是获得交易对手信任的经济资本。从本质上看，现代信用是在市场经济活动中，通过一定的方式建立信任关系，把信任作为一种商品，并以此为约束，提供和获得相应的资金、物资，简单地说，信用是一种建立在信任（Trust）基础上的能力，不用立即付款就可获取资金、物资、服务的能力。主要是指在金融借贷、有价证券交易、商业贸易往来等等交易活动中信用主体所表现出来的成交能力和履约能力。不同于货币，信用是一种有条件限制的交易，它是未来付款的一种承诺和一种能力，这种能力受到一个条件的约束，即受益方在其应允的时间期限内为所获得的资金、物资、服务而付款或还款，而上述时间期限必须得到提供资金、物资、服务的一方的认可。在这种交易过程中永远存在着一定程度的风险，即客户信用风险。人们常说的信用风险管理、国际上流行的信用风险管理模型与流程、银行信用风险管理、企业信用风险管理等，都属于这个范畴。狭义的信用对应的是市场，是为经济交易服务的。

二、信用的构成与分类

（一）信用的构成

无论主体是谁，信用一般都是由三部分构成：诚实守信的基本素质、社会交往的信任度和经济交易活动的成交与践约能力。每个主体都拥有这三部分资本，但在不同场合、不同条件下，每一部分资本又是相对独立存在的，并且有时外在化，有时内在化。在现实生活中，这三部分资本的相互关系、表现与作用是不同的。

1. 诚实守信的基本素质。表现为信用主体诚信资本的高低，可以用信用主体的诚信度来衡量。这部分资本是信用资本的基本组成部分之一，也是其他部分资本的基础。主要由主体自身的文化水平、价值取向、成长背景决定，受社会道德理论、文化进步、行政管理、法律体系的约束和影响。

2. 社会交往的信任度。表现为信用主体在社会活动中合规资本的高低，可以用信用主体的合规度来衡量。在社会一般交往中，这种资本主要是指人们遵守诚信原则、守诺践约、获取他人信任的能力。这部分资本受主体的诚信度影响，由法律法规制约、政府行政管理、公共秩序约束、单位制度规范和一般社会交往的强制力决定。这部分资本更加外在化，一般来说，社会交往的信任度构成了整个社会运行的信用环境，是社会关系的重要内容之一，也是建立与维护社会秩序的基础。

3. 经济交易活动的成交与践约能力。表现为信用主体践约资本的高低，可以用信用主体的践约度来衡量。在经济交易活动中，这种资本实际上是由两部分组成：一部分是经济主体获得交易对手信任，签约、达成交易的能力；另一部分是执行交易、履约的能力。成交与践约能力受到经济主体诚信度影响，由自身实力、品牌影响力、既往践约能力、信用营销能力等因素决定。成交与践约能力受到经济主体的诚信度影响，由自身财务实力、经营管理能力等因素决定。这部分资本直接决定了经济主体在市场中配置资源的结果，直接决定了每个经济主体各自拥有资本的大小及相应获利的多少。在整个社会中，这种资本越高，说明社会以信用配置市场资源的程度越高、经济越信用化，社会已由完全依赖真实资本配置资源的传统经济时代进入了真实

（二）信用的分类

信用的种类很多，根据信用活动的主体和表现形式不同，可分为商业信用、银行信用、政府信用、消费信用等。

1. 商业信用

商业信用是指企业之间的赊销商品和预付货款等形式提供的信用。这种信用的具体表现形式很多，如赊销商品、委托代销、分期付款、预付定金、按工程进度预付工程款。延期付款等。

商业信用具有以下主要特点：

（1）是以营利为目的的经营者之间进行的提供的直接信用。

（2）商业信用的规模和数量有一定限制，是经营者之间对现有的商品和资本进行再分配，不是获得新的补充资本。商业信用的最高界限不超过全社会经营者现有的资本总额。

（3）商业信用有较严格的方向性，往往是生产生产资料的部门向需要这种生产资料的部门提供，绝不能相反。因此，商业信用范围有局限性，一般只在贸易伙伴之间建立。

（4）商业信用容易形成社会债务链。在经营者有方向地互相提供信用的过程中，形成了连环套的债权债务关系，其中一环出现问题，就会使整个链条断裂，出现类似三角债的问题。

（5）商业信用具有一定的分散性，且期限较短。

2. 银行信用

银行信用，就是银行和各类金融机构以货币形式向社会各界提供的信用。

银行信用具有以下特点：

（1）银行信用是以货币形态提供的间接信用，不受方向制约，不受数量限制，范围广、规模大、期限长。

（2）信用性强，具有广泛的接受性。一般来说，银行是信誉最好的信用机构，它的很多债务凭证具有最广泛的接受性，被视为货币而充当流通手段和支付手段。

（3）信用的发生集中统一，可控性强。社会资金以银行为中心集散，易于统计、控制和管理；以银行为中介，中断债务链，在促进经济活动的同时，稳定经济发展。

3. 政府信用

政府信用是指政府以债务人身份，借助于债券等信用工具向社会各界筹集资金的一种信用方式。政府信用的主要特点：

（1）目的单一，旨在借款，是调剂政府收支不平衡的手段，是弥补财政赤字的重要渠道。

（2）用途单一，旨在公共事业建设，取之于民，用之于民。

（3）信用性强，信用风险小，安全性高。

（4）日益成为调节经济的重要手段。目前，世界各国政府信用有增无减，日益扩大。

4. 消费信用

消费信用是指经营者或金融机构向社会消费者提供的用以满足其消费所需的信用。消费信用的主要特点：

（1）扩大需求，提高消费，刺激经济发展，缓解消费者有限的购买力与不断提高的生活需求之间的矛盾。

（2）是有利的促销手段，可开拓销售市场，促进商品生产和流通。

（3）给经济增加了不稳定的因素，容易造成需求膨胀。

根据债务人的身份分类可以将信用分为公共信用、企业信用与私人信用。公共信用是指社会为了帮助政府成功实现其各项职能而授予政府的信用，其核心是政府的公债。企业信用是指企业为了满足其生产的需要，向债权人举债组织生产，形成企业信用。私人信用包括消费者信用与商业信用。消费者信用又可细分为零售信用、现金信用与房地产信用。商业信用可分为商品信用和金融信用。

根据按照授信对象分类，信用可以分为公共（政府）信用、企业（包括工商企业和银行）信用和消费者个人信用。其中，政府信用是社会信用体系的核心。

根据设立信用期限分类，信用可以分短期信用、中期信用和长期信用。

三、信用管理概述

在我们生活的社会中，信用已经存在于诸多经济关系中，这种经济关系主要有企业与企业、企业与消费者、企业与银行、银行与银行、消费者与银行等。现代商品信用销售和信用管理发源于英国和美国，其标志是征信公司的出现。有信用就必然存在信用风险，因此信用管理也就应运而生了。

（一）信用管理的概念

信用管理是指对信用交易中的风险进行管理，即对信用风险进行识别、分析和评估，通过制定信用管理政策，指导和协调内部各部门的业务活动，以保障应收账款安全和及时回收的管理，有效地控制风险和用最经济合理的方法综合处理风险，使风险降低到最低程度。信用管理注重对客户信息的收集和评估、信用额度的授予、债权的保障、应收账款的回收等各交易环节的全面监督。

信用管理可以具体分为以下几种。

事前防范：指在正式交易（签约或发货）之前，对客户资信状况进行的审查及对信用限额和信用条件进行的分析和决策。

事中管理：指发货之后直到货款到期日之前，对客户及应收账款的监督、管理。

事后处理：指发生拖欠之后，对案件的有效处理。信用管理最主要的目标是规避因赊销而引起的风险，减少坏账的损失，它是一种对赊销进行管理的技术。赊销是现代企业竞争的重要手段，它是扩大销售的一种方式。在赊销给企业带来收益的同时，也具有某种弊端，那就是存在很大的信用风险。实施了信用管理的企业，坏账额大大低于未实施信用管理的企业，在获取利润方面也有明显的优势。因此，信用管理是采用赊销方式的企业应当具备的管理。只要存在赊销，就需要具有相应的信用管理。

信用管理的基础是企业能够方便而合法地取得对其客户、合作伙伴、公关对象、供应商、代理商的以国际通用方式表述的真实的资信调查报告。在相应的法律约束之下，帮助企业确定客户的资信，又能合法保护被调查对象的隐私权。

（二）我国信用管理中存在的问题

信用问题一直是我国社会的焦点，究其原因，主要在于我国信用管理的严重不足，存在的问题有待解决。

1. 信用管理不受重视。长期以来，我国企业对信用管理不甚重视。多数企业的经营者，信用管理意识淡薄，未能认识到信用管理的重要性，并错误地认为，企业实行信用管理，一方面会限制信用交易，影响企业与客户的关系；另一方面会增加管理成本，因此，实行信用管理的企业少之又少。

2. 多数企业没有建立独立的信用管理部门。在现有的企业管理模式下，67%的企业没有建立独立的信用管理部门，其信用管理职能由财务部门或销售部门承担。应收账款管理等权力集中在一个部门，或不能胜任，效果不甚理想；或产生失职和腐败等问题。如果是由两个职能部门共同管理，则会出现职责不清，相互扯皮的现象。

3. 企业内部缺乏科学的信用风险制约机制。有些企业过分注重销售业绩，而对客户缺乏信用预测、分析和评估，盲目决策、授信；对应收账款缺少严密的监督和控制；对拖欠货款没有及时采取有效的追讨措施。结果，虽然账面销售额扩大了，而财务状况却不容乐观，导致应收账款上升，呆坏账增加，利润下降。

4. 信用管理人员素质有待提高。信用管理是一项具有很强的专业性和技术性的工作，只有具备一定素质、专业知识和技能的人才能胜任。但目前企业中的绝大多数信用管理人员没有受过正规的专业教育、职业培训和认证，整体素质状况尚难以适应全面信用管理工作的要求。

5. 缺乏客户资信信息资源。客户信息是信用分析和评价的基础，只有全面搜集客户信息，才能对客户进行全面、细致、准确的信用分析，以便做出科学的信用决策。但目前企业缺乏客户的全面信息，主要由于客户无法或不愿提供真实信息。信息来源渠道窄，法律上尚未界定公开信息和商业秘密的界限等，影响了企业评估客户信用风险的准确性。

6. 信用咨询业有待发展。企业在全面信用管理中，除了依靠自身的力量外，也可以委托信用咨询机构代理开展客户信息搜集、资信调查、应收账款追收等工作。但目前我国信用咨询业尚处初创期，仅有华夏国际企业信用咨询有限公司等数十家,且国家也未规定该行业的主管部门,这些均不利于信用咨询业的发展。

7. 企业信用法律制度存在缺陷。我国企业信用法律制度体系由《民法典》《经济法》《刑法》构成,其中,《民法典》《经济法》规定企业信用行为,防止和约束企业失信行为,《刑法》规定诈骗等严重失信行为的特征和惩罚办法。总体上说,现实中的法律面临着信用缺失问题:一方面对债权人的保护弱化,债权人的合法权益得不到有效保障;另一方面对企业失信行为制裁不力,轻罚薄惩,导致逃废债现象严重。

(三) 信用管理对我国经济发展的意义

在我国,虽然许多企业使用信用销售的交易方式扩大自己的销售规模,但对于信用销售的管理,或者更直接地说,对于应收账款的管理还处于一个较为初级的阶段。就拿我国的上市公司来说,通过对上市公司的应收账款进行分析发现,上市公司的应收账款是决定整个市场信用程度的最主要因素,良好的信用关系是企业正常经营与国民经济健康运行的基本保证。实践证明,强化信用管理是我国企业走出拖欠与亏损困境的出路之一。当前,我国企业急需弥补信用管理上的缺陷,建立科学的内部信用风险管理制度,这对规范企业行为,建立和维护良好的市场经济秩序具有重要的意义。

1. 企业信用管理是规范市场秩序,促进市场体系健康成长的必然要求。

随着改革开放的不断深入,我国市场化程度越来越高,客观上对社会信用体系发育程度的要求也越来越高,但是由于我国传统的信用文化和计划经济体制下的社会信用体系发育程度低,信用秩序相当混乱,信用缺失大量存在,如大量银行贷款逾期不还;企业间的"三角债"大量存在;假冒伪劣商品泛滥;合同欺诈事件屡有发生等。有着数千年诚实守信传统美德的中国,今天正遭受前所未有的严重信用危机。

社会主义市场经济是法制经济,也是信用经济。法制是有序的市场环境的保证,信用是公平市场交易的支撑,而强有力的信用管理是维护市场秩序、保证公平交易的有力杠杆。如果市场无序,交易失信,加上监管失控,就会大大提高市场交易成本,降低交易效率,直接影响市场体系的健康成长,导致整个社会企业与企业之间、人与人之间的互相不信任,市场经济秩序和社会生活秩序紊乱。因此,加强企业信用管理,是建立良好的市场经济秩序的必然要求,也是完善信用体系的重要保证。

2. 信用管理是企业生存和发展的客观要求。

信用是企业的无形资产，是企业从事生产经营活动的一个必备要素，也是企业生存和发展的生命线。大量事实表明，在市场经济条件下，如果一个企业失去了信用和忠诚，也就失去了消费者，失去了生存和发展的可能。古往今来，纵观商海的兴衰成败，很重要的一个原因，即是否恪守诚信。因此，信用建设和管理是企业提高自身素质，树立形象的重要内容。在现实经济生活中，信用公示对于信用良好的企业来说，可以提高企业的知名度，获得消费者的信任和忠诚；对于信用不良的企业来说，可使之名声扫地，市场丧失，甚至破产。事实证明，加强信用建设和管理，是企业生存发展、开拓市场、提升企业知名度的必然选择。

3. 企业信用管理是应对加入 WTO 新形势的客观要求。

经济全球化是必然的发展趋势。我国作为 WTO 的成员，必须遵守国际贸易的交易规则，履行承诺，政府、企业和个人都应树立信用意识。外国企业进入中国，除了拥有雄厚的货币资本外，还有其重视信用的突出优势。在一些发达的资本主义国家，很多企业的无形资产占总资产的比重已达 50% ~ 70%，有的甚至达到了 3 ~ 5 倍，如耐克、戴尔等公司，它们几乎没有自己的生产企业，只有一个优秀的品牌。未来企业的竞争从表面上看是品牌的竞争，其本质是信誉的竞争，是商业道德的竞争。产品总是有生命周期的，而品牌的生命力和道德的感召力是无限的。我们欲与其同台竞争，除了比经济实力，还要比诚信。因此，我们只有强化企业的信用意识，挖掘企业的信用资源，塑造诚实守信的良好形象，营造一个守信用、重实效的经济环境，才能在国际经济舞台上赢得信誉，提高国际竞争力。

4. 企业信用管理是健全社会信用体系的客观要求。

在今天的社会道德结构中，明礼诚信是先进文化建设的重要内容之一。它要求建设有中国特色的社会主义，必须两个文明一起抓。而建立社会信用体系，推进社会道德建设是具有中国特色社会主义的必然要求。作为社会经济活动主体的企业，必须率先加强以思想道德建设为核心的先进文化建设，自觉地加强自身的信用建设，积极主动地参与企业信用管理，为全社会保持良好的信用秩序和风尚营造高尚的道德基础。

在竞争日益激烈的今天，我国会以更加开放的态势融入全球一体化的大潮之中。中国的市场已不再是一个孤立的市场，中国的企业和企业家面临全球企业和企业家的激烈竞争。未来的竞争将是一场科技实力、管理水平和人才素质的较量，风险和机遇共存。强化信用管理，重塑以信用经济为特征的先进经营管理机制，是每个企业未来发展的必由之路和新的增长契机。

第二节 征 信

征信作为金融体系运转的重要支撑，具有提升信贷市场信息共享度、降低贷款机构信息搜集成本并提升信贷市场效率和防范金融风险、推动经济增长的作用。随着我国金融创新改革步伐不断加快以及"互联网+"发展战略的不断深入实施，以互联网金融为代表的新型金融业态模式不断涌现，对社会征信服务需求量也不断增加。

一、征信的内涵与特征

（一）征信内涵

征信（Credit Investigation，CI，or Credit Reporting，CR）是指对信用主体（市场参与者）的信用或资信状况进行调查、报告的中介服务活动，主要作用是消除或降低信用交易双方的信息不对称。根据《信用基本术语》（中华人民共和国国家现代信用学第二版 GB/T2221172008），征信是对个人和法人、其他组织的信用信息进行采集、整理、保存、加工等处理活动，并对外提供与其信用状况相关的信用信息产品的经营活动。

根据《征信业管理条例》，征信业务是指对企业、事业单位等组织的信用信息和个人的信用信息进行采集、整理、保存、加工，并向信息使用者提供的活动。

根据业内的普遍共识，征信的基本含义是以了解企业资信和消费者个人信用为目的的调查，包括对一些与交易有关的数据进行采集、核实和依法传播的操作全过程。

征信的内涵可以从以下四个方面来理解：

第一，征信的基础是信用信息。信用信息是自然人、法人和其他组织在社会经济活动中信用状况的记录，是交易主体了解利益相关方的信用状况、判断和控制信用风险的基础。信用信息通常包括金融信用信息、商业信用信息和公共信用信息。

第二，现代征信的实施主体是专业化的信用信息服务机构，即具有第三方独立性的征信机构。征信机构通过采集、整理、保存和加工信用信息向客户提供专业化的征信产品和服务。

第三，征信的目的是帮助客户了解交易对方的信用状况，防范和控制信用风险，为决策提供参考。

第四，征信的核心是建立"守信激励、失信惩戒"的机制。征信服务既可以为防范信用风险、保障交易安全创造条件，又可以使具有良好信用记录的企业和个人以较低的交易成本获得更多的市场机会，缺乏良好信用记录的市场主体则面临更高的交易成本和更少的机会，从而形成守信者受益、失信者受惩戒的社会环境。

（二）征信特征

1. 独立性

征信机构必须是独立于信用交易关系之外第三方中介机构，主要业务是采集、整理和分析自然人、法人或其他组织的信用信息资料。在对外提供信用咨询、调查和信用评估等服务时都处于独立的地位，以确保征信活动结果的公平、公正和公开。只存在于交易双方之间的信用管理、风险管理不是征信。例如商业银行记录客户在本银行的信用信息用于客户管理或对客户进行内部信用评级都不属于征信的范畴。

2. 信息性

征信机构的职能是收集散落于社会各处的企业和个人信用信息，并以信用信息为原料，为信用交易主体或其他服务对象提供有助于其判断风险的信用信息服务。其本身并不参与授信方或其服务对象的经济活动，只参与价值的分配过程。如果作为第三方参与了授信方或其服务对象的信用管理活动，也不属于征信范畴。

3. 客观性

征信活动涉及国家安全、企业商业秘密和个人隐私。信用信息的加工、整理、保存或出售，都必须基于客观中立的立场，依据真实的材料，按照一定的评估程序和方法，提取规范的征信产品和服务。

4. 目的是解决信息不对称

征信活动采集或评估企业或个人的信用状况，目的是解决信息不对称。根据这特点，对单纯通过分析企业本身的经营状况、财务状况等提供咨询服务的咨询公司（如会计咨询公司等），因其并未解决信息不对称问题而不归属于征信业务范畴。

二、征信的原则与作用

（一）征信的原则

征信是通过征集过去的信息来判断未来。这主要是因为所有过去的信息都不能代表未来，但过去的信息包含着未来，是未来行动选择的一个良好预期。征信制度的建立就是要用企业或个人的过去来影响他们的将来，因此开展征信活动必须遵循定的原则，以避免对企业或个人造成"伤害"。在征信制度的长期发展过程中，形成了一些征信业特有的原则，可以归纳为真实性、全面性、及时性及隐私或商业秘密保护原则。

1. 真实性

真实性是指在征信过程中，征信机构应采取适当的方法核实原始资料的真实性，以保证所采集的信用信息是真实的，这是开展征信工作最重要的条件。只有信息准确无误，才能正确反映被征信人的信用状况，才能帮助授信机构作出决策。同时征信机构应基于第三方的立场提供被征信人的历史信用记录，对信用报告的内容，不安下结论，在信用报告中要摒弃含有虚伪偏袒的成分，以保持客观中立的立场。基于这一特点，征信机构会给予被征信人一定的知情权和申诉权，以便能够及时纠正错误的信用信息，确保信用信息的准确性。一些国家还会要求征信机构应该是独立于信贷机构的第三方专业机构，而不是信贷机构本身。

2. 全面性

全面性又称完整性，是指征信工作要做到资料全面、内容明晰。被征信人不论是企业还是个人，均处在一个开放性的经济环境中。人格、财务、资产、生产、管理、人事以及经济环境等要素虽然性质互异，但都具有密切的关联，直接或间接地在不同程度上影响被征信人的信用水平。不过，征信机构往往侧重于收集客户历史信用记录等负债信息，通过其在履约中的历史表现，判断该信息主体的信用状况。历史信用记录既包括正面信息，也包括负面信息。负面信息可以帮助授信人快速甄别客户信用状况，正面信息能够全面反映客户资信状况。

3. 及时性

及时性是指征信机构在采集信息时要尽量实现实时跟踪，能够使用被征信人最新的信用记录，反映其最新的信用状况，避免因不能及时掌握被征信人的信用属性变动而为授信机构带来损失。信息的及时性关系到征信机构的生命力。从征信机构的发展历史来看，许多征信机构由于不能及时更新信息，使投信机构难以据此及时判断被征信人的信用风险，而导致最终难以经营下去。

4. 隐私或商业私密保护

对被征信人的隐私或者商业秘密进行保护是征信机构最基本的职业道德。如果征信信息范围过于宽泛，个人隐私和企业商业秘密就难以得到保障，如果征信信息范围过窄，征信机构就会因为收集不到足够的信息或收集成本过高而难以生存，因此对征信信息和个人隐私与企业商业秘密之间的界限与边界划分是各国征信立法的主要内容，各征信机构也往往会通过建立严格的业务规章和内控制度，谨慎处理信用信息，保障被征信人信用信息安全。

(二) 征信的作用

根据理论界的研究成果，从抽象的角度出发，可以总结出征信的五大作用，即促进信用交易、减轻逆向选择、产生违约披露的纪律约束、避免过度借贷和形成社会导向。

1. 促进信用交易

信用交易达成的前提是交易双方的彼此信任。在现代社会，信用交易的范围急剧拓展，交易双方的信任不再可能通过直接接触而获得。征信机制作为信息桥梁，通过信用信息的传输，使赊销、信贷活动中的投信方能够比较充分地了解信用申请人的真实状况和如期还款能力，解决了制约信用交易发展的"瓶颈"问题，有效扩大了信用交易。

2. 减轻逆向选择

在信贷市场上，由于信息不对称，很可能最终信贷机构的客户有很多是不良借款者而非优质借款者，即信贷交易中出现了逆向选择问题。从理论研究来看，征信活动能使信贷机构有效甄别借款者信用风险的大小，能够帮助信贷机构了解申请者信用状况和比较准确地预测申请者未来的还款概率，从而减轻逆向选择问题

3. 产生违约披露的纪律约束

征信机制为信用良好的借款者提供了激励，也为信用不好的借款者实施

了披露惩罚，因此银行或批发商等信用信息存储主体之间会存在共享借款者（或零售商）信用记录的动力。以银行为例，由于银行间共享借款者的违约信息，对借款者而言，会产生一种纪律约束：违约行为变成了较差的信号，其他银行在对其发放信贷时会考虑到信用风险溢价，从而执行更高的利率以覆盖风险，甚至直接拒绝放贷。为了避免这种惩罚，大部分借款者会更加努力地偿还贷款，最终有效降低信贷市场的违约率，增加信贷市场的有效放款金额。

4. 避免过度借贷

借款者通常会同时向几个放贷机构申请获得信贷支持，并且经常能从多个放贷机构那里获得信贷。对于单个借款者而言，与多家银行存在信贷关系，不仅可以利用银行之间的相互竞争减轻信贷成本，而且可以避免任何家机构突然收回贷款或减少信用额度，从而使流动性遭受冲击的风险。但对于放贷机构而言，借款人每多借1元钱，就意味着从借款人对其他信贷银行的偿付能力中减少了1元钱。如果放贷机构能够披露每个借款人的贷款额度和信贷最高限额，综合考量借款人的偿债能力，就可以有效避免借款人过度借贷。

5. 形成社会导向

征信活动使信用信息得以广泛、快速传播，并使信用信息变成了一种潜在的经济资源，信用记录可以成为政府、企业或个人进入信用社会的一种资格证明，也可以成为他们从事契约活动的通行证，与此同时，也使企业或个人认识到失信获得的利益仅是一次性的，而失信的惩罚则是长期的、广泛的，从而约束和规范自身行为，提高全社会的信用观念。

正是因为征信具有上述功能，征信活动才逐渐发展成为市场经济中不可或缺的一环。征信活动因对信息资源的系统性收集、汇总、加工和开发利用，成为提升信用管理水平最有效的制度安排之一。

案例1：烟台：构建"12341+N"[①]

2018年7月5日，烟台将打造家庭服务征信平台，构建"12341+N"体系助推家庭服务业转型发展。目前，征信平台已录入家政企业信息21条，星级家政服务员269人。家庭服务征信平台是以山东省首家家庭服

---

① 烟台：构建"12341+N"体系［J］．家庭服务，2018（5）：8.

务征集平台为依托，整合信息共享资源、社会信誉档案、培育地域服务品牌等，实现家庭服务需求与家庭服务机构的有效对接。烟台市计划出台家庭服务业行业进入指导规范、管理规范，为新增市场主体提供行业进入指导，规范家庭服务机构的营业范围、注册标准等。目前，6 章 52 条家庭服务行业管理规范已起草完毕。同时配套"N"个活动。组织诚信经营宣介、行业普法宣传活动，开展《家庭服务业管理暂行办法》等宣传教育，评选一批"诚信守法经营示范企业"。开展行业层级培训、职业技能竞赛活动，提升家庭服务从业人员技能素养。

三、征信的方式与渠道

从被调查对象的立场而言，征信方式有主动征信和被动征信。征信数据按照公开情况，又分强制公开部分和自愿公开部分。对于征信机构，经常使用的征信方式有三种，分别是同业征信、联合征信和金融联合征信。

同业征信是由征信机构在一个独立或封闭的系统内部进行征信和提供征信服务的征信工作方式。在理论上，同业征信可以是同业个人征信，也可以是同业企业征信。采用同业征信的方法，征信机构主要从同属于一个行业的企业采集征信数据，信息资源仅在业内共享，所生产的征信产品也只在业内应用。在这个系统内部，原始信息的提供者经常也是征信机构信息产品的使用者。也就是说，这种征信机构的主要信息源和客户仅来自同行业的企业，征信机构不会向行业以外的社会和公众提供其征信产品和服务。显而易见，使用同业征信方式的目的就是在一个体系内部实现信息资源共享和会员式服务。

联合征信是指征信机构根据协议，从一家以上的征信数据源单位采集征信数据的形式。联合征信有两个特征，一是允许向所有拥有征信数据的单位采集征信数据；二是通过征信机构，提供征信数据的单位之间存在数据资源共享关系。

征信数据源单位指的是任何掌握征信数据的政府和非政府单位，特别是商业银行、公用事业单位、邮政、移动通信公司等，它们有偿或无偿地向征信机构提供征信数据。最理想的联合征信是包括十几个政府部门在内的所有掌握征信数据的单位都能向征信机构提供数据，并保证征信数据的更新速度。

对于征信机构，其征信工作方式能从同业征信扩大到联合征信，除可以扩大其征信数据的数量以外，必然会改善其包括信用评分在内的征信产品质量。

联合征信取得的成果，如果是属于企业征信性质的联合征信，征信成果应该是完全商业化的，在传播方面完全没有障碍，社会上的任何人都可以使用。如果是属于个人征信性质的联合征信，产生的消费者信用调查报告的传播受到法律法规的限制，仅限信用交易的授信方、个别政府部门和当事人本人可以订购。理论上，几乎所有提供征信数据的征信数据源单位都有机会使用。

金融联合征信是一种个人征信形式，既不同于同业征信，也不同于联合征信。其实质是要采用联合征信的方式，制作美国信用局式的"全面信息"信用调查报告，但是仅对金融机构提供服务，并不支持零售信用领域的授信工作。从采集信息角度看，金融联合征信是一种联合征信，金融联合征信机构需要广泛采集个人征信数据，因为金融机构的授信决策需要全面的消费者信用信息。从用户角度看，金融联合征信又像同业征信，因为只有会员性质的金融机构（甚至只有商业银行）和当事人是征信产品的唯一限定用户。金融联合征信的成果用于支持金融机构的授信决策，消除金融机构与申请信用工具的消费者之间的信息不对称。

金融联合征信的操作是金融机构向指定的征信机构提供企业或消费者的信贷记录、偿贷记录、信用卡付费记录、与银行的往来情况记录等，由征信机构将征信数据处理后，生成调查报告，然后再向所有金融机构提供征信服务。由于企业征信的情况不同，金融联合征信一般是一种个人征信，因为消费者个人与金融机构的交易数据是形成消费者信用调查报告的最重要数据项，而且该数据非常不易获得。

四、征信发展的基本条件与保证

（一）征信发展的基本条件

能否在一个地区开展征信服务，最基本的条件是征信机构是否可以合法取得当地各种真实的企业、消费者个人信用和各行各业的行业发展数据，并能够合法销售对这些数据的分析和处理结果。换言之，由法律法规保障的企业、个人和社会数据的商业化是建立征信服务的必要条件。否则，征信机构即使取得质量合格的征信数据，在销售根据所采集数据制作征信产品时，也有可能受到社会和政府的指责。关于数据的真实性问题，从发达国家的实践来看，只要征信机构被允许合法取得数据，而法律又有"提供假数据是违法"的相关条款，征信业者就总是能够通过各种技术手段，取得或筛选出高比例的真实数据。

所谓征信数据开放的法律保证至少应该包含以下四个方面的内容。一是由有关法律界定可以开放的数据，即由法律规定何种征信数据可以公开取得，反之确定必须保密的或自愿公开的数据。在发达国家，被视为应该保密的数据一般是涉及个人隐私的数据。二是由法律规定是否有必要限制征信产品的传播范围。例如欧盟规定，欧洲的消费者个人信用调查报告只可以在欧盟国家范围内使用，信用报告机构不可以向欧盟以外的国家直接销售消费者个人信用调查报告。三是法律强制性规定掌握征信数据的机构和企业必须向社会开放有关征信数据。例如很多欧洲国家规定，所有企业和相关政府管理机构必须在限定的时间内，向社会开放企业财务报表。四是各征信数据源提供的数据必须真实，否则将受到法律制裁。以上是最基本的法律保证，它涉及信用管理行业能否顺利发展。

根据征信国家的经验，我国信用管理相关法律的建立还有一段相当长的路要走，但政府的有关法规是应该先行建立的。

（二）征信发展的保证

信用管理行业的发展需要建立新的市场规则，需要得到必要的管理体系的控制，征信产品、征信数据库、信用管理咨询、信用管理软件开发和网上征信服务等都需要有统一的国家标准。

国家标准可以分为通用标准和专用标准两类。通用标准适用于许多行业，包括信用管理行业，例如行业分类、行业规模分类、职业分类、网络安全、保密协议等。专用标准是指那些只适用于信用管理行业的标准。根据征信产品和信用管理服务的特征，专用标准主要包括征信数据库检索系统、企业资信评估符号体系、普通企业资信调查报告版本、普通消费者信用调查报告版本等。世界各国的信用管理行业发展情况不同，在设立国家标准问题上的差异也很大。

就国家标准建立的方法而言，一种是根据自己的国情，设立独立的国家标准体系；另一种是全面接受合适的国际标准，并对国际标准做出在本国通行使用的认定。采取前一种方式的优点是国家标准适合自己国家的行业发展状况，有利于使征信产品和信用管理服务本地化；主要缺点是不利于征信产品的海外销售，同时还需要投入一定的研究费用。在这种方式下，征信机构及其用户企业可能采用适应"双轨制"的软件和产品。全面接受国际标准的优点是可以一次性地与国际接轨，而且长期稳定，无须经常修改；主要缺点是对本国的一些征信机构可能要求过于严格，使技术和管理水平较低的企业无法生存，不利于市场的迅速发展。

第三节　信用管理行业

随着市场经济的发展，信用交易成为主流，信用管理行业就应运而生。发达国家的经验表明"对信用产品经久不竭的需求"是支撑信用公司生产加工和销售信用产品的原动力，是巩固发展现代信用体系的深厚市场基础，也是信用产品不断创新的直接原因。我国信用管理行业虽然起步较晚，但发展速度较快，目前已初见雏形。

一、我国信用管理现状

我国企业信用缺失比较严重，主要体现在以下几个方面：

（一）企业与消费者之间商品信用缺失

在中国，假冒商品规模为三四千亿元人民币，而"重灾区"多发生在化妆品、农资、烟酒和食品等行业。在第十二个五年规划期间，中国质量监督检察机关共查办 50 多万件各种类型的劣质违法案件。这其中重大案件涉及刑事责任的，同比增长了 121.1%。可见假冒伪劣事件层出不穷。此外，各种夸张、误导、欺诈性的虚假广告充斥着商品市场，严重影响了消费者的个人利益。

案例 2：月嫂行业乱象

月嫂是不少年轻爸爸妈妈的选择，月嫂行业市场需求越来越大，但近些年不断爆出各种无良月嫂事件。2015 年 5 月 22 日，重庆一对夫妻，因妻子住院，丈夫为了缓解妻子的念子之情，在家中安装了视频装置，却发现月嫂因新生儿哭闹而猛扇新生儿耳光。2017 年 7 月，上海一对夫妻的孩子于前一年 12 月出生后就住进了月子会所，孩子一直由月嫂李某照顾。由于觉得月嫂服务不错，合同期满后，父母决定继续留她住家。然而在一次偶尔翻监控时，孩子父母发现：这名月嫂给婴儿喂奶时，居然拎起婴儿让孩子竖过来悬在半空边摇边喂。除此以外，还有捏耳朵、拍打婴儿的行为。父母马上报警并向月子会所讨要说法。月子会所认为，合同已经截止，月嫂涉嫌跳过月子会所与当事人私订合同。而婴儿父母则认为，其中部分的粗暴行为是发生在合同履约期的，而且这个月嫂也是从月子中心一直延用下来的。除此之外更有案例爆出月嫂为了保证自己睡眠，在产妇汤里下罂粟壳，通过乳汁来让宝宝昏睡。这一系列案例，折射出的是当今月嫂行业的乱象。①

(二) 企业与企业之间商业信用缺失

在市场交易中，企业间普遍相互欠债，互相拖欠，一些资金实力有限的企业被逼破产。为了进行正常的企业经营运转，各个企业之间直接或间接地都会发生某种债务关系，在当前经济下行的情势下，企业之间信任度持续下降：一是涉及欠债的企业范围越来越广，二是欠债回款周期越来越长，从原来比较短的回款期到现在的回款期不断延长，回款比例不断降低；三是以现金形式收回的款项逐渐减少，企业间常用承兑汇票的形式支付，比例高至九成，企业现金流紧张，面临资金链断裂的风险，许多企业因此导致了生存危机，某些地区的整个市场环境甚至都出现了恶化；也使得一些企业家对市场信心不断丧失，安全保命成为最大选择，转型升级已成奢望。

(三) 企业与银行之间的金融信用缺失

主要表现在很多企业拖欠银行贷款，逃废银行债务严重。银行的不良贷款率的上升会带来银行经济损失，造成银行运营的困难，容易产生金融风险。不良贷款率居高不下，是信贷市场上典型的逆向选择和道德风险所导致的一种不良现象。

(四) 企业与政府之间的法规信用缺失

主要形式为企业偷税、漏税、骗税等。据有关部门披露，我国应税税款流失数目相当庞大。偷税漏税已经成为很多企业获利的途径之一。企业违法

① 引用自新浪网 2015 年 5 月 24 日报道，http://haiman.sina.com.cn/news/s/2015-05-24/detail-iawzuney6086312.shtml。

行为相当隐蔽：有些企业通过做假账，设置两套账、收入不入账等手段隐瞒销售收入偷逃税；有些企业利用虚假凭证、虚假发票，列支与收入无关的支出等编造虚假计税依据逃避税收；有些利用互联网和手机通信等新型支付手段逃避税收；还有些企业利用关联企业对不同地区税收优惠政策形成的税负差异转移应税收入；最后，一些企业集团化、信息化、职业化、跨区域作案，更是难以发现并查处。

为减少企业失信行为的产生，同时作为社会信用体系建设的一个重要组成部分，企业信用体系建设是为重中之重。从世界各国的实践来看，企业信用体系主要应由企业征信系统和信用数据库、企业信用服务机构、信用监督和管理以及信用保障与支持四大部分组成。

我国企业信用体系建设初步进展。2013 年《征信业管理条例》颁布，它是我国第一部征信业法规，征信业步入了有法可依的轨道，是我国征信业发展史上的一个里程碑，其明确了企业和个人征信系统为国家金融信用信息基础数据库，人民银行为征信业主管单位，此后征信相关的法律法规相继出台，覆盖面在不断扩大和完善，从中央到地方各级政府都在积极努力推进信用法规建设，为我国企业信用体系建设提供了重要的法制环境。

征信数据在覆盖的范围和内容的质量上也有了明显的提升。全国集中统一的个人和企业信用信息基础数据库分别于 2004 年和 2005 年建成。企业和个人征信系统采集的信息包含的内容更为丰富。目前，企业信用信息基本覆盖金融机构所经营的对公授信业务以及与之相关的信用信息，包括贷款、贸易融资、信用证、保理、票据贴现、公开授信、欠息、住房公积金缴费、养老保险参保缴费等，涉及数据 200 多项；个人信息则包括个人贷款、信用卡、担保、公积金缴存、社保缴存和发放、车辆交易和抵押、法院判决和执行、税务、电信、执业资格等，涉及数据 80 多项。信用数据涉及的内容越丰富，可参考价值越大，对于后期数据的使用，信用报告的出具，各种未来信用风险的评估等更为有效。

案例 3：58 同城到家精选深耕标准化建设，满足品质服务需求

家政服务业既是亟待高度标准化的行业，又是需要兼顾用户个性化需求的行业。为满足用户不断涌现的家政消费需求，58 同城到家精选充分整合家政服务业优质商户资源，与日常保洁、家电清洗、保姆月嫂育儿嫂、放心搬家、开锁换锁、管道疏通等 20 大品类的优质商家展开深入合作。

　　为保证服务质量，入驻平台商家均需通过资质认证、在线考试等考核环节，并按照平台规定的服务内容、质量、流程、价格四项标准为消费者提供全程服务，充分把控服务质量，避免乱收费情况的发生。同时，到家精选建立投诉维权 24 小时处理响应机制，及时解答处理用户反映的问题，并联合平安保险，全程保障人身财产风险，全方位提升用户的消费体验。

　　秉承着为消费者提供品质服务的初心，58 同城到家精选通过对准入、价格、流程等关口的严格把控，满足用户家政消费需求的同时，助力构建诚实守信、诚信经营的行业氛围。未来，58 同城到家精选也将持续推动行业标准化及品质化建设，带动家政服务业提质增效，赋能消费者、服务者和企业实现共赢。①

　　我国接入企业和个人征信系统的机构数量增速迅猛，这些机构均已链接了所有中资商业银行、外资银行、村镇银行、农商行、财务公司、金融租赁公司、信托投资公司等银行类金融机构，其他机构还包括小额贷款、保险、金融资产管理、融资性担保公司以及住房公积金管理中心等。此外，征信中心还将融资租赁公司、证券公司、保理公司等其他从事信贷业务的机构也接入征信系统。

　　同时行业协会自律也逐步得到加强，失信惩戒措施有所增强。表现在覆盖面广泛的文件出台方面：2016 年 5 月 30 日，国务院发布《关于建立完善守信联合激励和失信联合惩戒制度加快推进社会诚信建设的指导意见》，这是我国第一部信用联合奖惩规范性文件；随后一系列相应的"联合惩戒合作备忘录"相继出台，截至 2017 年 2 月，包括环境保护领域、安全生产领域、电子商务及分享经济领域、财政性资金管理使用领域、食品药品生产经营、严重质量违法、重大税收违法等；同时，也有对守信行为的联合激励，包括对纳税信用 A 级纳税人、海关高级认证企业、优秀青年志愿者的"联合激励合作

----

　　①　引自金融届（百度公众号）2021 年 8 月 2 日报道文章，https：//baijiahao. baidu. com/s？id=1706964845692804868&wfr=spider&for=pc

备忘录"。

二、征信行业

新时代，征信行业的重要新日益突出，从微观层面看，征信业通过建立信息共享机制，增加信息供给，减少交易双方信息不对称，降低逆向选择成本，使得交易双方的一次博弈变成了受信人与整个社会在未来的重复博弈，削减了受信人的失信冲动。从宏观层面看，通过建立"守信激励、失信惩戒"机制，让失信者寸步难行、守信者处处受益，从而优化整个社会的信用环境。

（一）我国征信行业发展与现状

近年来，世界各国的征信体系快速发展，征信业已经成为重要的服务产业之一，同时，"金融+信息+科技"使得金融业对征信业的依赖度直线上升。我国现代征信业是改革开放的产物，从企业和个人与金融机构往来的信贷征信起步，信息来源于民、服务于民，逐步实现了征信服务实体经济、赋能普惠小微的作用。

"政府+市场"双轮驱动征信业快速发展。在推动现代征信业市场化发展的过程中，我国结合实际选择了一条"政府+市场"双轮驱动的征信发展模式，该模式充分发挥市场化征信机构的作用，逐步形成了中国人民银行征信中心与市场化征信机构错位发展、功能互补的征信市场格局。

按照"政府+市场"双轮驱动发展思路，我国征信业逐步从传统的银行信用领域快速向商业信用、政府信用和其他领域有序扩展，为企业和个人投融资提供全面的信息服务。中国人民银行征信中心负责运维的国家金融信用信息基础数据库，已经成为世界上最大的征信系统。截至 2019 年底，我国个人征信系统共收录 10.1 亿个自然人的信息，其中有信贷记录的自然人有 5.7 亿，占收录人数的 56.44%；企业征信系统共收录企业和其他组织 2533 万户，其中有信贷记录的企业和其他组织 819 万户。①

我国征信业仍处于探索发展阶段。当前，"大数据"给未来经济社会的思维方式、商业模式和管理制度等方面带来了巨大变革，也对我国征信业的发展产生了深远影响。总体上，我国征信业发展与市场需求还有较大差距，显性短板主要表现在征信全覆盖任重道远、征信供求矛盾突出、征信信息安全

---

①　数据来自人民网，http：//www.gov.cn/xinwen/2020-12/07/content_5567337.htm

形势严峻、征信市场对外开放和国内市场发展的良性互动机制亟待建立等。从征信机构来看，目前我国市场化征信机构面临数量多、规模小、经营散、能力弱的局面。中国人民银行征信中心主要覆盖银行业金融机构信贷信息共享，对银行等传统金融机构的新型融资负债信息尚未做到全面覆盖。以百行征信为代表的市场化征信机构，致力于覆盖传统金融机构以外的放贷机构。由于核算基础、管理体制和风险偏好等原因，也尚未做到全面覆盖。从征信服务来看，我国征信服务大多采用信用报告方式，处于整理原始征信数据的起步阶段，分析征信数据的服务相对滞后，难以满足市场多元化、个性化的征信服务需求。

（二）我国征信行业未来格局

我国的信用体系建设是道德文化建设与信用交易活动的经济制度安排，是有浓厚中国特色的复杂社会系统工程。制度层面的信用建设说到底是信用行业的建设与发展问题。既然我国征信行业已应运而生，说明市场对其产生了需求，市场已产生的需求会引导供给，并且影响和决定供给。我国征信行业既然已经是市场运行的组成部分，那么该行业的发展以及信用体系建设的模式与路径就只能由市场决定。

但是这并不意味着无论遇到什么问题，只要政府干预退出、把问题"交给市场"，问题就会迎刃而解。在这种"市场万能论"思潮的裹挟之下，很多原本并不单纯属于经济领域的事务如教育、医疗、体育等，也被一概要求置于市场的逻辑之下。实际上，这种肤浅和极端的论调早在几十年前就被西方成熟的市场经济社会证明是行不通的。信用问题也是如此。

目前我国金融体系主要以银行为主导，而银行业主要以国有银行为主导，这一现状也决定了必须采取公共征信模式。银行的社会信用活动具有公共性，关系到国家的金融安全。如果银行业以国有银行为主导，银行和征信体系本身就是在为公共服务，根本就不涉及垄断的问题。因此，在目前以及未来一段时期内，由于市场征信发展尚不成熟，公共征信作为一项重要的制度安排，有其存在的必要性。而最终征信模式的选择将是多方长期博弈的结果。在此过程中，应坚持实事求是原则，部分地区、部分领域可先走一步，全国统筹规划。我国各地区经济发展水平与民风、民俗差别较大，因此治理和整顿市场经济秩序、发展信用交易、加强信用管理必须照顾到各地区不同的发展情况，不能一刀切，条件好的地区和领域可先做，然后带动其他地区和领域慢

45

慢跟上。但也不能各自为政，无论先做的还是后做的，都必须在国家统一规划和统一部署下、在法律法规的指导下开展建设。

我国已是"买方市场"，信用交易日益普遍，经济活动正日趋信用化。根据国际市场变化与很多国家的发展经验判断，在未来几年里，中国的信用活动将适应经济发展的要求，进入快速发展阶段。中国征信业将蓬勃壮大，为中国经济保驾护航。

三、信用管理服务行业

信用管理服务行业是社会信用体系的服务主体，是建设社会信用体系的中坚力量。按照党大会提出的"完善法规、特许经营、商业运作、专业服务"要求，培育和规范企业的个人信用服务行业，是我国社会信用体系建设的重要任务。在信用管理服务业务中，信用服务机构根据市场需求，依照法律法规的规定采集信息，利用其专业技术，经过专门的加工和处理，提供信息产品和服务，供市场主体进行信用交易决策、转移信用风险或管理应收账款时参考使用。

日前信用管理服务行业提供的服务主要包括信用信息服务、信用保障服务、信用管理咨询服务和信用科技服务四大类。

第一类是信用信息服务。信用信息服务主要是指建立企业和个人的信用信息系统，在国家法律的规范和行业标准的指导下，开展信用信息的收集、处理、加工工作和提供服务的业务。信用信息服务分为征信、信用评级和信用调查三大类。

第二类是信用保障服务。信用保障服务更多的是指依靠信用风险管理等技术为信用交易的授信方提供服务和保障。这些服务包括信用保险、保理、信用担保、商账追收。其中，前两者属于金融类活动。保理业务实际上是为应收账款融资服务，信用保险帮助债权人将信用风险转嫁给了保险公司，实现风险在更大范围内的分担，所以，这两者被归入了金融类服务范围。商账追收是专业的追账公司向授信人提供的服务。世界各国对开展商账追收业务都有明确和严格的管理规范，一般而言，开展商账追收业务必须同律师事务所和公安部门合作。

第三类是信用管理咨询服务。信用管理咨询服务是指专门的信用管理机构针对企业、政府、个人等信用主体咨询的问题进行调研分析，并给出解决和改进方案，以提高咨询者的信用，进行更好的信用活动的行为。信用管理咨询一般是由专门的机构和人员，与咨询者内部人员一起配合，应用科学的方法对咨询者进行调研，分析存在的问题和产生问题的原因，提出解决方案，指导方案实施，以解决问题、达成咨询者咨询的目的。

第四类是信用科技服务。信用行业是专门从事信用信息采集、整理和加工，并提供相关信用产品和服务的产业的总称。信用科技是科技在信用领域的应用，旨在利用新技术来创新信用产品和服务模式，从而降低信用服务的成本，提高服务效率，更好地满足社会各个阶层日益增长的信用服务需求。信用科技的落脚点是科技，具备为信用行业提供科技服务的基础设施属性，其目标在于利用科技手段提高信用服务的整体效率。近年来，随着互联网的普及，以及大数据、云计算、人工智能、区块链等技术的应用，信用科技不断拓宽信用服务的边界，深刻地改变了信用行业的服务方式。

第四节　家政企业信用管理

随着中国市场经济的不断发展、成熟产业结构的调整问题摆在了面前。缩小第一、二产业的比重，加大第三产业——服务业的比重，既是实行市场经济的必然结果（市场经济在某种程度上就是服务经济），又顺应了家庭服务消费需求上升的现实状况。家政服务不再被认为是伺候人的、不体面的工作，而和所有其他职业一样被看作社会分工下的一种行业。中国家政服务业已初具规模，众多家政企业和劳务中介服务公司如雨后春笋般出现于各个城市，有些甚至已形成一定品牌，服务范围日益扩大，内部分工更加精细，服务内容开始分级。家政服务消费热业已形成，一种新的消费时尚出现人们的视野中。

家政服务是指将部分家庭事务社会化、职业化、市场化，属于民生范畴。由社会专业机构、社区机构、非营利组织、家政企业和专业家政服务人员来承担，帮助家庭与社会互动，构建家庭规范，提高家庭生活质量，以此促进整个社会的发展。

中国家政服务业已初具规模，家政企业已形成一定品牌，服务范围日益扩大，内部分工更加精细，服务内容开始分级。家政服务消费热业已形成，随着城市居民生活节奏的不断加快，家政服务市场的前景将更加广阔，但同时不容忽视的是，作为朝阳产业的家政服务业，它的规模化、规范化也应尽早提上议事日程"保姆"一词，已被"家庭服务员"一词代替。随着经济社会的发展、人民物质生活和精神生活的提高，人们对家政服务的要求也日益规范化、专业化、系统化，为了适应这种要求，对家政服务师的专业技能培训也更加严格规范，系统化。我国家政服务业发展主要有以下几个特点：

（一）市场

据初步调查显示，目前全国家政服务业各类服务企业和网点近 50 万家，从业人员 1500 多万人，年营业额近 1600 亿元。从家政服务企业规模看，大部分企业营业额在 50 万元左右，少数规模较大的企业年营业额已达 1000 万元以上。①

（二）服务内容

家政服务涉及 20 多个门类，200 多个服务项目。适应市场需求的多样性特点，家政服务也呈现出多样化发展态势。传统的保洁、搬家、保姆等项目不断细分，月嫂、陪护、聊天、理财、保健等服务不断成为家政服务的主要内容。

（三）连锁经营

现代流通方式在家政服务企业中得到快速推广。多数企业已改变原来的单店经营模式，积极采用连锁经营等现代流通方式，服务网络逐步向全国甚至国外延伸。一些企业经营门店已达到 50 家以上，实现了跨区域连锁化发展。

（四）专业化

近年来，专业化程度高的家教、理财、保健等新兴服务进入家政服务范畴，月子护理、搬家、保洁、婚介等传统服务的专业性越来越强，对从业人员的专业水平要求不断提高，越来越多的家庭也开始重视家政服务人员的学历和培训水平。

（五）服务质量

家政服务业的多样化快速发展，为人民群众提供了高质量、个性化和安全便捷的服务享受。年迈双亲可以得到温馨照料和陪护，婴幼儿童得到细心看护和教育，繁杂的家务得到专业料理和服务，家政服务已成为服务百姓日

---

① 数据来自人民网，http：//www.gov.cn/xinwen/2021-10/07/content_5566337.htm.

常生活不可或缺的重要行业。

传统的企业信用管理一般聚焦于对客户、供应商等进行信用风险管理，但对于家政企业来说，其提供的产品及"服务"，员工是家政企业的主体，员工齐心协力的工作可以促进企业的发展，员工诚信度的高低直接关系到企业所提供的产品、服务甚至企业的命运。员工的信用管理对企业人力资源管理有着至关重要的意义，员工信用管理的好，能够帮助企业实现快速稳步发展，有助于形成统一的企业文化和内涵。因此家政企业在传统的信用风险管理基础上，还需要注重对员工的信用进行管理。企业对客户、供应商、员工、银行、社会五个不同维度的信用管理也会对家政企业价值产生不同的影响。

（一）客户维度的信用管理对家政企业价值的影响

家政企业生产的产品和服务，只有通过客户购买才能实现其价值，而客户希望购买到符合企业承诺的产品。销售的双方都希望所进行的交易是没有风险的。但是市场的不完善导致的信息不对称使得交易过程中发生信用风险的可能性增强。所以在这一销售过程中，企业的信用管理就涉及两个方面：一方面，企业作为守信方，必须提供在与客户达成的书面契约或是心理契约方面的关于在质量、服务等方面要求的产品；另一方面，企业作为授信方，在对客户的信用销售时，应降低信用风险，使客户能够及时足额地偿还款项。

作为授信方的信用管理，企业管理者要重视信用的作用，提升自身的信用道德水平，在企业内部倡导诚信文化，提高企业的信用等级，树立良好的信用形象，将产品和服务如实地传递给客户，提高在客户心中的信誉，减少顾客在市场上寻找产品的成本。市场竞争的规律表明，市场竞争就是客户竞争，客户是企业获得持续生命力的源泉。20世纪初意大利著名经济学家维尔弗雷多·帕累托就提出管理学熟知的二八法则，又称帕累托法则。该法则是说企业20%忠诚的客户创造了企业80%的利润，而其他80%的普通客户只创造了企业的利润。该法则在很多大企业，如通用电气、摩托罗拉等得到应用并且效果显著。美国哈佛商业杂志曾刊登的一篇研究报告也指出：忠诚的客户比新客户可以为企业多带来20%到80%的利润，而发展一名新顾客的成本却是老客户的数倍。所以企业为了赢得竞争，应该努力提高客户满意度，留住忠诚客户。

客户在进行购买选择时，那些具有良好信誉的企业对他们的吸引力更大，对这些企业的产品表现出相当的积极性，对于那些声誉不太好的企业一般抱消极态度。因为一方面那些声誉良好的企业可以吸引客户，并节省与谨慎的客户达成交易的时间，降低交易的成本，而这些节省的时间和精力和成本又可以用来进行其他客户的拓展或是其他创造企业价值的活动。另一方面，良好的企业声誉可以减少与新的交易对象建立信任度的时间，提高交易的效率，节约成本，有助于新市场的开展和新产品的促销。所以企业加强对自身信用的维护和提高，可以在交易前减少客户为获得交易机会而收集信息的时间、金钱和努力，好的企业信用减少了消费者在市场上搜索特定产品的成本。并且企业对客户这种良好的信用行为在交易发生之后还会产生良好的市场效益，有利于扩大交易的规模和范围。因为客户会对产品的体验形成自己的主观评价，这种有关企业良好的信用评价"溢出"效应，会通过他向身边的人群传播，扩大了影响人群，这种信用信息成为其他客户购买产品的重要参考，影响到更多人的购买，于是企业的销售额会得到很大的提高。

企业作为授信方，最重要的就是授信管理，即企业对客户的信用销售进行管理。当企业现金流比较充裕时，或是竞争环境比较激烈时，企业会更多地采用信用销售。企业有剩余资金，用该资金为客户提供商业信用带来的销售收入的增长的财务效果比投资金融市场的收益要高。但是信用销售在促进销量上升的同时，伴随坏账损失的增加。企业为了降低信用风险，保证应收账款及时足额收回，需要对客户进行信用销售管理，主要管理活动内容如下：

1. 制定信用政策；

2. 尽可能多地收集客户资料；

3. 评估客户的信用，确定结算方式和授信额度；

4. 在与客户合作的过程中要密切注意客户可能出现的风险，对不同信用等级和不同交易方式的客户寻求不同的债权保障措施；

5. 保障应收赃款及时安全回收。

企业通过以上对客户的信用销售管理内容，可以为企业带来经济价值。一是可以获得客户对于企业销售量的贡献，销售量增长可以扩大市场份额，增加企业销售收入和现金流，提高销售收入增长率，保证企业目标利润的实现；另一方面企业对客户的信用销售管理很大程度上防范了信用风险，以防销售收入不能流入企业，减少应收账款的回收期和坏账损失，这些因素都对企业价值有促进作用，提高了企业价值。但是对客户的信用管理是一项对人力、物力和财力耗费比较大的工作，这些信用管理成本会降低企业价值。

（二）供应商维度对家政企业价值的影响

企业要实现生产的正常运转，就要从供应商那里源源不断购进原材料。在与供应商的交易中，企业的购买行为，实际是企业对供应商产品和服务授予信任，因此企业是作为授信方。企业购买材料后要及时偿还货款，因此企业也是守信方。

企业在与供应商授信行为的管理中，企业要努力提升自身信用，建立自身品牌。企业信用作为一种有力的信号机制，可以使供应商有理由相信企业以一种可预见或可信赖的方式行事，可以增强供应商的信任感，提高企业与其供应商之间交易的效率，降低与供应商之间的签约成本，节约双方的交易费用；另外强势的品牌效应可以为企业争取到优质的供应商，增强了企业的讨价还价能力，并且容易获得供应商的赊销等商业信用。商业信用相对于银行信用融资成本相对较低，具有融资比较优势。企业与供应商之间的赊销、现金折扣和销售折扣等信用行为，不仅可以使企业减少融资成本，节约财务费用，降低企业营运资本需求，加快资金周转率，减少产品成本、采购成本和库存成本，而且还可以建立与供应商良好的关系，甚至建立长久合作关系来促进企业的发展，极大地影响着企业的价值创造能力。因此，企业应该努力加强对供应商的守信管理，争取供应商的信任，通过商业信用获得低财务费用、低采购成本和存货成本等优势驱动企业价值增长。

另一方面，企业作为守信方，要按时偿还货款。拖欠货款的行为从眼前利益看，可以增加企业的营运资金，企业可以以更多的资金开展其他投资业务获得利润，但是从长远利益看，不仅容易丧失现有供应商的信用，难以获得持续的原材料供应，而且失信行为会在行业内引起不良效应，其他供应商在于其交易时会以更慎重和挑剔的态度评估企业，不利于企业与供应商之间这种基于信用的交易行为，这种为了短期利益而忽视企业信用的过程，最终会损害企业价值的实现，不利于企业持续发展。当企业对供应商所做的承诺得到兑现时，企业原有的信誉得到保持，企业就得到了供应商的信任。当企业用失信的经济行为谋取利益时，如挑拨两个供应商反目以获得有利的价格条件，或是不按时偿还货款，就会失去供应商的信任，企业的信用受损。一旦失去原有的供应商，企业得花费大量的时间精力去寻找其他供应商并要获得其他供应商的信用，并且企业如果有不信用行为，它的坏名声会使其他供应商持谨慎态度，在其与企业的交易也变得困难，所以企业应该诚信经营，培养良好的信誉形成机制，使其促进企业价值的增值。

（三）银行维度的信用管理对家政企业价值的影响

企业的采购、生产、销售过程伴随着资金的投入、运转和流出，由于各种客观和主观的财务管理不科学等原因容易发生资金的周转不灵，造成现金流的断流。为了保证生产经营的秩序稳定，企业必须向外借贷资金，并且为了持续经营，企业必须按时偿还借款。

银行作为现代社会信用体系的主体，一个重要的功能就是信用中介，所以它成为企业借入资金的主要来源。企业获得的信用借款还将影响企业的资本构成，企业的债务资本比例越高，企业价值越大。但是现在的商业银行为了降低风险，在发放贷款之前会对贷款企业的信用水平进行评价，对企业的贷款很大程度上取决于企业的信用水平。因为对银行以及其他债权人等投资者来说，良好的企业声誉能降低信用风险，保证债权能够按时收回和获利的有力证明。尤其是在危机到来的时候，信誉良好的企业往往能在一定程度上缓解外界环境恶化给企业经营带来的压力。

银行信用评价的方法很多，评价的指标主要是企业的定量的财务指标，还包括以下非财务的定性指标，这些指标主要包括：竞争能力、管理状况、信用记录、财务状况、资产抵押、法律诉讼和银行记录等。如传统的评价法只要就是对借款者的资产等进行综合评分。美国的穆迪和标准普尔就是世界上普遍流行的评级机构。企业的信用等级越高，筹资的成本就越低。因此，企业为了降低筹资成本，节约财务费用，应该努力增强自身的实力，加强对自身信用等级的管理，提高信用水平，降低企业投入资本的成本，提高企业价值。

（四）员工维度的信用管理对家政企业价值的影响

企业员工是企业价值的直接创造者，是企业存在的必备要素。对员工的信用管理不仅关系到企业生产经营的正常运行，关系到企业内部信用环境的建设，而且与企业价值密切相关。现代人力资源管理将员工视为具有重要价值的资源，特别强调要树立以人为本的诚信原则，通过员工忠诚管理，建立诚信型企业。

一般而言，员工维度的企业授信信用行为管理主要是雇佣员工为企业服务。但是员工维度的企业信用管理最重要的是守信管理，以获得员工信用。

首先当员工按企业的生产管理要求完成生产过程和目标任务，企业要付给工人相应的劳动报酬，并且履行企业对员工包括经济利益预期和其他福利的承诺。第二，企业对员工信用行为管理还应履行对员工与企业在个人发展预期、工作环境预期等方面达成的心理契约或是书面契约的承诺。在招募、培训、考评、激励等活动中，企业与员工达成的关于员工在企业中的工作、发展前景、福利待遇等方面的预期的心理契约，企业应该实现这种隐性的承诺，企业一旦违背和员工达成的心理契约，员工就会有被欺骗的情绪，对企业的信任度将大大降低，同时也将降低工作效率。企业通过这样的信用行为管理，会付出相应的成本，包括工资福利费、培训费以及其他各种费用，这些费用直接增加企业的成本，减少现金流量，减少了企业价值，但是这些可以量化的成本产生的收益却是很难衡量的。

企业通过对员工的守信管理，一方面可以保证生产的顺利实现和持续，以保证企业价值的实现，另一方面也可以反过来增强员工对企业的信用。当员工对企业形成信用时，也就是企业在内部员工心中形成了良好的信誉。员工形成的这种信用是对员工进入企业后的各种需要得到满足的保证，通过信号传递作用可以在外部人员中得到传播，提升企业对内外部人员的吸引力。反过来，当外部人员对企业有良好评价时，能提升内部员工的心理满意度，使得内部员工对企业有更高的认同度。

而且，企业员工的满意度和忠诚度与企业利润的创造有直接的关系，这是因为第一，员工满意和忠诚会增强对企业的责任感，会增加工作的积极性、主动性和工作热情，会在产品生产、销售产品等过程中认真对待工作，富有责任心。员工这种长期良好的信誉、优质高效的服务能成为企业富有独特性的核心竞争力，是企业获得竞争优势的要素之一。并且员工更加努力地工作毫无疑问提高了劳动生产率，为企业创造出更多的利润和价值。第二，员工会形成对企业未来发展前景的良好预期，当员工意识到企业的兴衰与自身的职业生涯密切相关时，会具有高度的主人翁精神，会对企业拥有较高的责任感，重视和钟爱企业品牌，自觉维护品牌，会在生产、加工、销售和服务等环节遵循信用的原则，不断提升企业品牌价值，而且即使开企业也对企业留有感情、维护企业利益。这些无形之中将有利于企业价值的提升。现在世界上许多著名企业，都高度重视员工忠诚度管理。美国西南航空公司是自1973年以来美国唯一一家每年盈利的大航空企业。该航空企业的雇员更替率为

4%~5%，而业内其他企业的更替率一般为它的 2 倍。该企业凭借其优秀的员工，在客户服务和安全性方面位居美国第一。

（五）社会维度的信用管理对家政企业价值的影响

社会环境是企业经营的宏观环境，社会维度的企业授信管理主要表现在企业为全体社会提供需要的产品和服务，守信管理主要体现在企业依法纳税和对社会责任的履行方面。依法纳税体现的是信用的法律效应，税收是一种强制行为，政府作为向纳税人提供公共物品的行政组织，其追求的目标是实现国家和社会的整体利益，因此，政府可以通过国家强制力量规范企业行为，保证企业对政府的社会信用，逃税漏税行为会受到法律的制裁，会使企业价值完全得不到实现。社会责任包含了给公益、慈善组织捐款、赞助社区活动和关注环保等。

20 世纪六七十年代在西方国家中，经济发展过程中开始日益暴露出职工劳动条件恶劣、生活没有保障企业偷税漏税、环境污染等一系列企业信用缺失问题。为此，社会提出企业在发展自身、追求经济最大化的同时还应承担对社会各方面的责任——企业社会责任。在我国市场经济环境中，企业的作用日益重要，企业经营活动的影响具有很强的社会外部性，所以股东价值最大化的理论受到越来越多的质疑。越来越多的人从要求企业诚信经营，注意保护环境，关注社会福利事业，管制更广泛范围内的利益相关者。

一直以来，我国企业认为承担社会责任，加重了企业的负担，降低了企业的价值。为了提高经济效益和企业价值，我国企业是偏好不承担社会责任的。所以我国众多企业在运营过程中存在着环境污染、偷税漏税、劳动强度严重超标等问题，甚至冒着被处罚的风险也在所不惜。

从短期的企业财务报表上看，这些企业承担社会责任和依法纳税的这些信用行为管理会导致企业经济利益直接流出企业，减少企业现金流，会损害企业以财务指标表示的企业价值。

但是，企业因为不从事社会责任活动，不能满足股东之外的利益相关者的需求，造成隐性成本提高，会产生更多的显性成本，从而丧失竞争优势，将产生市场恐惧并提高企业的风险溢价，最终导致更高的成本或丧失盈利机会。例如，管理与政府、社区等的关系，良好的社区关系使当地政府提供了税收优惠。

从长远的经营出发考虑，企业承担社会责任所产生的良好的利益相关者关系要在一定时间之后才能对企业价值产生正面的影响，企业履行社会责任可以在社会上树立企业良好的形象，在公众心中提高企业品牌，提高企业价值。

在评分卡的价值评估模型中，企业价值产品服务品牌，可见品牌和商誉是影响企业价值的一种重要的无形资源。IBM 总裁说："企业出售的不仅仅是电脑，更重要的是诚信。"可见信用对于树立企业品牌的巨大作用。企业的品牌是企业的经营理念、核心价值观、产品和服务质量、市场信用及社会责任履行等方面在社会公众中的综合客观评价。品牌对于企业的作用已经不言而喻了，而信用作为一种无形资产，与企业品牌是紧密相连的，信用是品牌的基石。企业只有坚持信用，并将这种诚信的理念贯穿于品牌战略的全过程，才能打造出被客户所信赖并长盛不衰的强势品牌。像麦当劳、可口可乐、IBM、松下等耳熟能详的企业，为了打造优秀品牌，企业首先提高产品和服务的质量，诚信经营以赢得客户的满意和忠诚，才能树立优秀的品牌形象，获得巨大的品牌商誉。

另外，从政府的角度考虑，企业长期从事各项社会责任、环保等利国利民的活动，可以在一定程度上解决政府在这方面的压力，带动其他企业也开展相似的活动，这样不仅可以树立企业良好的形象，而且会帮助企业获得政府的信赖，在政府采购以及其他政府经营活动中获得额外青睐，甚至能得到在相关政策方面的支持和帮助，有利于为企业的经营提供一个更好的外部环境。政府支持是构成企业价值的一个重要方面。

第三章 企业信用管理

我国市场经济发展迅速、企业贸易的交易方式由实物交易、现金交易转变为以信用交易为主，交易的范围和金额都显著增加。但是信用交易也带来了赊销账款不能如期足额收回的信用风险、交易对手的信用风险直接影响卖方的盈利能力。因此，企业信用管理应运而生。卖方需要通过制定信用管理政策，对信用交易的各个环节进行全面监督和跟踪管理、在实现销售最大化的同时，尽可能规避信用风险、降低经营风险、提高经营效率，将信用风险损失降到最低，从而使利润和价值得到最大程度的提高。

第一节 企 业 信 用

一、企业信用概述

(一) 企业信用的定义

企业信用是指工商企业之间在商品交易中因延期付款或预付货款而形成的借贷关系。企业信用的具体方式有赊销商品、委托代销、分期付款、预付定金、延期付款等，归纳起来主要是赊销和预付两大类。企业信用直接与商品生产和流通相联系，其发展既增加了购货企业的资金融通渠道，又加快了销货企业资源的循环和周转，对于经济发展起重要作用。

狭义的企业信用专指企业之间发生的信用销售经济活动，俗称"赊销"，是一种让客户"先提货，后付款"的销售方式，其实质是客户占用企业的资金，等效于企业对客户的短期融资。企业信用具有如下特点：

1. 企业信用与特定商品买卖相联系。企业信用是一个企业以商品形式向另一个企业提供的信用，借贷对象是待实现价值的商品。企业信用活动同时包含着两种性质不同的经济行为一买卖行为和借贷行为。在供大于求的买方市场，企业为了生存和发展、扩大市场占有率、减少产成品库存、努力扩大销售，改变了客户的付款方式，在将商品卖出的同时，并未立即获得商品的价值，而是将商品价款以延期付款或分期付款的方式借贷给买方企业。

2. 企业信用在授信规模和方向上受到局限。企业信用的提供者是商品提供者。提供信用的额度受企业资金规模的限制，此外，授信规模与受信企业的自身经济实力和信誉也有直接的关系。授信企业在确定具体的授信规模时要通过信用调查，然后综合考虑各种因素，企业信用的需求者是商品的购买者。这就决定了提供信用的额度受企业资金规模的限制。此外，授信规模与受信企业的自身经济实力和信誉也有直接的关系。授信企业在确定具体的授信规模时要通过信用调查，然后综合考虑各种因素。企业信用的需求者是商品的购买者，这就决定了信用具有方向性，即由商品的生产者提供给商品的需求者，但这种方向性并不是固定不变的对于特殊商品，企业信用以预付款形式出现，即商品购买者提供给商品生产者信用。

3. 企业信用具有期限短的特点。企业信用受企业资金周转时间限制，因而期限通常都比较短，它属于一种短期资金融通。资金链的连续性是企业生存的必要条件，企业在授予交易企业信用的同时，要考虑企业自身资金的回收周转问题。

4. 企业信用是引发或加剧经济危机和信用危机的一个重要因素。企业信用的发展使参加者结成紧密的支付链条，该链条中任一环节的中断，都会直接影响其相关的一系列支付，引发或加剧经济危机和信用危机。

（二）企业信用的形式

在市场经济中，企业除了以赊销商品的方式提供信用外，还有其他形式，如预付货款、分期付款、经销、委托代销、补偿贸易等，归纳起来主要是赊销和预付两大类。

1. 赊销是企业最常用的企业信用形式

赊销是指买方与卖方签订购货协议后，卖方让买方取走货物，而买方按照协议在规定日期付款或以分期付款形式逐渐付清货款的销售方式。赊销一般发生在买方市场的情况下，面对激烈的市场竞争，企业为了提高自身的竞争力，多采用赊销的方式来吸引客户。

（1）赊销的发生有两种情况。第一，买方对产品性能、质量等信用问题不确定，要求产品先试用、后付款，从而产生一种事实上的赊销行为。这种赊销形式对购买大型成套设备等产品时极为普遍。第二，买方资金不足，需要卖方给予资金的暂时融通，以便先取得产品，然后缓期交付货款。这种赊销形式是卖方为买方提供了资金融通。

（2）赊销过程包含两个因素，即所期望的未来付款和对客户的信任。在商品买卖中，由于赊销行为是建立在对未来付款预期和对客户信任上，不确定性很大，由此产生信用风险的可能性也很大，容易导致坏账、三角债、欺诈等失信现象。

（3）企业赊销采取的常用形式为账面信用形式，即开户式的信用销售和合同式的信用销售。

2. 预付货款的企业信用形式

预付货款是卖方市场最主要的企业信用形式，是一种由买方以货币形式的信用订购卖方商品、授予卖方信用的形式，其信用的对象是货币资金。在实际交易中最常用的是预付定金，预付定金具有提前支付货款的性质，在已交纳预付定金的情况下，供货方必须优先保证购货方的需求，表现出一种信用关系。

3. 分期付款

分期付款是指按交货批量分期偿付货款，其信用的对象经常发生在完工的工程或提供的商品交易中，是一种由提供商品授予分期付款者信用的形式。分期付款的企业信用形式通常是在商品的使用价值未形成或未全部转移到分期付款者手中的情况下发生的。

4. 企业信用的其他形式：经销和代销

就其一般的意义而言，经销和代销都是代售货方推销产品，但两者的授信内容不同，经销是自行购销、自负盈亏，而代销只是接受委托收取佣金；经销是买卖关系，代销是委托—代理关系。

从信用关系上说，由于售货方给予经销商独家经营的权力以及价格、折扣和货款支付等方面的优惠权力，因而经销是提供一种权力信用，信用的对象是独家经营权和其他方面的优惠权力。而代销则是企业凭借对代理人的信任，将一定数量的产品委托给代销商的销售，也属于信用销售。代销产品一般为品牌产品，产品的所有权属于委托代销商，承托代销商虽无支付货款的义务，但其要承担代销产品的安全，享有获取佣金的权利，所以代销也是一种债权债务关系。

5. 补偿贸易

补偿贸易通常发生在国际经济关系中，通常是国外厂商提供生产设备（即投资），国内厂商以使用该设备生产出来的产品清偿货款。补偿贸易具有二重性，它既是借贷，也是买卖。补偿贸易一般交易额大、时间长，为了解决资金来源问题，往往有银行参与，即提供卖方信贷或买方信贷，所以补偿贸易是一种特殊的企业信用形式。

（三）企业信用的作用

企业信用促进了商品生产和销售过程中的连续运动。企业信用是规模经济中不可缺少的因素，在促进经济运行方面发挥着重要的作用，其具体作用如下：

（1）企业信用促进了再生产过程的正常运行，有利于提高效率。在以企业信用为手段的交易中，卖方通过提供企业信用形成债权。保证了商品及时销售，可避免因积压而影响再生产过程的正常进行。此外，这种债权作为企业的一种短期投资，可以吸引更多的客户，可以扩大销售，增加收益。从购买力的角度讲，借助企业信用，企业虽然形成了负债，但获得了资金融通，使其能够及时购进原材料，从而保证了再生产的正常运行。对于购买力来说，企业信用解决了其资金暂时短缺的困难，降低了资金使用成本，提高了效益。

（2）企业信用加强了企业之间的合作和相互监督，使企业之间建立起比较固定的经济联系网络，有利于企业生产和流通的发展。在信用经济高度发展的今天，企业之间的信用对双方都有利，企业信用使交易双方都分担资金投入的风险，从而形成企业之间的合作氛围。制造商和销售商之间的关系建立在信用的基础上，并受法律的保护。

（3）企业信用有利于加速资金周转，提高资金的使用效益。企业利用企业信用获得了资金的短期融资，在信用期限内可以实现原有资金的有效利用，可以增加新的投资项目和资金来源，从而增加利润收入。企业信用的债权力使自己的多余资金有了用武之地，增加了利益收入，双方都得到了经济效益。

（4）企业信用促进企业不断加强自身信用管理。企业信用是企业之间相互提供的信用。在提供企业信用时，授信力不仅要考虑到资金的安全性，收益性。而且要考虑到资金的流动性。这些都取决于受信方的实力和信誉。如果对受信方的实力和信誉没有实在的了解，授信力一般不会提供信用；受信方在接受授信方的企业信用时，不仅要考虑产品是否适销对路、适用，而且要考虑在价格上能不能得到补偿并获得一定收益。而这些又取决于受信者对生产状况、市场情况的考察。对生产状况、市场状况没有实在的了解，受信方也不会轻易地接受信用，以企业之间相互提供信用具有一定的规范性和制约性，有利于企业把信用交易方式置于市场供求关系之中，促进自身信用管理能力的加强。

企业信用对企业发展的作用主要通过经营过程的两个阶段来实现：

（1）在企业创业之初，大部分是赤字运行。需要借助信用活动来筹集和融通资金。在一般情况下，企业融资有两条渠道：一是间接融资。即企业与资金供给者之间不发生直接的信用关系。其资金融通是通过各种金融中介机构进行，主要是通过银行进行；二是直接融资，即企业与资金供给者直接发生信用关系。双方可以直接协商融资方式与价格，或资金供给者在公开市场上直接购入企业发行的债权或股票。在现代市场经济中，股份制已成为现代企业的重要组成形式与模式。股份制与股份制企业日益发展、遍及全球，分析其实质，可以看到股份制就是建立在信用关系基础上的，是依靠信用活动的发展而发展起来的。目前，企业在金融市场上通过发行债券、股票进行直接融资的比重逐渐上升，企业与社会公众的直接信用关系越来越重要。

（2）企业在日常经营中，由于扩大再生产和经营的需要，经常出现赤字，同样需要信用来启动和推进。例如在生产和经营中，需要借助信用完成原材料采购，通常表现为银行信贷和企业间的信用销售与应收应付账款；在商品销售中，需要采用信用方式扩大销售。如前所述，信用销售已经成为现代企业商品销售的时尚与有效渠道。另外，如遇季节性资金需要、市场波动下的收不抵支、临时开支与意外开支等，企业均需寻求信用帮助，企业离不开企业信用。

企业在社会信用活动中既需要受信、融入资金，也可以授信、支持他人；既可能以存款授信于银行，也可能以商品授信于消费者，最终授信于资金的现期使用权。但总的来说，企业对信用的需求超过供给。由此可见，企业是社会信用活动中最活跃的层次，是巨大的信用需求者和供给者。

二、企业信用管理的界定

(一) 企业信用管理的内涵

企业信用管理是对企业的受信活动和授信决策进行的科学管理，有广义和狭义之分。

广义的企业信用管理是指企业为获得他人提供的信用或授予他人信用而进行的以筹资或投资为目的的管理活动。企业通过全面的信用管理活动，完善在赊销、赊账、投资、担保等各项经济活动中的企业信用管理流程和技术手段，保持应收账款和应付账款的最合理持有、保障应收账款及时足额的收回以及投资、担保等业务的安全性，达到企业价值最大化，并保持企业良好的信用形象，以满足企业长期可持续发展。

狭义的企业信用管理是指企业为提高竞争力、扩大市场占有率而进行的以信用销售为主要管理内容的管理活动。企业通过制定信用管理政策，指导和协调内部各部门的业务活动，对客户信息进行收集和评估，对信用额度的授予、债权保障、应收账款收回等各交易环节进行全面监督，以保障应收账款安全和及时收回的管理。本书所讲的企业信用管理是狭义的企业信用管理。

传统的企业信用管理具有客户档案管理、客户授信以及应收账款管理三大基本功能，指导和协调内部各部门的业务活动，对客户信息进行收集和评价，对信用额度的授予、债权保障、应收账款回收等各交易环节进行全面监督，以保障应收账款安全和及时收回的管理。随着现代信息技术的发展，企业的信用管理部门又多了一项新的功能，即"利用征信数据库开拓市场"的功能。各大企业的征信数据库开始具备数据快速分类检索的能力，可以向客户提供便捷的数据库检索服务。

(二) 企业信用管理的目标

企业信用管理的总体目标就是力求企业在实现销售最大化的同时，将信用风险降至最低，使企业的效益和价值得到最大限度的提高。通过信用销售，企业可以扩大销售、提高盈利水平，但与此同时，信用销售产生的应收账款每天都在消耗着企业的利润。企业信用管理就是要解决企业采用信用销售带来的双重难题，把好信用销售的门槛，管理好应收账款，在实现销售最大化的同时保持信用风险特别是坏账损失的最小化。

企业信用管理是一个动态的过程，其目标随着管理活动的变化而变化，在社会经济发展的不同阶段,企业信用管理活动及其目标有着不同的要求和内容。根据我国目前市场经济的发展现状,企业信用管理的基本目标是:规范市场经济秩序,维护公平竞争,促进企业信用体系的建设,弘扬诚实守信行为,服务经济发展。在确立这一目标后,企业信用管理的各项活动都要服从和服务于目标的要求,对有利于目标实现的优良行为予以褒扬和鼓励,对不利于目标实现的不良行为,应根据不同情况分别给予教育引导、限制行为或依法取缔和打击。因此,企业信用管理目标决定着信用管理活动的性质和方向,是构造企业信用管理框架的首要问题。

成功的企业信用管理实现的目标可以用以下的等式来表述:

最大销售(包括大量的信用销售)+及时回款+最小坏账=最大利润

成功的企业信用管理是在销售额很大的情况下也能保持资金的及时回笼和低比率坏账,从而创造最大利润。企业信用管理的具体目标如下:

(1)建立规范的信用风险管理制度,全面提高企业信用管理水平。

(2)强化客户资信管理,防范信用销售中的信用风险。

(3)开拓信用销售业务,提高企业的市场竞争力。

(4)控制逾期应收账款,加速资金周转、提高财务质量。

(5)加强欠款追收,减少坏账损失,提高企业的经营利润。

企业信用管理对企业信用的发展起着积极的促进作用。企业信用活动对其经营者有着重要影响,因为企业的信用活动从根本上说是一种投融资决策,而投融资决策是企业经营中最重要的基础性决策。如果放任企业信用活动无限制的发展而不加以任何引导和管理,将给企业带来灾难性的后果。企业信用扩大市场规模、促进经济发展作用的有效发挥,要求企业有一套完整的信用管理制度。企业信用的发展与企业信用管理制度的完善相辅相成,缺一不可。

(三)企业信用管理的职能

1. 客户档案管理

企业信用管理的具体工作是收集客户信息,评估和授予信用额度,保障债权,保障应收账款安全和及时地收回。了解客户、合作伙伴和竞争对手的信用状况,是企业防范风险、扩大交易、提高利润、减少损失,在激烈竞争的市场上获胜的必由之路。所以,调查职能是进行企业信用管理的首要职能。为实现客户档案管理的职能,企业需要建立和维护客户数据库,定期更新客户经营信息、财务信息和交易记录，向企业内的相关管理人员提供客户信用信息的查询服务和分析服务。

2. 客户授信

根据调查的客户信息，评估客户的信用状况，决定授予客户的信用额度和采用的结算方式，是企业控制信用风险的重要手段。企业信用管理部门在评估客户信用时，一种方式是根据客户的财务报表进行评估，另一种方式是编制出适合本行业特点和本企业特征的信用评估系统，通过信用评估系统最大限度地体现客户的信用特征，对其信用状况做出正确评价。其具体内容包括：确定客户的企业信用条件（包括信用形式、期限、金额等），保证在信用期满时及时收回账款；迅速从客户群中识别出存在的信用风险、可能无力偿还货款的客户；在新客户授信和年度信用等级评定中，以客户信息为依据，以分析模型为工具，评估客户的信用得分，并推导出适用的信用政策；对本企业的客户群进行经常性监控，既要注意发生信用风险的迹象，又要及时发现可能使企业获得最大利益的机会；通过信用分析找到对企业利润有真正贡献的优质客户，为销售指明方向等。

3. 应收账款管理

企业信用管理属于风险管理范畴，是对企业信用销售等信用交易进行的科学管理，主要是为了规避信用销售产生的信用风险，而信用销售产生的信用风险主要来自应收账款。应收账款管理职能是进行全面的欠款分析和决策，包括多角度分析财务欠款记录，跟踪整体的欠款规模，跟踪各客户的动态欠款水平，对逾期应收账款做出原因诊断和收账政策诊断，同时设定企业对每个客户所能承受的最大损失限额，以此作为警戒线，防止损失扩大，并与其他部门合作，尽可能地弥补已发生的损失。

4. 利用征信数据库开拓市场

企业信用管理不只是要控制已有的风险，而且要利用征信数据库开发和挖掘潜在客户，开拓企业的市场，扩大企业的市场占有份额，增强企业的市场竞争力。企业必须保证自己的销售额中绝大部分是来自与经营得法、信用卓越的客户签订的交易合同，只有这样才能使企业的销售额及利润额稳步增长，不至于因客户的信用危机而发生大波动。从这个意义上说，信用管理部门指出哪些客户信用良好，可能比指出坏账客户更重要。

此外，企业还应密切注意客户的竞争对手。企业都愿意从潜在客户中选择竞争实力最强的来签订合同，但客户的竞争地位经常处于变动之中，信用管理部门的一项重要任务，就是借助信用分析，及时发现客户竞争地位的变化。如果客户在竞争中已处于劣势，企业就要考虑更换客户，并指出新的代替者。一般来说，销售部门最了解客户的情况，但信用管理部门可以在很大程度上参与挑选客户的工作，并利用征信数据库给销售部门提供有价值的建议。

三、企业信用管理的意义

（一）构建现代企业管理体系的需要

企业信用管理是企业管理的核心内容之一。在买方市场条件下，企业要获得市场竞争力，提供信用销售是其不可缺少的有效途径。信用销售作为一种信用经济活动，存在一定的信用风险，企业必须建立完善的企业信用风险管理制度，有效地控制信用风险，保障自身的权益，提高信用销售的效率，保障信用交易的顺畅进行。企业在决定对客户授信之前，首先要对客户的信用进行收集和分析，解读征信机构的客户信用报告，利用信用分析模型对客户的信用级别进行科学判断，通过这些企业信用管理活动大大降低信息不对称的程度，使企业对授信对象有一个比较全面和准确的判断，筛除资信差的客户，使信用风险在信用活动的最初阶段得到根本性的控制。然后，企业再通过应收账款管理、信用风险转移等企业信用管理活动，最大限度地降低信用交易损失，提升企业的管理水平，使企业在市场竞争中占据有利地位。

（二）为科学的信用风险管理提供支持

信用风险管理是企业信用管理的有机组成部分，但企业信用管理并不限于信用风险管理，还包括征信和评价等内容。信用风险管理是企业在具体的信用活动中所使用的主要信用管理手段之一，信用风险管理的发展和完善对于企业信用管理的科学化具有重要的意义。

1. 防范信用风险的发生

企业信用管理是全程管理，具体包括资信调查阶段、授信决策阶段和收账催账阶段。企业信用管理的具体实施过程就是通过调查授信对象的能力和意愿，与合适对象签订合约，最后采取各种催收技巧收回账款。资信调查属于事前控制，授信决策属于事中控制，收账催账属于事后控制。企业信用管理部门对客户资信情况及其相关情况进行调查、分析，对交易的信用风险进行识别、分析、评估；财务部门对交易事项的成本进行核算；信用管理部门对企业拟与客户签订的合同进行审查确认；对于高风险的交易事项、重大风险事项的处理方案要经过信用风险管理决策机构的审查批准，从而确保授权的合规性，对可能存在的风险予以充分论证，防范风险于未"燃"之中。

2. 控制信用风险的程度

企业信用管理是在业务程序控制中强化信用风险的控制环节。债权保障机制以及应收账款管理和回收机制是企业信用管理过程中的重要环节。在业务处理程序上，企业信用管理部门对应收账款情况进行跟踪、监控，对应收账款采用适当的收款和追款方式，及时发现并有效控制可能的信用风险，使信用风险降到最低程度。

3. 信用风险的有效转移

即使将信用风险控制到最低程度，企业信用风险也不可能完全避免。企业信用管理就是要将可能产生的信用损失降到最小。通过选用恰当的信用风险转移手段，如信用担保、信用保险、保理服务等，实现信用损失的最小化。信用风险量化管理是信用风险管理的一个重要发展趋势。J. P. 摩根在1997年推出的Credit Metics信用计量模型中就充分利用了信用评级体系的作用。该模型的基本思想就是信用风险取决于债务人的信用状况，而企业的信用状况可以由信用等级表示。因此，信用计量模型认为信用风险直接源自企业信用等级的变化。在假定信用评级体系有效的前提下，信用计量模型的基本方法就是利用评级公司提供的评级数据进行信用等级变化分析，以此度量信用风险的大小。一个有效的信用管理体系可以积累和披露大量有价值的信用信息，可以丰富对违约风险的防范方法和对违约对手的惩戒方法，为信用风险管理的发展提供支持。

（三）提升企业的综合竞争力

企业信用管理是企业诸多管理中有效的管理措施之一，同时也是一项立竿见影的管理活动。有效的企业信用管理可以使企业大幅度地减少管理费用、财务费用，增加销售收入，缩短应收账款的平均回收期，提高企业市场占有率和综合经济效益指标。完善的企业信用管理改善了企业对客户的服务质量，使企业的各项财务指标全面高于行业平均水平，从而显著提升了企业的综合竞争力。

在企业经营管理体系中，信用风险属于一种交叉性和综合性的管理领域，涉及企业的计划、采购、生产、营销、销售、财务等各个环节。在现代市场经济体系中，随着以买方市场为特点的激烈竞争以及企业间贸易方式的改进，信用销售已成为国际上占据主导地位的贸易方式。但是，以前由销售部门或者财务部门间接承担的信用管理职能已经远远不能满足企业信用活动的发展要求，而且两者在信用方面存在严重缺陷。一般而言，销售部门看重销售额的扩大，在高报酬的销售激励机制带动下，业务人员往往滥用其信用管理权力，不顾客户的资信水平，盲目扩大信用规模、提高销售量，这将给企业造成巨大的信用风险。实践证明，仅靠财务部门也不能有效控制信用风险，这是因为财务部门并不了解客户背景和交易状况，无法对信用风险做出准确的判断，也无力承担收账工作。同时，一般财务人员的日常工作以会计核算为主，在信用管理和风险控制上同样缺乏专业知识和经验。

专门的企业信用管理部门的建立，实现了销售、财务与信用管理的综合性解决方案，通过企业信用职能的增加，将企业的销售、财务和信用管理工作有机地结合起来，从而实现了企业整体的经营管理战略目标，形成集客户资信管理制度、内部授信制度、应收账款管理制度和信用风险转移制度等在内的综合管理制度，并在项目决策中不断实现企业价值的最大化，不断提升企业的综合竞争力。

（四）规范信用市场秩序，推动市场经济发展

企业信用管理是一项系统管理，企业内部通过设立专门进行企业信用管理的部门、机构和人员，形成有效的企业内部信用管理体系。对于企业外部环境来说，通过规范市场运作，建立企业信用管理体系，完善法律制度，使信用管理体系形成有效的合力，进而推动市场经济的发展。

企业信用管理的发展和完善为企业开辟了新的直接投融资渠道，促进了征信业和资信评级业的快速发展，提高了企业经营投资的透明度，可以防止欺诈行为，不断规范市场秩序，市场信用环境的形成，增强了信用的社会监督力量，使无形的监管范围更广，弹性更大，包容性更强，成为政府监管的有益补充。

此外，企业信用管理为金融服务创新奠定了基础。无论是银行还是证券公司等其他非银行金融机构，都需要提高客户开发和关系营销能力。充分利用征信数据库挖掘客户信息，不仅是企业的信用管理职能，而且是金融机构不断向优质客户提供包括信用结算方式等便利在内的全套服务的需要。优质的信用企业吸引金融机构不断进行服务改革，以达到双赢。

企业内外部信用环境的不断优化，推动整个信用经济的快速、稳健发展，使得各个企业在得到优势发展的同时，实现整个社会的和谐发展。

第二节 企业信用政策

一、企业信用政策概述

企业信用政策，也可称为企业信用销售政策。制定信用政策，就是为了指导企业信用管理部门的工作，让信用管理部门根据企业的现金流要求管理信用关系，使信用管理工作能做到"有法可依"。

信用政策的概念有狭义和广义之分。企业管理人员常常狭义地将信用政策理解为应收账款管理政策，即指在特定的市场环境下，企业通过权衡与应收账款有关的效益和成本，为指导企业信用管理部门处理应收账款与收账工作所制定的一系列政策原则。其实，应收账款管理政策只是企业信用政策的一个重要组成部分，并非全部内容。广义的企业信用政策是指导企业信用管理工作和有关活动的根本依据，通过描述企业当前经营所处状态和未来经营目标，对企业信用管理部门的工作目标、信用管理部门的建立、信用额度的确定、收账政策的制定、企业内部有关部门责权利的协调分配以及对信用管理部门的工作评价等内容进行说明和规范。

（一）企业信用政策的作用

信用政策是整个信用管理工作流程的核心部分。在信用管理中，我们经常把它看作指导信用管理部门乃至整个流程的纲领性文件。简单地说，信用政策只是将我们在信用管理中所要做的事情提纲挈领地描述出来。这样看来，实际上每一个公司都会或多或少有它们的信用政策，因为它们在信用销售中都有自己的标准和做法，只是有些仅仅是口头传达，有些则郑重其事地写在书面文件上；有些效果显著，有些则效果不佳。

我国很多企业中可能有很好的营销方案、奖励政策等，但很少形成信用政策。这反映了企业没有充分意识到信用政策的重要作用。信用政策的重要作用体现在以下几个方面：

1. 为整个流程定下明确的目标和宗旨。

企业的任何工作都要有一个明确的目标，信用管理也不例外。它的目标就是通过企业的信用政策来表达出来。信用管理流程的目标是整个企业战略目标中重要的一部分，它规定了信用管理要以良好的回款速度和严格的控制坏账率来支持企业的总体目标。在明确的目标下，信用流程中涉及的相关部门就可以具体地安排人力、物力来确保目标的实现。

2. 详细描述了信用流程的每一个步骤。

信用政策首先描述了产品的信用销售要完成的流程，这些步骤可能要涉及销售、生产、质量控制和客户服务等部门。制定和调整信用政策的过程即是决定权限和职责的划分，在一定情况下，"什么人该做什么事"。这样就可以避免出现对问题无人过问的情况。信用管理政策的内容会根据企业不同的情况而不同。

3. 书面的信用政策利于企业的参照执行。

信用管理政策必须制作成标准书面文件，由管理层签署下发。一方面公司的高层管理者可以认识到赊销管理在公司中的角色；另一方面企业所有管理人员、业务人员、财务人员、信用管理人员和其他相关人员都需人手一册，这样可以让与客户接触的每一个人都清楚公司的赊销原则。另外，书面的信用政策可以指导信贷。由于有了书面的信用政策，在面对客户提出更宽松的信用条件时，信用经理或销售经理可以先以信用政策为由"礼貌"地拒绝，从而减少非授权人员的特殊赊销处理，同时还可以减少营私舞弊、腐败现象的出现。通常，企业会将信用政策中与客户相关的部分整理成册发给客户，这也表现了对客户认真负责的工作态度。

（二）影响企业信用政策制定的因素

企业信用政策在相当长的时期内应该保持相对的稳定性，这样做一方面能够取信于客户、树立企业诚信经营的外部品牌形象，另一方面对于稳定企业现有员工保持企业经营持续性也不无益处。但是，相对稳定并不是一成不变的。通常情况下，企业应该保证其信用政策每年更新修订一次。

具体来说，一个企业的信用政策采取或松或紧哪种偏向，应该综合考虑以下几类影响因素：

1. 企业的外部经济环境条件。

包括企业所在国家的宏观经济状况、企业所处行业的市场竞争激烈程度、本行业的信用政策惯例以及主要竞争对手的信用策略、客户所在行业的市场状况、信贷资金市场状况等。以建筑材料市场为例，当本行业竞争激烈且建筑业发展迅猛时，可制定相对宽松的信用政策，尽管市场风险水平增加，但能够吸引更多的客户、扩大市场占有量，获取相应的超额利润。

2. 企业的内部因素

企业的内部因素包括企业自身的生产和经营能力、产品特征及所处生命周期的阶段、企业生产规模原材料供应情况、资金实力、企业能够承受的财务风险水平等。任何商品都有从出现到发展成熟再到衰退的生命周期，对于处在刚刚上市阶段的新产品可通过制定宽松的信用政策打开销路，对于开始衰退的产品则可通过制定相对紧缩型的信用政策以尽快收回成本，而对于发展成熟阶段的产品则应根据市场具体表现制定相应的信用政策。

3. 企业发展政策

企业的发展目标在短期内表现为追求利润的最大化，长期则表现为实现企业价值最大化。要实现上述两方面的目标，企业也需要制定必要的发展政策。企业信用政策的制定必须符合当前企业发展的政策。例如，企业在抢占新市场、试图扩大市场份额时，会鼓励增加销售额，而较少考虑资金周转问题，信用政策可适当放宽；当企业在回笼资金、试图增加企业现金流量的情况下，则会注重减少经营和资金风险，信用政策就需紧缩以配合之。

4. 与客户有关的因素

客户是企业实现利润的源泉，是企业发展的必要资源，但也是企业经营风险的来源之一。企业当前拥有的客户数量和质量，也影响到企业信用政策的取向。客户数量众多或质量较好，企业选取宽松的信用政策就可以在风险小幅增加的情况下实现利润大幅提升；客户数量较少或质量较差，企业选取严紧的信用政策就可以在保证企业利润目标实现的条件下避免较大风险。

二、企业信用政策的内涵

在技术层面上，企业信用政策的内涵主要包括信用限额、信用标准、信用期限、现金折扣、收账政策等五个方面。

（一）信用限额

信用限额是在符合信用条件的前提下，企业授予客户的赊销限额。这是授信管理的重心所在。因为授信管理的最终落脚点就是确定某客户具体的信用限额。它可以称得上信用管理工作的重中之重。

信用限额的最大优点在于能够提高信用管理部门的工作效率。只要已经经过审核、完全符合标准的客户的交易申请在其信用限额之内，企业管理人员可以随即做出决策，信用经理不必对每笔订单交易都进行批准，大大节省了信用管理部门的工作时间。其次，信用限额的决定是建立在对客户的总体考察，而不是局限于某一笔交易的基础上，这就有利于做出正确的授信决策。同样地，信用限额也能保护买方，能够提醒有些过度乐观、盲目消费的客户。

信用限额的缺点在于企业需要根据实际情况的变化及时更新，否则不仅起不到积极有效的作用，反而影响企业经营目标的实现。而且，信用限额的设定减少了信用管理部门与客户的联系，可能会影响充分挖掘客户的潜力。

1. 信用限额的内容。

信用限额分总体信用限额和个体信用限额。总体信用限额是企业对整个客户群的总体授信限额，而个体信用限额是授给某一具体客户的信用限额。确定总体信用限额要充分考虑到企业自身的实力、销售政策、最佳生产规模、库存量以及受到来自外部的竞争压力等因素，确定企业当前有能力对所有客户发放的最大授信额度。通常，企业信用管理部门通过认真计算和总结以往经验，确定一个科学的总体信用限额，以此指导和控制企业的赊销活动和应收账款总体持有水平，还需要制定一个保险系数，以防止过度授信造成企业的流动资金枯竭。

总体信用限额在一定程度上反映出企业的综合实力，如资金能力、承担风险的能力等。总体信用限额过低，势必影响企业的赊销交易规模，导致交易次数的增加，进而提高交易费用。但是总体信用限额过高，企业的机会成本和风险也随之增加。因此，确定合理的总体信用限额是信用管理部门的重要职责。

确定个体信用限额时需要考虑的因素有：订货规模和周期、货物（或服务）的价格水平、结算的行业标准惯例、客户的信用评级和付款记录等。通常，这种授信限额的确定是一个精确而又复杂的计算过程，主要是利用整套全面系统的模型进行操作，有时也可以参考其他债权人给予客户的信用限额，或利用信用调查机构的评级结果。

2. 信用限额的确定方法。

在实际信用管理工作中，信用限额的确定方法比较多。例如，可以使用比较设定法，即参考客户的其他供应商给予客户的信用限额，比照着对客户授信。应用此方法的一个前提是企业了解其竞争对手给客户的信用限额，但往往由于同行激烈的竞争难以探知准确的数字。也可以使用层次增加法，即先授予新客户一个较小的信用限额，随着与客户交易次数的增加，如果客户能按时付款则提高其信用限额，如果客户支付能力不足则维持现有限额甚至降低额度。应用此方法的缺点是不断调整客户的信用限额，比较麻烦，而且有可能丧失有利的商业机会或面临大额的坏账。还可以购买专业信用调查机构的评级信息和信用额度建议，优点是专业的经验和服务，缺点是缺乏企业与客户的具体交易背景。如果企业想通过模型计算更加科学准确的信用限额，则应采取以下两种基本方法：

（1）营运资产法。

用营运资产法计算信用限额，就是以客户的最大负债能力为最大限额，在此基础上再进行修订的计算方法。具体计算步骤如下：

第一步，营运资产计算。营运资产是衡量客户规模的总量尺度，与销售额无关，只同客户的流动净资产和账面价值有关。

$$营运资产 = \frac{营运资本 + 净资产}{2}$$

其中：营运资本 = 流动资产 - 流动负债；

净资产为企业自有资本或股东权益。

第二步，资产负债比例计算。通常采用四个常用的资产负债比例指标来衡量客户资产的质量，分别是：

$$流动比率 = \frac{流动资产}{流动负债}$$

$$速动比率 = \frac{流动资产 - 存货}{流动负债}$$

$$短期债务净资产比率 = 流动负债 / 净资产$$

$$债务净资产比率 = 债务总额 / 净资产$$

其中，流动比率和速动比率衡量企业的资产流动性，短期债务净资产比率和债务净资产比率衡量企业的资本结构。

第三步，计算评估值。评估值综合考虑资产流动性和负债水平两方面的因素，评估值越大，表示企业的财务状况越好，风险越小。

评估值 = 流动比率 + 速动比率 - 短期债务净资产比率 - 债务净资产比率

第四步，找出经验值，确定信用限额。具体操作是每一个评估值都对应一个经验性百分比率，以该百分比乘以营运资产即得到信用限额。

$$信用限额 = 营运资产 \times 经验性百分比率$$

其中，经验性百分比率的确定是关键，这是一个经验性数据，是专业分析人员在大量经验数据基础上获得的资产负债评估值与营运资产百分比率的一一对应关系。不同行业的对应关系不尽相同，需要各行业专业人员加以分析确定。

第五步，信用限额调整。上述限额仅仅是根据客户的综合分析确定的，企业还可以根据自身的经营状态进行调整。例如，在经营形势较好的时候，可以给予较高的百分比，在经营形势较差的时候给予较低的百分比，上下浮动不超过5%。

（2）销售量法。

销售量法是根据客户以往的订货量和订货周期确定信用限额的方法。以客户的历史订货量为基本数额，以本企业标准信用期限为参数，计算客户的信用额度，再以客户的历史付款记录或信用等级作为修正参数。具体计算步骤如下：

第一步，确定客户单位时间的订货量。单位时间一般选取月度、季度或年度；订货量根据历史统计数据获得，也可进行预测。

第二步，确定本企业的标准信用期限。标准信用期限的确定没有公认的方法，一般是以本地区本行业的一般信用期限为参考值，再根据本企业的实际经营情况和发展战略等因素进行调整。

第三步，计算最大信用额度。计算公式为（以一个季度90天为例）：

$$最大信用额度 = 季度订货量 \times 标准信用期限 \div 90$$

第四步，通过修正，确定客户的信用限额。计算公式为：

$$信用限额 = 最大信用额度 \times 风险修正系数$$

其中，风险修正系数是依据客户的信用等级或信用记录确定得到的。不同行业修正系数也不一样，需要专业人员进行分析总结。销售量法是企业确定个体客户信用额度时应用最为广泛的一种方法。因为该方法简便易行，不需要获取客户的会计报表，仅与销售相关，容易操作推广。

（二）信用标准

信用标准是指当采取赊销手段销售产品的企业对客户授信时，对客户资信情况所要求的最低标准，即为审批客户信用申请而设置的门槛。信用标准通常以量化的客户信用价值评估数学模型的计算结果形式出现。例如，某企业对其客户设置的信用标准是风险指数大于 3.0 的客户均可授信，进行赊销交易。

信用标准与企业的销售部门的工作密切相关，信用管理部门依据信用标准替销售部门选择赊销对象，因此信用标准在很大程度上决定了企业的客户群规模。另外，信用标准也与企业的应收账款持有水平间接相关，它同时影响着企业的应收账款持有的规模和成本。如果企业执行一个比较严格的信用标准，一些客户的信用申请将不能通过企业信用管理部门的审核，也就不能与企业进行赊销交易，则企业很有可能因此失去这部分客户，其中不乏有发展潜力的客户。此举无疑将自己的一部分市场份额拱手送给竞争对手，从而影响企业的销售水平。反之，如果企业执行的是一个较为宽松的信用标准时，将会有助于最大限度地吸引客户，将更多的信用申请者吸纳为本企业的客户群，从而实现较高的账面销售收入，但同时企业应收账款的机会成本和坏账风险也大大增加。

（三）信用期限

信用期限是确定客户在赊购货物后多少天之内支付货款，是企业对客户规定的从购货到支付货款的最长时间间隔。确定信用期限是信用管理的重要环节。信用期限通过两个方面对企业的盈利能力产生影响：一是信用期限与企业产品销售量存在一定的依存关系，越长的信用期限意味着购买商品时所付出的代价越低，产品在市场上就越有竞争力，自然会刺激客户购买的热情；二是信用期限会影响生产企业的成本，信用期限越长，企业背负的成本越大，承担的风险也越高。因此合理的信用期限应当能够使企业的利润达到最大，最低限度也应该是损益平衡。通常情况下，信用期限取决于交易传统，同行业的企业往往采取相近的信用期限，但不同行业间的信用期限可能有较大差别，一般在 30 天到 70 天不等。

影响信用期限长短的因素有：① 市场竞争激烈程度。赊销企业所处的行业竞争越激烈，客户获得的信用期限越长。② 上游市场提供的信用期限。销售商从其上游原材料供应商处获得的信用期限越长，也就会给下游客户提供更长的信用期限。③ 购买者拥有货物的时间。一般信用期限都不会超过赊购者消耗或再销售货物的时间。④ 季节因素和促销手段。销售量比较大的季节或为了促销，通常也采取较长的信用期限等。

（四）现金折扣

为了尽快收回投资，企业都希望客户能够在最短的时间内支付货款。因此，企业往往会采取现金折扣的方法鼓励客户尽早进行现金结算。现金折扣就是企业对客户在商品价格上所作的扣减，一般包括两种情况：一是给支付现金的客户以价格上的折扣，以鼓励客户同企业进行现金交易；二是在赊销方式下，给在规定的短时间内支付货款的客户以价格上的折扣，以鼓励客户及早付清货款。此外，现金折扣还能招揽到更多的客户，借此扩大销售规模。同样地，现金折扣也会给企业增加成本负担，即价格折扣所造成的利润损失。因此，在确定某项现金折扣时，企业需要比较该现金折扣所带来的收益和成本，权衡得失以做出正确决策。

现金折扣包含两个基本要素：折扣期限和折扣率。折扣期限是指客户在多长的时间区间内付清货款，便可以享有价格折扣。折扣期限必须小于信用期限，否则将导致企业信用管理工作的混乱。折扣率是指在折扣期限内付清货款的客户将享有多少的价格折扣。例如，在信用销售合同中经常出现的专业术语"5/10，N30"就是一个现金折扣政策，它所表述的意义是：如果客户在 10 天之内付清全部货款，将享有货物销售价格 5% 的折扣优惠。"N30"表示客户必须在 30 天内付清全部货款，否则将违约。

（五）收账政策

收账政策是指当客户违反信用销售合同，拖欠甚至拒付账款时，信用管理部门应当采取的收账策略与方法措施，即企业对信用管理部门如何处置失信违约客户的一种授权。通常收账政策都是基于理想的收账效果制定的。所谓理想的收账效果，就是在公司所持有的应收账款到期以前，每个信用良好或有付款实力的客户经过一定的提示和催收，能够全部付清所有货款，保证公司信用政策的顺利执行和良好的现金流量。同时，客户也比较满意，不会因为企业催账而选择企业的竞争对手。

三、企业信用政策的三种类型

企业信用政策是根据企业内外部环境制定的，因此所谓"好"的信用政策就是把企业的财务状况和在特定产业、特定地理区域进行有效竞争的需要结合起来，综合进行考虑之后制定的信用政策。一般而言，根据信用政策的性质可以将其划分为保守型、宽松型和中庸型三种类型。

（一）保守型信用政策

采取保守型信用政策的企业，其账户通常是高质量的账户。这样的企业只愿意和那些按时还款的高信用水平客户进行交易，一般不会冒太大的风险。它所追求的是坚实的财务基础和稳健的成长战略。具体来说，企业采取保守型信用政策通常是以下几种情况：

1. 企业规模扩张到一定水平，需要高质量的财务基础作为支持，不能承受高于一般水平的信用风险时，企业必须采取保守型信用政策，将产品出售给那些实力雄厚、信誉较好、能够及时回款的客户；

2. 企业生产的产品市场供不应求，库存水平较低，这意味着市场销售态势良好。此时采取保守型信用政策，可以减少赊销，保证较高的利润率；

3. 当市场对企业生产的产品需求量大，尽管当前企业的生产规模不能满足全部的订货需要，但从长远看却不需要企业进行投资扩大生产规模时，采取保守型信用政策可以保证企业具有优良的现金流动和利润水平；

4. 当产品的边际利润率很低，利润来源于存货的快速周转时，企业最好采取保守型信用政策，只销售给那些在短期内付款、风险确定的客户，因为在边际利润较小时，企业利润极有可能被大额的坏账损失抵消；

5. 当企业所处区域的总体经济状况或所处行业及相关行业的发展状况处于萧条期时，可能会造成本企业和诸多客户的经营困难，而且被卷入相互拖欠恶性循环的风险增加，坏账损失的可能性变大，这需要采取保守型信用政策降低风险；

6. 当企业生产的产品是根据客户需要特别定制的，无法出售给其他客户，或是需要花费巨额成本和较长时间完成生产的，都需要考虑采取保守型信用政策。因为在这些情况下，一旦客户拒付，企业损失要高于产品本身的价值。

（二）宽松型信用政策

采取宽松型信用政策的企业，更加注重销售额，把销售额放在首位，账户质量则放在次要地位。尽管面临很大的信用风险和严重的资金压力，甚至可能会威胁到企业的生存，这样的企业也愿意和一切客户进行交易。它谋求的是迅速成长和占领市场的企业发展战略。具体来说，企业采取宽松型信用政策通常是以下几种情况：

1. 企业缺乏现金或有大笔债务到期需要偿还时，需要企业尽快实现产品价值，完成资金链条的循环以应对债务等对外支付问题；

2. 企业存货数量较大，占用大量资金而不能投入有效的再生产，或是企业将要改变产品样式等，需要尽量减少存货数量，也可考虑采取宽松型信用政策增加销售水平；

3. 企业为新产品开拓市场或已有产品步入衰退期，市场份额较小时，需要企业采取措施以吸引客户，提供优惠的赊销条件是相对简单易行的应对方法；

4. 当产品的边际利润可观，较高的利润率足以使企业承受较高的坏账损失率时，企业可采取宽松型信用政策以扩大销售量；

5. 当产品的生产成本较高，必须维持高销售量才能避免损失，放宽信用政策是一个可行的方法；

6. 当企业所处区域的总体经济状况或所处行业及相关行业的发展状况良好时，企业和客户都能从繁荣的经济中获益，财务实力得到充实，也可放宽信用政策。

（三）中庸型信用政策

采取中庸型信用政策的企业，其账户是高质量账户和一般账户的混合。企业面临的信用风险高于保守型信用政策的风险，低于宽松型信用政策的风险。一般来说，实行中庸型信用政策的企业经营达到了一个良性循环的状态，具体表现为：财务状况良好，有一定资金实力；库存水平适中，商品存货与总投资比例合理；有公平交易的市场条件，产品利润率水平合理，企业价值可以预期持续增长等。此时，企业不会采取极端的信用政策以控制客户或扩大销售，其信用政策通常会与本行业通行的标准保持一致。

因此，企业应该根据自身的情况进行选取企业信用政策，不应该盲目采取企业信用政策。

案例4：江苏斑马软件技术有限公司盲目制定信用政策①

江苏斑马软件技术有限公司，成立于2016年，专注于家庭服务业产

---

① 刘凡华．企业信用管理在市场营销中的运用——以斑马家政为例［J］．企业改革与管理，2020（3）：55-56．

品研发和运营，致力于推动家庭服务行业的升级。但江苏斑马软件技术有限公司在针对信用政策进行制定和具体应用的时候，并没有依据相关标准和要求来进行。由于缺乏经验，工作人员在构建信用体系时很多是借鉴而来，甚至可以说部分体系是直接复制一些成功企业的经验和方案。在这种模式下所制定出来的信用政策体系，不仅缺少实质性意义，还导致与企业自身的实际发展需求严重不相符。这样不仅会导致信用政策在具体应用过程中的盲目性，还会导致无法对信用政策的使用度进行准确的掌握，可能过于宽松或者过于严格。信用政策在实际应用过程中，如果过于宽松，可能会提升销售额。但是，与此同时也会增加应收账款当中的坏账风险。除此之外，信用政策在应用时，如果对整个政策的实施过程过于严格，那么就会导致销售额出现大幅度降低的情况。这样不仅会降低企业在市场中的竞争力，还会阻碍企业的发展。

第三节 家政企业客户管理与档案建立

家政企业要想在市场竞争中立于不败之地，就要保证自己有一定的客户资源，不仅要有老客户，还要不断地开发新客户。根据市场调查发现，开发新客户需要的费用一般是维护老客户费用的 5 倍，但是即使这样也会损失部分新客户，所以家政企业的客户开发十分重要。

一、家政企业客户服务工作流程

（一）电话咨询、预约服务

及时接听客户来电，记录客户来访时间，以便通知待岗家政服务人员，做好面试准备。

（二）专属服务、理念宣讲

在客户面试家政服务人员前，管理人员应将本公司的服务流程、收费标准、客户须知等告知客户，让客户及时了解本公司的服务特色。

（三）签订协议、记入档案

客户应先签用人申请，并出示本人有效身份证件的原件及复印件，以确保信息的真实性，并记入客户管理档案。

（四）填写需求、量身定制

填写客户需求表，管理人员根据客户需求及家庭情况为客户推荐家政服务人员和服务项目。

（五）人员面试、签约缴费

根据管理人员的推荐，客户可以面试家政服务人员。面试结束后，签订服务合同，并交纳相应的费用。

（六）客户培训、三方面谈

在家政服务人员上岗前，公司管理人员应对客户进行简单的培训。培训内容一般包括：如何正确对待家政服务人员，如何保证家政服务人员的基本人身安全和权力，认真阅读服务合同等。

（七）入户试用、修正服务

家政服务员上岗后，一般都有适应的过程，通常是 1 个月左右。在试用过程中，如果家政服务员确实无法适应客户家庭，需及时更换家政服务员。

（八）全程服务、跟踪回访

公司管理人员应按照公司规定，及时电话回访或家访，进行全程跟踪服务，确保家政服务人员的服务能够达到客户的满意。

客户服务工作流程详见图 3-1。

二、客户开发的方式

（一）扩大宣传

家政企业可以根据公司实力进行必要的宣传，以扩大影响，比如大型家政企业建立自己的公司网站，把公司待岗员工的照片、资料传到网上供客户挑选。建立公司网站是一个既方便又省钱，扩大影响快的途径；电视和报纸的传播速度也比较快，而且更加省钱。家政企业可以根据自身经济实力来选择本公司的宣传途径，同时还可以宣传公司的基本情况，这样就可以把宣传和招聘员工一起打出去，现在有些家政企业还专门编写自己的内部杂志、报纸等，可供客户、员工阅览，可以让他们了解公司的发展、经营状况、好人好事，从而起到开发新客户的作用。

（二）打造品牌

现在很多公司都在努力打造自己的品牌，一旦有了品牌效应，客户就会

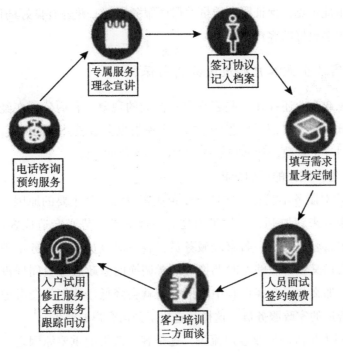

图 3-1 客户服务工作流程

不请自来。树立品牌的方法主要有广告、售后服务等。品牌是商品经济发展到一定阶段的产物,最初的品牌使用是为了使产品或服务便于识别。品牌迅速发展起来,可给公司带来巨大的经济效益和社会效益,因此受到了公司的普遍重视。

品牌效应有很多好处:①品牌可以保护公司的利益;品牌是有效的推销手段;②品牌可以帮助客户识别和选择服务;③品牌效应是公司形象树立的有效途径;品牌效应是公司因使用品牌而享有的利益。

(三) 完善回访制度

回访制度是家政企业必须要做的一项工作,因为这是为了家政服务员和客户双方的安全,同时也是了解家政服务员业绩、表现情况的途径。在回访过程中,可以及时发现一些问题,并及时进行解决,避免发生纠纷。如果客户对公司员工的表现比较满意,还可以让客户进行"转介绍"。"转介绍"是在营销学里很经常用到的方法,在家政企业的经营和新客户的开发上也可以使用。因为客户对公司比较满意就会把公司的服务介绍给其他有需要的亲戚和朋友。由此可见，保证服务质量、保证服务态度，并且有良好的回访制度，可以赢得更多更好的客户。

三、家政企业客户的流失分析与保留

现代家政企业还存在一些客户严重流失的现象。有的公司在经营过程中虽然不断开发新客户，可是老客户的严重流失也会造成公司的瘫痪。在这里，我们来探讨一下家政企业客户流失的原因和保留的方法。

（一）客户流失的原因分析

1. 客户对服务不满意。这是家政企业客户流失最主要的原因。公司的经营就是靠服务来获取利益，如果出现客户不满意，势必会造成客户的流失。例如，一个新客户需要一名家政服务员，客户对该员工的服务不满意而要求调换，而公司又没有能够及时调换，或者调换的家政服务员同样没有达到客户的满意，那么公司在客户心中的信任度就会降低。他们就会考虑去其他家政企业找合适的家政服务员，这样就造成了公司客户的流失。

2. 公司人员流动导致客户流失，这是客户流失的重要原因之一。公司管理人员、家政服务员岗位频繁的调配、辞职，有可能带来相应客户群的流失，因为一些公司管理人员掌握着部分客户和家政服务员的资料信息。如果对公司管理人员流失控制不当，就有可能导致家政服务员和客户的流失。公司管理人员他们在辞职后可以自己去开一家公司，这样就可能存在"挖墙角"的现象。同样，家政服务员的流失也会造成客户的流失，现在有一些家政服务员存在拉私活的现象，就是不通过公司直接和客户接触，这种现象也会导致公司经济损失和客户的流失．

3. 竞争对手夺走客户，家政企业的客户毕竟是有限的，特别是优质客户，更是弥足珍稀的。20%的优质客户能够给一个企业带来80%的业绩，优秀的客户自然会成为各公司争夺的对象，一些高端的客户可以帮助你扩大业务和影响范围，所以现在很多家政企业从一开始就瞄准高端客户，自然就会产生竞争。

4. 市场波动导致客户流失。任何公司在发展中都会遭受震荡，其波动期往往是客户流失的高频段位。企业高层出现矛盾，也会导致客户流失。再有一个问题就是企业资金出现暂时的紧张，比如出现意外的灾害等，都会让市

场出现波动，在经济危机的形势下，家政企业也受到了一定的冲击，家政服务员的数量有所下降，同时他们的工资也比以前有明显的下降。有的客户不再请家政服务员了，并把现在正在工作的家政服务员也辞退了。

5. 细节的疏忽使客户流失。客户与公司是借利益关系纽带绑在一起的，但情感也是一架很重要的桥梁，一些细节方面的疏忽，往往也会导致客户的流失。细节决定成败，家政企业也是这样。如果公司对客户不关心、不细心、不谨慎，不能站在客户的立场上考虑问题，就可能造成客户对公司的不信任，也就可能导致客户的流失。家政服务员绝大多数是进入家庭为客户进行服务的，在客户家中如果服务意识不强、服务技术差等，是很容易被客户投诉的，如果处理不及时或者不得当，就会造成客户流失。现在随着生活质量的提高，客户的要求也在不断地提高，再加之一些无证经营的家政企业让客户与家政企业的关系很紧张，很多家政服务员反映客户比以前更挑剔、更注重细节了。

6. 诚信问题让客户流失。有些家政企业管理人员喜欢向客户承诺条件，结果又不能兑现，客户最担心与没有诚信的公司合作。一旦有诚信问题出现，客户会有受骗的感觉，他们往往会选择离开。

7. 自然流失。有些客户的流失属于自然流失，公司管理上的不规范，长期与客户缺乏沟通，或者客户自身原因等。其关键所在就是公司的管理不到位，社会情形也比较复杂多变，客户本身也存在诸多的原因。比如客户的经济承受能力、客户不再需要家政员等，这些都会造成客户的自然流失。

（二）家政企业客户的保留

面对客户流失的现象，很多家政企业都思考如何才能留住客户。保留客户的方法主要有如下几个方面。

1. 强化企业文化和管理组织结构。客户流失赋予家政企业重新审视自身的机会，以了解某些将来可以应用的、更为有效的经营管理方法。家政企业的企业文化对客户保留有着很关键的作用。企业文化可以让客户感受到公司的魅力所在，当然只有企业文化而不去落实是不行的，在管理组织结构当中也要加入一些如何强化管理、如何落实企业文化等的措施和手段。

2. 进一步了解自己的业务、客户。进一步了解你的客户是谁、了解你的客户需求是什么、了解公司下一步的计划，所以家政企业的管理层一定要善于了解、发现，能跟得上形势，有头脑，善于把握机遇作出正确的决策。

3. 确定核心客户。核心客户对家政企业的利益影响不同于一般客户，不了解核心客户并对其施加影响，则会使公司处于危险境地。一项对新老客户的调查发现，20%的客户占据了全体客户利润的90%；而另外80%的客户要么不赚钱，要么只提供很微薄的利润，并且新客户的流失率比老客户高得多。在客户管理上，核心客户与一般客户应有所区别，要更多地关注前者。

4. 分析流失的原因。客户流失是不可避免的，但要控制不必要的流失，公司要弄清为何流失，是公司本身的原因，还是外界不可控的原因？是新客户流失，还是老客户？尤其要重视核心客户的流失情况，与已流失的客户及时交流，倾听他们的意见，找出导致流失的因素，并及时修补关系。

5. 不断改善客户的满意度。让客户满意是保留客户的前提。客户与公司保持密切的关系，是由于其对公司有一种热切的期待。公司在重复交易中应更好地满足需求，保证其自身的需要，如果公司能持续地提出比竞争者更好的价值主张，或使客户获得未预料的价值，就会使客户与公司保持一种持久、稳定的关系。

四、提高客户满意度的措施

客户满意度是指公司的服务对客户一系列需求的实现程度。客户服务满意度是客户对于服务的需求和自己以往享受服务的经历再加上自己周围的人对于某公司服务的口碑构成的客户对于服务的期望值。作为家政企业，在为客户提供服务的时候，也在不断地了解客户对于服务的期望值是什么，而后根据自己对于客户期望值的理解去为客户提供服务。

（一）影响客户满意度的要素

要想知道如何提高客户的满意度，就应该首先了解客户满意度的五大要素：

1. 信赖度：是指一个家政企业是否能够始终如一地履行自己对客户所做出的承诺。当这个公司真正做到始终如一地履行自己的承诺的时候，就会拥有良好的口碑，获得客户的信赖。

2. 专业度：是指公司的服务人员所具备的专业知识、技能和职业素质。包括提供优质服务的能力、对客户的礼貌和尊敬、与客户有效沟通的技巧等．

3. 有形度：是指有形的服务设施、环境、服务人员的仪表，以及服务员对客户的帮助和关怀的有形表现等。服务本身是一种无形的产品，但整洁的服务环境、餐厅里为幼儿提供的专用座椅等，都能使服务这一无形产品变得有形起来。

4. 同理度：是指家政服务员能够随时设身处地地为客户着想，真正地理解客户的处境，了解客户的需求。

5. 反应度：是指家政服务员对于客户的需求给予及时回应，并能迅速提供服务的愿望。当服务出现问题时，马上回应、迅速解决，能够给服务质量带来积极的影响。

（二）提高客户满意度的方法

1. 选择目标客户。射击前先要对准靶心才有可能打出好成绩，公司在面对客户时，道理也相同，公司要集中资源和精力去挖掘能给自己带来回报的价值客户。公司可根据实际情况选择客户细分标准。细分完客户后，公司应建立一个"客户金字塔"，分层归类具有不同价值取向和价值分布的客户，然后勾勒出每一细分层客户的轮廓，评估每一细分层客户的吸引力和本公司对客户的吸引力，从中选定能充分利用自身资源和能力为之服务的目标客户。

2. 明确客户的需求和期望。实现客户满意首先要明确客户的需求、期望。客户需求和期望不是一成不变的，它呈现多元化、动态性的特点，公司可以通过建立客户信息数据库对客户需求进行分析。每一类型的客户还可以再细分，然后对这些同质客户进行研究，以找出影响其决策的关键驱动因素，并确定客户的需求和期望的优先顺序。

3. 抱怨管理：

（1）投诉型抱怨管理。客户的声音不都是动听的，对于那些心存抱怨的客户，公司如果处理不当，他们很容易去寻求其他公司的服务。抱怨是一件礼物，家政企业应认真对待这份礼物。抱怨处理机制、服务补救能力能够使不满意变为满意。消除不满的关键是第一时间处理，等待只能恶化客户不满的情绪。

（2）非投诉型抱怨管理。客户抱怨只是冰山一角，更多的客户选择对公司保持沉默，沉默并非没有怨言。促使客户沉默的原因是有很多的，如抱怨渠道不畅通或不了解、损失不值得浪费时间和精力抱怨等，这就要求公司要定期进行回访，进行客户满意度调查，从中挖掘出更多没有反馈给公司的有价值的信息。收集信息和处理信息的能力是公司推进客户满意、维系良好客户关系的法宝，每一次调查之后，公司都要让客户知道自身的改进，否则再次调查就会使客户产生不信赖感。

（3）改进服务体系。服务质量的第一条准则就是第一次就把事情做对，这是关于服务质量的最重要的度量。当平息客户投诉或进行客户满意度调查后，公司应回顾该事件，找出本质问题究竟是发生在哪一个环节，是由公司所提供的价值、系统还是人员造成的，然后加以改进并固化，以避免同类事件再次发生。

五、家政企业档案管理的现状

（一）家政企业传统档案管理的现状

一是档案管理人员的调配不合理，从时间和地点等方面都没有达到合理性的需求安排。

二是传统家政档案中一些文件的收集和管理都是靠人工抄写的，保存方式是以纸质文件的形式来完成的，这样一来既浪费空间又不利于长期保存。

三是档案中的文件提取多以手写或者复印完成，办事效率低，过程还比较烦琐，而且容易出现人为因素；

四是家政信息透明度低，档案管理工作人员为了查阅一份资料，需要耗费大量的时间和精力而且工作量也会增加。另外，在查阅资料的过程中，容易造成资料的破损，甚至于丢失资料；

五是近年来随着客户的需求和服务人员的不断增长，如果单靠人工手抄来填写服务人员档案，那么仅登记服务员一项工作，每个服务员每年按 10 次服务来算，工作人员的工作量之大就可想而知；

六是数据不能够共享，由于家政企业部门分类较多，如：月嫂、水电、财务等很多信息都不能共享，需要人工重复手抄，造成了很多重复性的工作，浪费了大量的人力和物力；

七是传统的家政档案管理对于数据的分类、汇总方面很不方便，更加不利于对数据作科学的分析和研究。另外，工作人员把工作的重心全部放在抄写、记录和整理档案上，根本没有时间和精力来培训和管理服务人员，更谈不上后期的追踪调查服务。

（二）家政企业传统档案管理的不足

1. 档案管理工作量大

家政服务每天都有新的客户和员工加入，也有客户和员工退出。而且家政服务供需缺口比较大，从业人员的稳定性比较差，流动性非常大，而且涉及的服务内容又多。这造成了档案管理工作数量大，常常有变动。因此，家政企业的档案管理工作需要消耗大量的人力和物力。

2. 电子档案信息化程度需要提高

科学化的信息管理能使信息来源得到高效的管理和服务。但是目前家政企业的档案管理还不是很完善，没有突显出其优势。纸质存档还是当前家政公司用于存档的主要方式，电子档案只是辅助作用，只用于简单的交换、保存。电子档案管理仍然处于初级起步阶段，管理人员的具体操作流程还需进一步的规范和完善。

3. 电子档案管理操作不一致

每个家政企业的实际情况和具体服务内容以及档案管理的具体情况不一致。一套完整的电子档案管理体系需要各个家政企业结合自身的服务内容等各种信息，设立完整、规范的管理制度。每个家政企业的电子档案管理工作存在着差异，甚至于档案中的项目出现了相互抵触的情况，严重影响了电子档案管理在家政档案管理中的进程。

六、家政企业客户管理和档案建立的内容

（一）客户的基础资料管理

客户的基础资料，是公司掌握的原始资料，是档案管理的第一手资料，是客户档案管理的基础。不同于一般的档案管理，客户档案需要保持动态性。假如建立以后不去管理，就失去了客户档案的意义。需要根据客户的情况变化，不断调整，删除旧资料，及时添加新资料，对客户的变化进行跟踪记录，记录客户的更新信息。

（二）客户业务关系管理

家政企业提供的商品是一种服务。这种商品的特殊属性使得员工个客户关系的紧密性，这使得家政企业需要格外关注对客户业务关系的管理。

客户业务关系管理的内容包括管理交易状况、管理客户关系。管理交易状况主要包括对客户与本企业的交易额、不同服务的销售构成、不同服务的毛利润率、交易开始或中止等内容进行分析研究。

管理客户关系主要包括客户分析、客户保持管理与客户忠诚度管理等。客户分析的目的是为了具体了解企业的客户。要满足客户，首先是了解客户。

客户分析是进行客户关系管理的基础。在客户分析中主要回答谁是企业的客户，客户的基本类型及客户不同的需求特征和购买行为，并在此基础上分析客户差异对企业利润的影响等问题。客户保持管理是指企业维持已建立的客户关系，使客户不断重复购买产品或服务的过程。

客户管理的最终目标是通过客户关怀，为客户提供满意的服务，满足顾客的个性化需求，在与客户的良好互动关系中培养客户忠诚度。所以，只有通过客户忠诚度的管理，才能建立和维持企业与其理想客户之间的良好关系。

（三）客户风险管理

无论哪个企业，在客户管理方面都绕不开客户风险管理，家政企业也是如此。客户风险管理主要是客户信用管理。企业信用管理的内容主要有制定信用政策、管理客户资信和应收账款管理等。

信用政策是指在特定的市场环境下，企业权衡了与应收账款有关的效益与成本，为指导企业信用管理部门处理应收账款及执行收账措施而制定的一系列政策。企业信用政策的构成要素主要包括信用期限、现金折扣、信用标准、信用额度、收账政策等。企业采用赊销的方式必然要制定一定的信用政策。

企业信用政策的目标主要有两个：一是科学地将企业的应收账款持有水平和产生坏账的风险降到最低；二是合理地扩大信用销售，降低制成品的库存，使企业的可变现销售收入最大化。

客户的资信情况是企业信用政策的出发点。企业应该针对不同的客户提供不同的信用政策，其原因就是客户的资信情况是不一样的，资信好的客户可以提供宽松的信用政策。这可以减少应收账款的发生，改善企业自身的资金状况。

但无论企业的信用政策如何完美，对客户的资信了解得如何详细，只要企业采用赊销的方式就会产生应收账款。因此，怎样管理应收账款，让应收账款变成企业真正的现金收入就成为企业信用管理中一个必然的话题。

（四）家政服务员档案管理

家政服务员档案管理内容是掌握家政服务员基本的原始资料，方便公司对家政服务员的了解，包括街道的介绍信、身份证、电话信息等。家政人员的信息发生更新，如人员的手机及住址有变更时，需要通知公司。保存家政服务员星级评定、投诉记录等，工作地点、客户评价、工作经验等都需要登记进档案。

案例5：江苏斑马软件技术有限公司客户管理不健全

为了提升自身的销售额，江苏斑马软件技术有限公司营销工作人员在进行产品营销的过程中，会选择利用赊销的方式。这在一定程度上提高了销售额。但是，在销售之前，如果部分工作人员没有对客户的信用情况进行准确有效的评估和判断，那么就引发了一些风险问题。在针对信用情况进行评估的时候，需要涉及的内容其实有很多，比如偿债能力、财务情况、日常经营和管理的效率等。江苏斑马软件技术有限公司在日常经营管理过程中并没有意识到这些问题。同时，由于很多客户会对自己的相关信息进行修改，导致江苏斑马软件技术有限公司无法对自己的客户信息有真实的了解和认识。现阶段，其实有很多企业都是在这种情况下完成合同的签订，这会最终导致企业无法实现账款及时地回收，影响营销企业整体效益。

案例6：家政云平台的出现有利于客户管理

客户是该平台最广泛的一个群体。该群体通过该平台寻求家政服务。管理员可以在后台对客户进行管理。其中，家政企业云平台的管理员有权限对该云平台下的所有客户进行管理，门店管理员则有权限对在该门店下过订单的客户进行管理。

第四章　企业信用评级

第一节　信用评级概述

一、征信

（一）征信的由来

"征信"一词源于《左传·昭公·昭公八年》中的"君子之言，信而有征，故怨远于其身"。用现代语言解释，即：君子说出的话，诚信确凿而有证据，因此怨恨不满都会远离他。其中，"信而有征"即为可验证其前为信实，征信活动的产生源于信用交易的产生和发展。

信用是以偿还为条件的价值运动的特殊形式，包括货币借贷和商品赊销等，如银行信用、商业信用等。现代经济是信用经济，信用作为特定的经济交易行为，是商品经济发展到一定阶段的产物，信用本质是一种债权债务关系，即债权人相信债务人具有偿还能力，而同意债务人所做的未来偿还的承诺，但当商品经济高度发达，信用交易的范围日益广泛时，特别是当信用交易扩展至全国、全世界时，信用交易的一方想要了解对方的资信状况就会极为困难。此时，了解市场交易主体的资信就成为一种需求，征信活动也应运而生。可见，征信实际上是随着商品经济的产生和发展而产生、发展的，是为信用活动提供的信用信息服务。金融的核心是跨时间、跨空间的价值交换。金融活动主要的表现形式包括货币的发行与回笼、存款的吸收和付出、贷款的发放与回收等，这些货币流转的过程与信用的发展是密不可分的。金融依赖信用、需要征信，没有征信，金融体系便无法运转。

（二）征信体系的作用

1.帮助解决信用活动中信息不对称问题，防范和控制信用风险这是征信活动产生的本源，也是征信体系最主要的作用。具体体现在两个方面：一是帮助信用交易授信方了解一个企业、一个自然人过去偿还债务的历史，分析判断其将来的履约意愿，防范和控制信用交易中的道德风险。二是征信系统通过提供企业或个人经营、收入及综合负债信息，帮助信用交易授信方分析判断对方的履约能力，防范和控制非道德风险。

2. 降低交易成本，提高融资效率和社会效益

针对一家银行的层面，由于其面对的客户成千上万，仅依靠自身力量去准确地了解每一客户的信用状况，存在极大困难，或者，需要消耗大量的时间和精力，从而导致高昂的交易成本和低下的融资效率。如果有了征信体系，问题可能就会得到解决。另外，对一个企业特别是信用优良的企业来讲，如果交易对手通过征信体系查询或获得其良好的信用记录和信用评级，他不仅能够及时获得融资，而且还可能降低支付的融资价格。

3. 帮助解决中小企业和低收入者贷款难的问题

与大企业相比，中小企业、微型企业、低收入消费者个人不仅数量众多，银行难以了解他们的信用状况，而且这些借款人一般没有房产或其他用于抵押的财产。这种情况下，健全的征信体系不仅能够帮助银行了解这些借款人的信用状况，从而缓解交易双方信息不对称的矛盾，而且征信体系通过建立按期还款的信用记录，帮助他们形成一种"信誉抵押品"，来获取生产经营和正常消费所需的信贷支持。

4. 增强放贷人、赊销人和投资人的信心

在拥有较广的交易范围和较大的交易规模的市场环境中，如果没有一个完善的征信体系来解决信息不对称问题，放贷人、赊销人和投资人很可能由于不了解对方的信用状况而面临失信的风险，从而影响其放贷、赊销和投资的积极性。而征信体系的建立能使企业和个人的信用状况处于一种透明状态，来增强放贷人的放贷信心、赊销人的赊销信心和投资人的投资信心，扩大信用交易规模。

5. 加强金融监管和贯彻执行货币政策提供信息服务，维护经济金融稳定

一个完善的征信体系能够比较全面、详细、准确地反映社会资金的流向和流量，可以具体到一个国家、一个地区、一个企业和一个人。这样，监管部门、宏观管理部门就可以借助征信体系所提供的丰富的信息对经济金融活动进行监测分析，预警风险，进行宏观决策和微观管理。另外，征信的增值

服务—信用评级在计算资本充足率方面也具有重要的作用。

二、信用评级的概念

信用评级（Credit Rating），又称资信评级，是一种社会中介服务为社会提供资信信息，或为单位自身提供决策参考。最初产生于 20 世纪初期的美国。1902 年，穆迪公司的创始人约翰·穆迪开始对当时发行的铁路债券进行评级。后来延伸到各种金融产品及各种评估对象。由于信用评级的对象和要求有所不同，因而信用评级的内容和方法也有较大区别。我们研究资信的分类，就是为了对不同的信用评级项目探讨不同的信用评级标准和方法。

信用评级有狭义和广义两种定义。狭义的信用评级指独立的第三方信用评级中介机构对债权人如期足额偿还债务本息的能力和意愿进行评价，并用简单的评级符号表示其违约风险和损失的严重程度。广义的信用评级则是对评级对象履行相关合同和经济承诺的能力和意愿的总体评价。

关于信用评级的概念，目前还未有准确定义，但内涵大致相同，安博尔·中诚信认为，主要包括三方面：

首先，信用评级的根本目的在于揭示受评对象违约风险的大小，而不是其他类型的投资风险，如利率风险、通货膨胀风险、再投资风险及外汇风险等。

其次，信用评级所评价的目标是经济主体按合同约定如期履行债务或其他义务的能力和意愿，而不是企业本身的价值或业绩。

最后，信用评级是独立的第三方利用其自身的技术优势和专业经验，就各经济主体和金融工具的信用风险大小所发表的一种专家意见，它不能代替资本市场投资者本身做出投资选择。

三、信用评级分类

（一）按照评估对象来分

1. 企业信用评级。包括工业、商业、外贸、交通、建筑、房地产、旅游等公司企业和企业集团的信用评级以及商业银行、保险公司、信托投资公司、证券公司等各类金融组织的信用评级。金融组织与公司企业的信用评级要求不同，一般公司企业生产经营比较正常，虽有风险，容易识别，企业的偿债能力和盈利能力也易测算；区别于公司企业，金融组织易受经营环境的影响，其为经营货币借贷和证券买卖的企业，涉及面广，风险大，在资金运用上要求盈利性、流动性和安全性的协调统一，要实行资产负债比例管理，要受政府有关部门监管，特别是保险公司是经营风险业务的单位，风险更大。因此，金融组织信用评级的风险性要比一般公司企业来得大，评估工作也更复杂。

2. 证券信用评级。包括长期债券、短期融资券、优先股、基金、各种商业票据等的信用评级。目前主要是债券信用评级，在我国已经形成制度，国家已有明文规定，企业发行债券要向认可的债券评信机构申请信用等级。关于股票评级，除优先股外，国内外都不主张对普通股票发行前进行评级，但对普通股票发行后上市公司的业绩评级，即对上市公司经营业绩综合排序，大家都持肯定态度，而且有些评估公司已经编印成册，公开出版。

3. 国家主权信用评级（Sovereign Rating）。国际上流行国家主权评级，体现一国偿债意愿和能力，主权评级内容较为广泛，除了要对一个国家国内生产总值增长趋势、对外贸易、国际收支情况、外汇储备、外债总量及结构、财政收支、政策实施等影响国家偿还能力的因素进行分析外，还要对金融体制改革、国企改革、社会保障体制改革所造成的财政负担进行分析，最后进行评级。根据国际惯例，国家主权等级列为该国境内单位发行外币债券的评级上限，不得超过国家主权等级。

4. 其他信用评级如项目信用评级，即对其一特定项目进行的信用评级。

（二）按照评估方式来分

1. 公开评估。一般指独立的信用评级公司进行的评估，评估结果要向社会公布，向社会提供资信信息。评估公司要对评估结果负责，评估结果具有社会公正性质。这就要求信用评级公司必须具有超脱地位，不带行政色彩，不受任何单位干预，评估依据要符合国家有关法规政策，具有客观公正性，在社会上具有相当的权威性。

2. 内部评估。评估结果不向社会公布，内部掌握。例如，银行对借款人的信用等级评估，就属于这一种，由银行信贷部门独立进行，作为审核贷款的内部参考，不向外提供资信信息。

（三）按照评估收费与否来分

1. 有偿评级。由独立的信用评级公可接受客户委托进行的信用评级，一般需收取一定费用，属于有偿评级。有偿评级尤其强调客观公正性不能因为收费而失去实事求是的作风，忽视投资者的利益。如果违背了这一点，信用评级公司就会丧失社会的信任。

2. 无偿评估。信用评级机构有时为了向社会提供资信信息，有时为了内部掌握，评估一般不收费用。无偿评级通常只能按照有关单位的公开财务报表和资料进行，不能进行深入现场调查、因而资信信息比较单一，评估程序和方法也较简单。

（四）按照评估内容来分

1. 综合评估。即对评估客户的各种债务信用状况进行评级，提出一个综合性的资信等级，它代表了对企业客户各种债务的综合判断。

2. 单项评估。即对某一具体债务进行有针对性的评估，例如对长期债券、短期债券、长期存款、特定建设项目等信用评级。债券评估属于单项评估的典型例子，通常采用"一债一评"的方式。

四、信用评级的基本原则

信用评级的基本原则

我国于 2006 年发布的《信贷市场和银行间债券市场信用评级规范》第 2 部分——《信用评级业务规范》中明确规定了信用评级的基本原则：

（一）真实性原则

在评级过程中，评级机构应按照合理的程序和方法对评级所收集的数据和资料进行分析，并按照合理、规范的程序审定评级结果。

（二）一致性原则

评级机构在评级业务过程中所采用的评级程序、评级方法应与机构公开的程序和方法一致。

（三）独立性原则

评级机构的内部信用评级委员会成员、评估人员在评级过程中应保持独立性，应根据所收集的数据和资料独立做出评判，不能受评级对象（发行人）及其他外来因素的影响。

（四）客观性原则

评级机构的评估人员在评级过程中应做到客观公正，不带有任何偏见。

（五）审慎性原则

评级机构在信用评级资料的分析过程和做出判断过程中应持谨慎态度，特别是对定性指标的分析和判断时，在分析基础资料时，评级机构应准确指出影响评级对象（发行人）经营的潜在风险，对评级对象（发行人）某些指标的极端情况要做出深入分析。

五、信用评级的作用

信用是社会经济发展的必然产物，是现代经济社会运行中必不可少的一环。维持和发展信用关系，是保护社会经济秩序的重要前提。资信评级即由专业的机构或部门按照一定的方法和程序在对企业进行全面了解、考察调研和分析的基础上，作出有关其信用行为的可靠性、安全性程度的评价，并以专用符号或简单的文字形式来表达的一种管理活动。现在，随着我国市场经济体制的建立，为防范信用风险，维护正常的经济秩序，信用评级的重要性日趋明显，主要表现在：

（一）信用评级有助于企业防范商业风险，为现代企业制度的建设提供良好的条件

转化企业经营机制，建立现代企业制度的最终目标是，使企业成为依法自主经营、自负盈亏、自我发展、自我约束的市场竞争主体。企业成为独立利益主体的同时，也将独立承担经营风险，信用评级将有助于企业实现最大的有效经济效益。这是因为，任何一个企业都必须与外界发生联系，努力发展自己的客户。这些客户是企业利益实现的载体，也是企业最大的风险所在。随着市场竞争的日益激烈，最大限度地确定对客户的信用政策，成为企业竞争的有效手段之一。这些信用政策，包括信用形式、期限金额等的确定，必须建立在对客户信用状况的科学评估分析基础上，才能达到既从客户的交易中获取最大收益，又将客户信用风险控制在最低限度的目的。由于未充分关注对方的信用状况，一味追求客户订单，而造成坏账损失的教训，对广大企业都不可谓不深刻。另一方面，由于信用评级是对企业内在质量的全面检验和考核，而且，信用等级高的企业在经济交往中可以获得更多的信用政策，可以降低筹资成本，因此既有利于及时发现企业经营管理中的薄弱环节，也为企业改善经营管理提供了压力和动力。

（二）信用评级有利于资本市场的公平、公正、诚信

1. 针对一般投资者。随着金融市场的发展，各类有价证券发行日益增多，广大投资者迫切需要了解发行主体的信息情况，以优化投资选择，提高投资安全性，取得可靠收益。而信用评级可以为投资者提供公正、客观的信息，

从而起到保护投资者利益的作用。

2. 针对管理部门。信用评级可以作为资本市场管理部门审查决策的依据,保持资本市场的秩序稳定。因为信用等级是政府主管部门审批债券发行的前提条件,它可以使发行主体限制在偿债能力较强,信用程度较高的企业。

3. 针对融资企业。信用评级也有利于降低企业筹集资金的成本。企业迫切要求自己的经营状况得到合理的分析和恰当的评价,以利于银行和社会公众投资者按照自己的经营管理水平和信用状况给予资金支持,并通过不断改善经营管理,提高自己的资信级别,降低筹贷成本,最大限度地享受相应的权益。

(三) 信用评级是商业银行确定贷款风险程度的依据和信贷资产风险管理的基础

企业作为经济活动的主体单位,与银行有着密切的信用往来关系,银行信贷是其生产发展的重要资金来源之一,其生产经营活动状况的好坏,行为的规范与否,直接关系到银行信贷资金使用好坏和效益高低。这就要求银行对企业的经营活动、经营成果、获利能力、偿债能力等给予科学的评价,以确定信贷资产损失的不确定程度,最大限度地防范贷款风险。现阶段,随着国有银行向商业银行的转型,对信贷资产的安全性、效益性的要求日高,资信评级对银行信贷的积极作用也将日趋明显。

第二节 几种企业征信制度的比较

近年以来随着改革开放的深化,中国市场化程度日益加深,使得信用交易在市场交易中的比重不断增加,在此过程中,由于信息的不对称引发的信用风险也在逐渐增加。在防范信用风险的过程中,征信业的发展和规范显得尤为重要,目前中国多元化的征信市场格局初步形成,仍需要进一步地完善,可以通过梳理发达国家征信历程,汲取可借鉴的精华。

一、美国征信的发展

(一) 美国征信业的初期

美国征信业的初期,由于美国银行业的监管不到位、国内人口流动性高、大量移民流入美国等问题,使得借款人间信息不对称的情况加剧,所以需要发展征信业来缓解矛盾。

19 世纪 30 年代，Lewis Tappan 根据自己在曼哈顿丝绸生意的往来信息建立起广泛的信用记录，1841 年，Lewis Tappan 利用其收集的信用记录建立商业服务所；1870 年邓恩接管这家征信所之后与布雷兹特里特征信所合并成为邓氏公司，而邓氏公司又于 1933 年与白氏公司合并成人们熟知的邓白氏公司。1899 年，Catorand Guy Woolford 的零售信用公司在佐治亚州亚特兰大市建立，该零售公司在往后的岁月中演变成了艾克菲股份公司，此阶段的信息共享具有地方性特质。1906 年，联合征信机构成立（当时被称为全国零售信用机构协会），协会的主要任务是为了交换信息和制定征信的行业标准。

（二）美国征信业立法和完善阶段

1956 年，Bill Fairand Earl Isaac 共同发明了 FICO 评分方法，并成立了 Fair Isaac 公司，1958 年，该公司发布了第一套信用评分系统。20 世纪 60 年代，美国较大的信贷机构开始将其采集的数据集中起来，但此时征信业还是维持着分行业经营的态势，仍然以区域性为主要特征，并以纸质的报告为输出产品，且还未运用计算机技术。美国《公平征信报告法》于 1970 年制定，于 1971 年 4 月开始执行，此法令是美国保护个人信用信息的第一个法律，其规范了征信机构的运作，也界定了信用报告的使用者及消费者的权利。

（三）美国征信业发展和成形阶段

1. 美国征信业的法律体系

美国是市场化发展十分发达的国家，其完善的私营征信模式亦是值得中国借鉴的，而这其中一个不可忽略的重要原因是，完善的法律体系为美国征信业保驾护航。从 20 世纪 60 年代开始，美国在信用方面的法律监管逐渐完善，到如今已经形成了一个完整的体系，现行的法律一共有 16 项，包括前文提及的《公平征信报告法》《平等信用机会法》《信用修复机构法》以及《格雷姆-里奇-比利雷法》等。

其中值得一提的是《公平征信报告法》的编写和反复修订，对中国征信法律体系的建设有一定的借鉴意义。1996 年，美国对 1970 年颁布的《公平征信报告法》出现的漏洞进行了修补，规定征信公司必须保证所传递的数据的准确性，一旦发生错误，必须在 30 天进行消除，且需要通过联合通告系统互相告知，此法律在 1997 年实施生效。1998 年的《消费者征信就业澄清法》又对《公平征信报告法》进行修改，没有消费者的明确同意和书面授权，任何人都不能出于就业目的获得任何一份信用报告。由于修改版《公平征信报告法》是暂时的法规，后于 2003 年出台《公平和准确信用交易法》对《公平征信报告法》进行进一步的完善。20 世纪 90 年代，美国身份盗用在很大程度上阻碍了征信业的健康发展，所以相关法律出台且规定，消费者有权利每年一次免费获得自己的信用报告来避免身份被盗用，而消费者也成为法律监管的实际实施者。

2. 美国征信体系的概况

美国现行的征信体系就是在此期间逐步成熟、完善的，具体如图 4-1 所示。

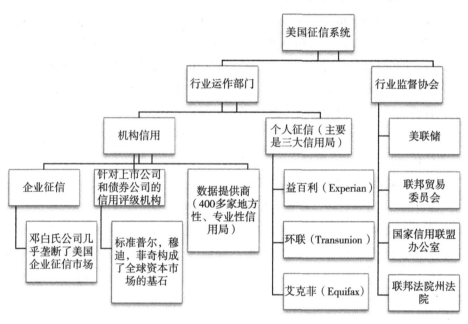

图 4-1　美国的征信体系

从美国征信系统的现有的布局来看，美国征信是自下而上逐步发展起来的，体系完整而健全。在美国征信机构的发展过程中，先由少到多再由多到少，在企业征信领域中，邓白氏公司一枝独秀，而在个人征信领域中，三大征信局覆盖了绝大部分美国市场，而在信用评级领域中，标准普尔、穆迪、菲奇垄断了美国评级的大部分市场，三家评级公司亦是全球资本市场的基石。

较大的征信机构是通过兼并和收购才达到如今的规模，事实证明只有通过不断的扩张才能提升自身的竞争力，以获得更大的市场份额，如表4-1所示。

表4-1　　　　　　　　　　　美国的征信体系

机构名称	环联公司	益百利公司	艾克菲公司	邓白氏公司
成立日期	1968年	1988年	1899年	1841年
主要服务对象	个人和企业 （主要在消费者市场为个人征信服务）			企业 （为企业之间交易和企业向银行贷款时而提供信用评价）
核心竞争力	电子数据传输方式（EDT）	拥有大量小企业信息 客户服务到位	信誉优良 专业服务优质	邓百氏全球数据库 9位数邓氏编码 Dunsright质量流程
数据来源	数据供应机构（约7000个数据供应商及时更新数据）	签订协议的会员所搜集的信息	数据库（汇集各类信贷机构、公共记录、财政资料等）	邓白氏全球数据库（利用Dunsright质量流程每天对信息进行收集、整理、编辑、传输）
评分模型	Emprica模型	Experica/FairIsaac模型	Becon模型	D&BPaydex评分模型

3. 征信机构的运作环节

美国较大规模的征信机构都是从地方性的小型机构逐渐发展为全国性的大机构，这有赖于市场化的竞争和淘汰。如今，美国征信机构市场运作有序，其具体流程有以下三个步骤：信用信息的采集、信用数据的加工和评级及信用输出产品的销售。

（1）信用信息的采集

美国征信业的市场划分很明确，分别是资本市场、商业市场和个人消费市场。大型征信机构从自身的优势出发在特定的领域经历了长时间的兼并和收购，从各个领域采集数据，逐步发展形成了如今的规模，具体如表4-2所示。

表 4-2　　　　　　　　　　　美国征信的对象及数据来源

类别项目	征信对象	信息来源	征信机构的代表
资本市场	金融机构、债券、上市大公司	商业银行、非银行金融机构、证监会，银保监会、上市公司等	标准普尔公司穆迪公司惠誉公司
商业市场	大中小企业	工商、法庭、海关、技术监督、商业银行、供应商、被调查企业或者税务等	邓白氏公司
个人消费市场	消费者个人	户籍，法庭、公用事业、劳资、雇主、房管、信用卡、个人贷款等	环联公司益百利公司艾克菲公司

（2）信用数据的加工和评级

对于信用数据的加工的阐述，以美国信用局为例。三大征信局的数据是由各个金融机构定期上传的，这些金融机构将银行原始数据，也就是将交易级别的数据传输给信用局，信用局据此进行加工及汇总，完成数据由交易级别向个人级别的转变，三大信用局再计算出各自的信用分数。商业银行不仅使用征信局提供的信用报告，还会使用特征变量批量服务、信用评分、触发器及警示等征信增值产品。美国商业银行通常情况下会将外部评分（主要是FICO 信用分数）和内部评分结合起来，进行综合评分。商业银行会在 FICO评分的基础上，根据银行内部掌握的信用属性和客户的信用现状，建立回归模型或者是决策变量。其中在美国被使用的最为广泛的信用产品是 FICO 信用分数，信用分数是从 300 分到 850 分，若得到的信用分数越高，即信用程度越高，且三大征信局输出的信用分数各不相同。FICO 信用分数是 FairIsaac 公司为美国三大信用局采集数据而打造的评分，在美国已经成为通用的评分标准，渗透在美国民众的消费和生活中，不仅成为在美国商业银行贷款流程中的一部分，也作为美国立法机构的监管标准，就目前来看，没有哪一种信用分数可以在短时间内完全取代 FICO 信用分数。

（3）信用输出产品的销售

市场营销是征信机构市场化的重要环节，以美国三大征信局为例，征信局都拥有自己高效的营销团队，对于不同级别的客户采用不同的方式对待，面对中小型客户，主要是通过电话和邮件进行对话，对于较大的客户，征信机构采用专门的营销小组与客户进行沟通。

二、欧洲征信的发展——以德国为例

欧洲国家的征信是以运行公共征信为主，欧盟成员国德国、法国、意大利、西班牙等国家是采用以中央银行建立的中央信贷登记系统为主的征信模式。德国的征信系统分为两个部分，一方面是由德国中央银行信贷登记系统负责运行的公营征信，另一方面则是市场化的征信系统，德国运行的征信模式与中国有相似之处，所以本节以德国为代表来研究欧盟国家的征信发展。

起初，信用社合作社在 19 世纪的德国得到了发展，合作社从银行或者是政府借入资金，然后将资金在社员之间分配，非正式的一些团组，如协会和共同保护社团常常交换有关消费者的信用信息，其中具有支配地位的征信公司是 SCHUFA 控股公司。在希特勒统治时期，纳粹党滥用德国官僚机构采集的信息，这样的做法影响着以后德国征信的发展，使得德国更加注重对数据的保护，在随后的第二次世界大战中，盟军轰炸柏林，摧毁了 SCHUFA 公司所采集的信用信息数据。

在经济大萧条中，信息的不完整、不对称引发了严重的系统风险；为此，在 1934 年，德国中央银行——德意志联邦银行建立了公共信用等级系统。1952 年，联邦 SCHUFA 公司成立，此公司的性质是重组区域性协会的上级协会。1977 年，《德国联邦数据保护法》颁布，首次对私营部门提出合法管理要求。这期间，SCHUFA 公司是以一个非营利协会的身份存在，没有加入私营征信业的竞争。1995 年，SCHUFA 公司引入了评分服务——沃斯康夫茨评分服务，按照不同客户的要求设计不同的评分系统；对消费者的信息进行综合评分，当客户查询消费者的资料时，系统会自动打出该消费者的分数。2002 年，联邦 SCHUFA 公司的 61 个合伙单位决定将非营利机构改组成为营利公司，从此 SCHUFA 公司进入了竞争模式。

德国境内银行及其他的金融机构，包括市一些公共管理办公室，均有义务将上一个季度的任何时间和地点，超过 150 万欧元债务的借款人的信息报送给公共信用等级系统，所有放贷者按季度收到有关客户全面负债的参考数据。信贷等级系统和政务公开信息在德国的信用系统占据了大部分，市场化

的征信行业起到了补充的作用，所以说德国征信是属于名副其实的公共征信体系，如表 4-3 所示。

表 4-3　　　　　　　　　　　　**德国的征信体系**

德国征信体系	公共信用等级系统	信息来源：银行及其他的金融机构、法院及政府的公开信息
	行业协会	信息来源：会员间的非公开的信息
	私营征信机构	信息来源：公开的政府信息及企业自愿提供的数据

三、日本征信的发展

在个人征信领域，日本的行业会员式征信模式堪称典型。日本的个人征信体系主要由银行征信体系、消费信贷征信体系和销售信用征信体系三类行业征信体系组成。其中，银行征信体系的行业征信机构是日本银行个人信用信息中心（1989 年成立），由日本银行家协会监督管理；消费信贷征信体系的征信服务平台是由 33 家区域性个人信用信息中心以及共同组建的全国消费信贷征信联合会（1977 年成立）构成；销售信用征信体系的征信机构是日本销售信用信息中心（1984 年成立）。最初，日本的这三大行业征信服务体系之间是相对封闭的，个人信用信息仅在各自行业体系内进行共享交换。后来，三大行业征信服务体系开始通过 CRIN 这一信用信息网络平台进行个人拖欠支付信息的共享交换，JICC、CIC 之间还通过 FINE 金融信息网络平台进行信贷交易余额信息的共享交换，从而更好地解决了借款人多重负债、欺诈等问题，如表 4-4 所示。

表 4-4　　　　　　　　　　　　**日本个人征信机构构成**

日本个人征信机构	消费信贷信用信息中心（JICC）由联合会监督管理	主要会员：信息公司、消费金融公司、信用卡公司、信用保证公司、担保公司等
	销售信用信息中心（CIC）由日本信用产业协会监督管理	主要会员：信贷销售公司、家电信用公司、流通信贷公司等
	全国银行个人信用信息中心（BIC）由日本银行家协会监督管理	主要会员：银行、信用金库、信用保证公司等金融机构

1982年，日本最早企业的征信公司——商业兴信所成立，该公司经历了5年时间筹备，才最终建立，公司成立之初，发展速度缓慢，只有31家会员加入此征信所，征信所主要是面向银行提供资信调查。在征信业出现之初，大量企业和个人进入征信市场，不免出现征信机构实力参差不齐的情况，而到了20世纪60年代，随着征信市场的发展，出现了寡头占据市场的趋势，集中体现在企业征信市场上。在征信业的早期，企业对征信机构采集信用信息的做法持保留态度，不能完全理解和信任征信机构，这样的趋势也一直持续到20世纪70—80年代。在日本的企业征信市场，两大寡头是如本帝国数据银行和东京商工所，如今，两家征信机构已经占据了日本企业征信市场的60%~70%的份额。

如今日本征信业的法律体系比较完善，对个人隐私的保护、政府的信息公开有明确的规定。1988年颁布的《行政机关保有的电子计算机处理的个人信息保护法》，对行政机关保有的需要经过计算机处理的个人信息提供了法律保护；1983年颁布的《贷款业规章法》和《分期付款销售法》对个人信用信息的保护和收集作了规定；1993年颁布的《行政改革委员会行政信息公开法纲要》对征信机构收集政府部门保有的信用信息提供法律保护。

四、发达国家征信的发展特点及国际比较

基于对各发达国家征信业的具体发展历程的研究能够得出各个发达国家的特征，由于每个国家经济环境和发展程度不同，加之社会文化环境也不尽相同，各个国家征信业呈现出的特点也就有所不同，下文就根据对上文所描述的发展历程做具体分析及比较。

（一）美国征信的发展特点

美国征信是市场化征信，也是私营征信的典型代表，美国征信是效率优先型，在运行过程中注重效率，以营利为目的，以自愿为原则，在发展的过程中遵循市场竞争原则。

首先，美国的征信是通过兼并和收购来发展和扩大的，以在企业征信市场一枝独秀的邓白氏的发展为例，Lewis Tappan商人首先创立了商业服务所，与1849年演变成邓氏公司，后于1933年与白氏公司合并成邓白氏公司；只有通过不断的兼并才能在市场的竞争中不断地壮大。在自由竞争的过程中，在个人征信领域，征信机构的数量由少到多，再由多到少，最后形成了三大

征信局，垄断了美国几乎全部的个人征信市场。从美国征信系统的现有的布局来看，美国征信是自下而上，逐步发展起来的，体系完整而健全。初期的时候是分区域和分行业发展，逐渐扩展到全国范围内，20世纪60年代，美国的征信业还是分行业经营的，仍然以区域性发展为主要的特征，联合征信公司做了尝试想建立全国性质的征信系统，建立了全国信息报告系统。

其次，美国征信业的市场划分相当明确，美国征信市场分为三部分，分别是资本市场、消费者个人市场和商业市场，其征信服务对象和信息来源在表4-2里有明确的阐述。美国征信中个人征信机构和企业征信机构的市场定位准确、界限明确，这样能够更好地占领自身领域的市场份额和提高自身的专业服务质量。

最后，在美国征信的法律完善过程中，对于《公平征信报告法》几经修改才形成了如今完善的条文规定，不断修订也是弥补在征信发展过程中发现的漏洞，比如明确信息提供者的权利和信用提供者的义务等；这也体现了美国征信在法律体系建设中的特点，在规范中发展，在发展中规范，不要求法律的制定一步到位，及时发现问题，予以重视，进而不断做出修改。

（二）德国征信的特点及美德征信业比较

德国与美国不同之处：以德国为代表的欧盟经济体的征信体系是以公营征信为主体，德国征信的建立主要是为了监管银行业，降低风险，维护金融业的稳定，虽然德国征信业受到政府的监管力度较美国来说要大得多，但是并不影响征信在德国境内的发展和全面覆盖。

德国和美国两个国家建立征信的目的是有本质的区别，这也致使美国和德国的征信机构运行过程存在着诸多的差别。德国公共征信相较于美国征信更加具有强制性，体现在对数据传输有明确的要求，这也是由德国建立公共征信系统的目的来决定的；数据额的采集和录入必须在征得信息相关人的许可时才可以进行，这保护了数据被采集人的利益，同时法律也要求数据采集人能够使数据用于公共服务利益。而在美国，只要在合理的动机和目的之下，如处于有关信贷活动、就业、保险的目的时，征信机构就可以收集和获取消费者个人信息，而无须经过信息主体的授权。美国征信业参与机构遵从自愿的原则，德国的公共征信系统对参与机构的数据上传有明确的规定，规定国家信贷机构及其子公司和国家保险公司均有义务将上一个季度的任何时间和地点、超过150万欧元债务的借款人的信息需报送给公共信用等级系统；而美国征信机构不规定最低贷款上报金额，美国征信机构希望尽可能地掌握所有的贷款信息。此外，德国征信业更加注重隐私的保护，只有提供贷款审查目的才可以以汇总形式向其他贷款机构提供参与机构的数据，美国对于隐私的保护的力度相对较小。

（三）日本征信的特点及美日征信业比较

日本的个人征信主要是受到行业协会的监管，以自愿加入为原则，不以营利为目的，企业征信则完全遵循市场化来运行。日本的个人征信和企业征信是以两种不同的模式运行的，个人征信是采用的会员制，企业征信是在市场竞争中运作的。日本会员制征信和美国征信在发展的路径上很相似，都是从区域性向全国性发展，从分散走向联合，从业内封闭到跨行业共享交流；企业征信以两家寡头垄断市场份额，日本帝国数据银行和东京商工所，这也与美国七大机构垄断美国信用市场相似。同时，日本也很重视对个人隐私的保护，1983 年，日本出台了《贷款业规制法》和《分期付款销售法》，规定了个人信用信息中只能用于调查消费者的偿债能力或者支付能力。

五、国内企业征信市场发展历程

中国征信业的发展可以追溯到 20 世纪 30 年代初。当时上海已经有 5 家外国投资者开办的企业信用调查机构，包括日商办的上海兴信所、帝国兴信所和东京兴信所，美商办的商务征信所和中国商务信托总局。

1932 年，由著名民主人士、银行家章乃器先生牵头，多家中资金融机构共同发起成立了专职征信机构"中国征信所"。1945 年，多家官办金融机构合作开办的"联合征信所"在重庆成立。无论是"中国征信所"还是"联合征信所"，都曾经为当时的经济运行提供了丰富而宝贵的信息。

我国当代企业征信业的发展可分为三个阶段：

第一阶段（20 世纪 80 年代后期至 1995 年）：中国企业征信起步

中国当代企业征信起源于 20 世纪 80 年代后期，当时，经过 10 多年的改革开放，中国的对外经济合作取得了显著发展。越来越多的海外投资者和出口商需要了解中国合作伙伴的情况，中方也需要对国外合作伙伴进行了解。为了促进国际贸易和外国投资，当时的对外经济贸易部决定由所属的计算中心和世界著名企业征信机构邓白氏公司合作，互相提供国内外企业的信用报告。

为适应企业券的发行和管理，1988 年，中国人民银行批准成立了第一家信用评级公司——上海远东资信评估有限公司。1992 年，中国第一家专门从事企业征信的公司——北京新华信商业风险管理有限责任公司成立，标志着中国的企业征信业开始进入市场化运作阶段。

1992 年至 1995 年期间，中国经济进入新一轮高速发展期，大量外资涌入中国。当时绝大部分企业（包括外资企业）在日常交易中遇到的信用风险问题很少。新华信等企业征信服务公司所服务的对象主要是那些准备在华投资的海外公司和外国政府性的出口保险机构。

这一阶段企业信用信息获取的难度很高，信用报告的内容简单。除了一些促进外商投资和国际贸易的政府部门能够提供一些有关信息外，几乎没有任何其他信息渠道，甚至企业的基本注册资料的获取都要费尽周折。大部分信息需要调查人员向目标公司及其关系机构直接访问获取。

第二阶段（1995—2013 年）：中国企业征信稳步发展

1. 央行企业征信逐步建立

这一阶段，日益繁荣的信用交易催生大量的征信需求，倒逼央行征信金融基础设施建设。1995 年，中国人民银行印发《贷款证管理办法》，拉开了我国央行征信服务的序幕。1997 年，中国人民银行开始推动银行信贷登记咨询系统建设、2002 年建成全国、省（自治区、直辖市）、市（地、州、盟）三级联网的银行信贷登记咨询系统，从事企业征信业务。2004 年，银行信贷登记咨询系统升级为全国集中统一的企业征信系统。2006 年，全国集中统一的企业和个人征信系统全部建成、并实现全国联网运行。同时，中国人民银行设立直属事业单位——中国人民银行征信中心。至此，中国人民银行建立了全国范围涵盖企业和个人、由中国人民银行征信中心负责的征信服务框架体系。2013 年国务院发布《征信业管理条例》，正式明确全国集中统一的企业和个人征信系统为金融信用信息基础数据库，央行征信中心积极推动全国各类放贷机构接入金融信用信息基础数据库，逐步实现对放贷类金融机构的广泛覆盖。

为解决我国信贷实践中存在的中小微企业不动产担保资源短缺、动产资源闲置与融资担保难的问题，央行征信中心于 2007 年建成应收账款质押登记公示系统（即目前的动产融资登记公示系统）。

2. 市场化企业征信迅猛发展

这一阶段，跨国公司开始在投资的子公司中引入国际上成熟的企业信用风险管理机制，企业征信机构开始大量服务于国内贸易中的信用交易。上海、北京，广东等地率先启动区域社会征信发展试点，一批地方性征信机构建立并得到迅速发展，部分信用评级机构开始开拓银行间债券市场、信用评级等信用服务领域，国际知名信用评级机构先后进入中国市场。市场化企业征信机构如雨后春笋般得到了迅猛发展，逐步形成一个崭新的现代征信服务产业。

第三阶段（2013 年至今）：中国企业征信规范发展

1. 央行企业征信全面规范

2013 年，国务院《征信业管理条例》颁布实施，填补了我国征信史上的法律空白，开启了我国企业征信机构规范发展的阶段。央行征信中心积极创新，进一步丰富央行征信服务事业的内容和形式，不断提升征信服务履职能力。2013 年底，央行征信中心建成应收账款融资服务平台，为企业与金融机构之间搭建起应收账款融资供需信息对接桥梁。2019 年，央行征信中心积极参与动产担保统一登记试点方案制订，在动产融资登记公示系统平台上新增生产设备、原材料、半成品、产品抵押登记服务，并在北京、上海地区展开试点。

2. 市场化企业征信现代化发展

《征信业管理条例》授权中国人民银行对企业征信机构发放牌照。2016 年的《征信业务管理办法（草稿）》从流程上对企业征信进行了规范。截至 2019 年 6 月末，央行征信管理局网站公布全国共有 21 个省（市）的 130 家企业征信机构在中国人民银行分支行完成备案，包括中诚信征信有限公司、考拉征信服务有限公司、绿盾征信（北京）有限公司、鹏元征信有限公司、上海华夏邓白氏商业信息咨询有限公司等。

随着消费金融、供应链金融的发展，原有的数据服务商、供应链上的核心厂商。电商平台、地方政府的服务平台等，依据各自需求纷纷成立企业征信公司；伴随着云计算、大数据等技术的发展应用，企业征信信息渠道逐步拓宽。维度与体量逐步增加，新型的算法与模型不断在实践中检验和完善，新型企业征信机构、新型数据服务公司或将掀起企业征信发展的新浪潮。

六、我国征信市场发展模式

不同于美国以市场为主导的发展模式，也不同于部分欧洲国家以政府为主导的发展模式，我国征信市场发展模式属于"政府+市场"双轮驱动。

政府方面，主要是中国人民银行的征信中心负责的国家信用信息基础数据库，已经接入了 3500 多家银行和其他金融机构的信用信息数据，以及 10 亿自然人和 2700 多万户的企业和其他法人组织的信用信息。目前每天有 555 万人次查询征信中心系统的个人信用报告，30 万人次查询企业信用报告，这是政府发挥作用的重要体现。

市场方面，目前市场上有 133 家企业征信机构、97 家信用评级机构，这些机构 80% 以上是民营资本兴办的。① 2015 年中国人民银行向社会放开个人征信市场，批准前海征信、芝麻信用、腾讯征信、鹏元征信、中诚信征信、中智诚征信、华道征信和考拉征信 8 家企业做好开展个人征信业务的相关准备工作，2018 年中国人民银行批准了国家首个市场化的个人征信机构，即百行征信有限公司，它的股东发起人全部是民营资本。

目前中国多元化的征信市场格局初步建立，征信服务产品日益丰富，市场功能日益深化，未来的发展方向应该是在现有的基础上深化改革，继续发挥市场化对征信业的补充和推动作用（见图 4-2）。

中国征信体系	人民银行征信中心	金融信用信息基础数据库
	市场化征信机构	地方性信用信息机构服务机构（约20家）
		社会征信机构（约50家） 资信评级机构（约70家）
		新兴征信机构（约10家）

图 4-2　中国征信体系

七、发达国家征信发展对完善中国征信的启示

（一）政府在征信体系中的位置

美国征信业是独立于金融业与政府的，征信机构为企业、个人和政府提供信用评级。而同时政府亦是独立于整个信用体系的，政府和中央银行不干

---

① 数据来源于信用中国网，http：//credit. linfen. gov. cn/news/11636. cshtml.

预征信机构的日常运行，政府为信用体系的良好运行和发展提供立法、司法、执行等法律保障。正因为政府以局外人的身份出现，征信机构才能保障其独立性、中立性、公正性，只受市场的调节，根据优胜劣汰的竞争规律和征信机构本身的判断来不断壮大自身的规模，增加核心竞争力。德国政府在征信系统扮演了一个监管者的角色，制定有利于银行业监管和降低经营风险的规定，维护金融业的稳定。日本在征信发展初期予以政府资助，如商业兴信所和东京兴信所在创立的初期分别得到了日本银行每年 2000 日元和 3000 日元的资助。而当在征信业步入正轨之后，政府在公开信息的同时，也有偿使用征信机构的信用信息，如今的日本政府更多的是在立法上规范征信业的发展，且认为只有采用自由经营的模式才能促进征信业的长久发展。

纵观中国征信业的发展格局，中国的征信业是以人民银行的征信中心为主体，逐渐朝着市场化的方向发展。基于对三个发达国家的比较，美国的市场化发展的程度最高，虽然三大征信局都有国资背景，但美国建立征信局的根本目的是为了保证其征集的数据具有完整性，美国征信机构也都是采用市场化的商业运行模式来运营。德国政府的介入程度很高，德国境内的商业银行和其他金融机构需要定期上报信用数据，这样的做法虽是为了金融业的稳定，但德国政府却没有将征信业的市场应变能力考虑进去。中国政府持有的态度应该介于美德两国之间，充分发挥市场的作用，可以坚持规定商业银行、其他金融机构及政府的相关机构向人民银行的征信中心上传信用信息数据，同时也应尽可能保证信息的完整性和广泛性，尽可能地采集多方数据。

（二）征信运营体系的完善

1. 征信业数据采集的完善

国务院发布的《社会信用体系建设规划纲要（2014—2020 年）》显示，据不完全调查，截至 2012 年底，我国有各类征信机构 150 多家，征信行业收入仅为 20 多亿元，对于中国目前存在庞大的信用主体来说，20 亿元的收入显得不对等，征信业的多元化和市场化发展也是顺势而为。中国现有的征信数据的覆盖率相较于发达国家来说是有很大差距的，征信系统目前有 8 亿人，真正和银行有信贷关系的只有 3 亿人，也就是说 5 亿人未和银行发展信贷交易，这部分人群对于金融部门来说是陌生人。如果允许民间市场化的征信机构接入央行的征信系统，会使得征信行系统覆盖到更广泛的人群。

在征信机构的数据采集的渠道上，一方面可以借鉴德国的公共征信系统，继续强制规定商业银行及其他金融机构定期向中国人民银行的征信中心传输准确的个人和企业信用信息，保证信用数据的及时更新，其中《征信业管理条例》第二十九条明确规定：从事信贷业务的机构应当按照规定向金融信用信息数据库提供信贷信息。另一方面可借鉴日本会员制模式，以自愿为原则，可先由区域范围逐渐扩展到全国范围内，分行业发展逐渐跨行业采集数据（见图4-3）。

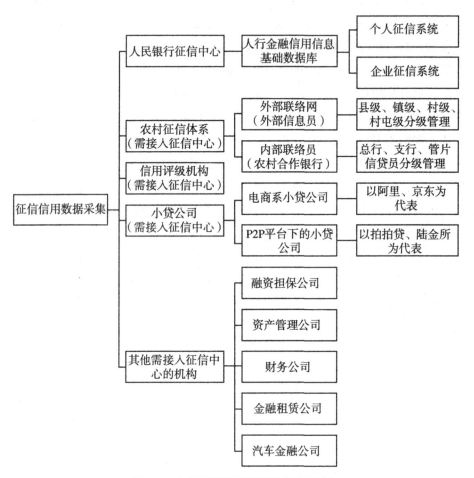

图4-3　中国征信体系信用信息采集结构

　　《征信管理条例》从法律层面规范了征信行业，打破了征信业无法可依的局面，但是条例并没有对农村信用体系做出明确的规定。农村征信体系可分三个层面进行数据的采集：外部联络网、内部联络网以及人行的征信中心。

外部联络员由村干部或者信誉度高的村民担当，按照县城级、乡镇级、村级、街道级自下而上逐步上传信用数据。内部联络网的信用数据是来自于农村合作银行的内部网络，按照总行、支行、管片信贷员的层次自下而上上传信用数据。由外部联络网、内部联络网收集到的数据分别整理、归类到每个信用主体的名下，再将所有的信用数据接入央行的征信中心，这是对征信中心信用数据的有效补充。

企业征信系统数据库的信用数据覆盖了全国大中心企业，拥有具有整体性的信用数据，而信用评级机构所掌握的企业信用数据已经过第三方审计，专业度和准确度也较高。因此将信用评级机构接入企业征信系统中，实现两者所掌握信用数据的双向流动和信息共享，可推动中国信用评级行业和中国征信业的稳步发展。

中国人民银行办公厅于 2013 年 2 月 25 日印发了《关于小额贷款公司和融资性担保公司接入金融信用信息基础数据库有关事宜的通知》，央行要求：各地分支机构尽快选取首批接入征信系统的小额贷款公司与融资性担保公司，并在年底上报接入工作年度报告。2014 年，经过央行的审批通过，在内控、公司治理水平、风险控制水平等方面满足央行的要求的一部分小贷公司成功接入征信系统。通知里规定，小贷和担保公司接入央行征信系统后，采取间接查询方式，不同于商业银行的直接查询模式，而后央行征信中心又推出了互联网的接入方式，并进行了试点运行。通知指出，小贷公司与担保公司只是试点，村镇银行、汽车金融公司、资产管理公司、财务公司与金融租赁公司都将被央行陆续纳入征信系统接入管理模式。

目前征信业发展的根本问题在于信用数据的缺乏、信息的分割，各个部门和机构都在各自为战，数据不能进行有效地共享，从而造成资源的浪费，导致运行效率的降低。信息采集的完整性是征信中心和民营征信机构共同追求的目标，而立体化、全细化的征信市场是对人行征信体系的有效补充，P2P平台下的征信数据是将借款主体散落在行业内的数据整合到一起，而电商平台下征信数据的采集是以挖掘大数据为依托，将 P2P 平台下和电商平台下的征信数据尽可能挖掘整理以便共享使用。多方面采集数据，注重对信息的整合和共享，建立统一的信用建设标准才是发展中国征信业的根本之道。

2. 征信业信用评级的完善

在我国，企业和个人信用信息基础数据库除了主要收录企业和个人的信贷信息外，还收录企业和个人基本身份信息、企业环保信息、缴纳各类社会保障费用和住房公积金信息、质检信息、企业拖欠工资信息以及缴纳电信信息等。目前，中国人民银行的征信体系对个人征信和企业征信只是提供信用报告，并未像美国一样提供可以量化的信用评级分数，我国国内大多数的金融机构一般使用 FICO 信用分数或者三大征信局公司提供的评级模型。

中国民众日益倾向于网购，面对这种消费习惯的转变，只采集传统的信贷数据可能将存在于互联网上的信用数据遗漏掉，而采用大数据采集技术挖掘数据能很好地保证信用数据的完整性。对于网络数据的评估，不能照搬传统的评级模式，应有所创新，在利用美国 FICO 信用分数的基础上，可借鉴国外的大数据评级处理方式，采用适合中国国情的可量化的信用评级模型，而不只是单纯地提供信用报告。例如 ZESTFINANCE 所采用的信用评级模式，既采集结构化数据（如传统的信贷数据），又从网络当中挖掘非结构化数据（如网络数据、社交数据等），再询问用户本身的数据（如水电气账单、电话占本、调查问卷账单等），而后将以上采集的数据进行评估分析；为了高效地评估分析，ZESTFAINANCE 开发了多个基于机器学习的分析模型，对每位信贷申请人的超过 1 万条数据进行分析，并在极短的时间内 7 万个根据其行为得出测量的指标，此机制下的决策性远好于行业内的平均水平。

在梳理发达国家征信历程和探讨中国征信业现状的基础上，提出了中国征信体系的设想（见图 4-4），其主要途径：尽可能挖掘信用信息，使市场化数据能够充分共享，强调政府在其中的作用，除了立法规范和引导征信业持续发展之外，还具有监督职能。

（三）征信法律体系的完善

我国民众的信用意识缺乏是我国信用体系发展不健全的重要原因之一，对于中国来说，完善信用体系的首要前提就是加深民众的信用观念。

《征信业管理条例》《征信机构管理办法》《中国银民银行信用该评级管理指导意见》和《个人信用信息基础数据库管理暂行办法》等法律的颁布，使得我国逐步建立了以国家法规、部门章程、规范型和标准的多层次制度体系。法律的完善是一个漫长的过程，随着市场和征信行业的发展，可以借鉴美国法律体系的发展过程，在规范中发展，在发展中规范，不断弥补漏洞，逐步完善。对于前文所叙述的关于中国征信业信用数据采集体系设想，还有一些细节需要添加以保证法律体系的完整性。《征信业管理条例》及《征信机

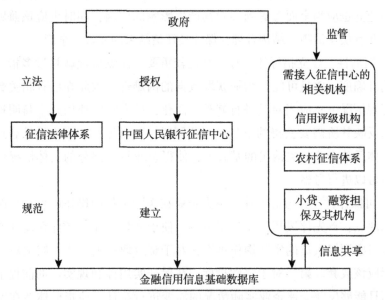

图 4-4 中国征信体系结构示意图

构管理办法》尚未明确规范大数据的应用，当下政府应通过立法明确新兴信用信息源的应用规范、明确禁止利用大数据采集非必要的信用信息，以避免侵犯公民的隐私权。总体来说，以《征信业管理条例》出台为契机，中国应尽快健全社会信用法律体系，同时制定统一的征信行业标准，打通征信信息壁垒，促进央行与民间征信机构的协作，助力中国征信体系建设。

第三节 信用评级模型

一、构建指标体系的基本原则和框架

（一）评级指标确认基本原则

指标在对于家政服务类企业的信用水平评估中，信用评价的指标对其影响是非常显著的，且其评估的结果应当保证真实性、准确性、客观性，确保其反应的企业相关信息和发展状况具有实际参考意义。由此可见，指标体系的建立应当从以下几个方面着手：

1. 系统性。由于信用的评估所涉及的因素具有多样性的特点，因此指标体系的建立也应当全面考虑到会对其产生影响的原因，同时也应该兼顾可操作性，并且层次清晰，结构合理，保证其评估结果的完整、全面。

2. 简洁性。建立指标体系有一个比较重要的注意事项就是过多指标可能会影响准确度，并且可能会增加获取数据的困难性。因此在已有相关数据完整且客观情况下，应当对其进行修整、简化，最大程度地用几个简明扼要的指标来反映其所需要获得的信息。与此同时，要对体系的层次设计合理，在能够整体反映企业相关情况的基础上，使得企业每一部分的具体情况也有相关指标可以进行考察。

3. 可操作性。在考虑家政服务类企业在实际工作中操作的可行性时，主要考虑两点：首先评级指标要易于取得，便于衡量。评级指标在设计的时候一定要考虑评级人员的实际操作难度，对于难以取得的，或者归纳较不方便的指标应该放弃。第二对于定性指标，在保证实用性和现实性的前提下，采用见面且能够反映受评企业实际情况的质变进行统计，使指标体系在实务工作中能够发挥作用。

4. 适用性。一般来看，家政服务型企业是以知识和技能驱动的企业，这类型的企业对固定资产需求较小，不同于传统生产型行业特点，因此其可抵押的物品也十分有限。同时，服务类企业在经营过程中，一般处于发展初期，普遍存在对企业监督、激励等方面表现不足，及管理表转化程度低的问题。因此在设计这类型企业的指标体系时，不能沿用传统企业信用指标，以定量指标为主，应该充分考虑服务型企业的技能水平、增长速度和发展前景等能够反映服务型企业特征的指标。

总之，我们在建立服务型企业信用评级指标体系的过程中，需要立足于以上设立原则，并且还需要对我国服务型企业以及评级单位的实际情况加以系统性的探析，和当前的大中型企业信用评级指标体系保持差异，以服务型企业特点为出发点，建立合理、清晰、具有可行性的指标体系。

（二）信用评级指标体系的框架

企业信用评级指标体的体系是一个有机整体，应该选择适合于服务型企业的方面。信用评级指标体系应该包括信用评级的要素、信用评级指标、信用评级指标权重和信用评级等级四个方面内容，在设计服务型企业的指标体系的时候，要匹配其特性（见图4-5）。

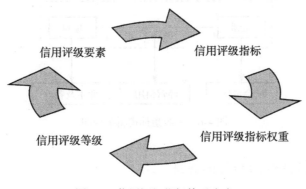

图 4-5　信用评级指标体系内容

二、信用评级要素的筛选

信用评级要素，即信用评价的内容，在建立一个完整的信用评级体系的时候，必须明确评级的内容。在选定服务型企业的评级要素时，要兼顾这类型企业的特点，并遵循构建指标体系的原则。我们首先对现有主流评级要素进行整理和分析，同时，在分析了服务型企业特点及风险特征之后，选择适用于服务型企业的评级要素。

在国内外学者对于信用评价中要素方面的问题研究方面，有许多种方法。例如：5C 要素、5W 要素、5P 要素分析法，以及 4F 要素分析方法、LAPP、CAMPARI 分析法等。这些评级的方法从本质上来讲，存在的差异不大。在借鉴以上评级要素的时，主要借鉴传统评级要素中考虑企业偿债能力部分，最终选取偿债能力、运营能力和盈利能力要素。

接下来，通过列举物业服务企业信用评价指标体系的构成以更好地理解信用评级要素的筛选过程。对物业管理行业的信用评价对象最终是企业。评价的逻辑是企业经营着项目，这个过程包含着企业本身、项目本身和企业管理项目过程中形成的经营信用三个要素，可将企业本身和项目本身合并为企业客观情况。进一步分析，企业的外在表现是社会责任，项目的影响对象是业主及相关方。因此，从系统内基本要素出发，将外界影响也考虑进去，最终确定了四个一级指标：企业客观情况、企业经营信用、企业的社会责任和相关方满意度（见图 4-6）。

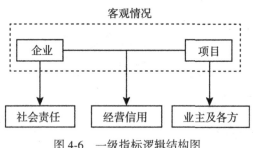

图 4-6　一级指标逻辑结构图

三、信用评级的指标的筛选

通常在评价体系构建的过程中，会使用指标表示其不同的项目。而选择指标需要建立在能够完整地体现相关信息的基础上。在经过筛选、检查之后，最终确定几个具有代表性的指标，并且衡量这几个指标以展示企业的相关信用状况。例如：其销售利润、资本利润、成本利润等比率作为指标可以观测企业的盈利能力如何；应收账款周转、营业资产周转等比率可以观测企业的营运能力如何。

通过对服务企业的信用评级影响因素进行分析，兼顾第三方信用评级机构的角度，并从物业服务企业的特征出发，在分析了国内、国外典型的信用评级框架之后，结合风险评价分析框架与物业服务企业信用评级特征，构建一个合理的、能够全面反映物业服务企业信用评级指标体系。

在广泛的文献阅读和各方专家调研的基础上，确定了指标的三级结构和具体构成。一级指标有四个，分别是企业客观情况、企业经营信用、企业社会责任和相关方满意度，其中企业客观情况包含 8 个二级指标，11 个三级指标；企业经营信用包含 4 个二级指标，5 个三级指标；企业的社会责任包含 5 个二级指标，12 个三级指标；相关方满意度包含 7 个二级指标。并且还具体阐释了每个指标的选取原因和具体含义，进一步佐证指标组成的合理性。

最后总结服务企业信用评价指标体系的显著特点：

（一）紧密结合服务流程，与资质等级评定挂钩，具备规范性和系统性

目前服务行业最主导的评级方式是资质等级评定。作为与准入资格相辅相成的社会信用评级，包含了资质等级的全部指标，并在此基础上进一步完善。整个指标体系以基本的物业服务流程为切入点，以发展的眼光考虑，吸纳了一些如"互联网+""社会公益"等前瞻性指标，使得指标体系适用性时间更长，并起到规范、引导行业发展的作用。

（二）补充配套实施措施，建议行业协会主导、引入第三方评价，操作性强

信用评价指标体系建设的目的最终是为了吸引全行业的企业积极参与进来，应用指标体系选拔优秀的物业服务企业，具有广泛的实践意义。通过文献研究，发现众多关于物业服务企业核心竞争力、服务质量管理或信用评价等方面的研究，但是大部分除了指标体系并没有提供合理的实施办法，在可行性方面有较大困难。针对可行性方面，本指标体系对评价标准设置细致，可直接操作；针对人员匹配方面，建议采用企业自评与第三方审查相结合的方法，减少了行业协会的工作负担，同时通过引入第三方评价机构保证评级的公平性。

（三）涉及社会责任和社会荣誉，软硬指标兼备，引导行业向健康方向发展

信用评价工作要从行业长期利益来考虑，不只是评比现有企业的优劣，更是通过指标内容、权重的侧重推进行业向健康、向上的道路上发展。因此指标选取要具有一定前瞻性。最传统的信用评价离不开企业的各项财务指标，改进后的指标体系增加了与行业特质相匹配的工作内容，使得不同行业的信用评价指标有所区分；但是在如今信用为王的社会中，这些内容还远远不够。企业越来越注重品牌、声誉，无形资产会带来更多的企业附加值，增强消费者信心，带来收入、利润的双增长。我国人均收入不断提高，消费面临转型升级，大部分消费者对产品价格的敏感性弱于对品牌的敏感性，建立良好的企业形象有助于提高顾客忠诚度。此外，社会公益活动也有助于优化资源分配，有利于提高社会资源的利用效率。综合考虑，本指标体系在传统信用评价工作的基础上，增设了社会责任方面的考察内容并设定具体标准，主要考察企业社会公益活动贡献度、社会荣誉获得等，具有一定的创新性。

四、服务企业信用评价模型

通过文献阅读和专家调研确定了指标的各级构成，指标体系紧密结合物业服务流程，与资质等级评定挂钩，通过补充配套实施措施把理论变成实践，同时软硬指标兼备，引导行业健康发展。接下来，在指标内容确定的基础上，首先计算指标权重。指标权重的计算分为两个步骤，首先用专家打分法计算指标的主观权重，再用熵权法计算指标的客观权重，最后对指标权重加权合成得出综合权重。其次，参考行业实际情况，进一步设定指标的评价方法和一票否决项。最后，借鉴国际、国内通用的信用等级设置，确定服务行业的信用等级设定和含义。

（一）专家打分-熵权法权重计算模型

确定指标权重先对评价指标无量纲化处理，本书采用打分法，然后根据专家打分结果计算权重。计算权重出发点是主观与客观相结合的原则。一方面，物业服务企业具有实践性强的特点，企业管理人和相关方在实践过程中积累的丰富经验，确定指标权重的过程中要将其考虑在内；另一方面，根据专家对指标重要性意见的波动程度，计算指标熵权值，也是客观上对权重的一种补充。

1. 主观权重的计算

首先向专家组分发调查问卷，按照指标层逐一判断相对重要性。假设目标 W 受 W_1，W_2，W_3，W_4，…，W_n n 个指标影响，请专家评判每个指标对目标 W 的重要性程度。重要性程度分为五级，分别是"很不重要""不太重要""一般重要""有点重要"和"非常重要"，对应 1 – 5 分。

然后对向量归一化，采用和积法：$b_i = \dfrac{a_i}{\sum\limits_{i=1}^{n} a_i}$，则 $\sum\limits_{i=1}^{n} b_i = 1$，

最后再计算专家组的评判结果，得出的向量 W_i 即为主观权重。

举例来说，假设目标 W 受 W_1，W_2，W_3，W_4 4 个指标影响，专家判断结果：W_1 对目标 W 很不重要，得 1 分；W_2 和 W_3 对目标 W 的重要性程度一般，都得 3 分；W_4 对目标 W 最重要，得 5 分，如表 4-5 所示。计算出 $b_1 = 0.08$，$b_2 = 0.25$，$b_3 = 0.25$，$b_4 = 0.42$ 即为 $W_i(i = 1，2，3，4)$ 对应的权重。

表 4-5　　　　　　　　　　对目标 W 的重要程度

	很不重要 （1分）	不太重要 （2分）	一般重要 （3分）	有点重要 （4分）	非常重要 （5分）
W_1	✓				
W_2			✓		

续表

	很不重要 （1分）	不太重要 （2分）	一般重要 （3分）	有点重要 （4分）	非常重要 （5分）
W_3			✓		
W_4					✓

（1）层次单排序。

根据前述打分步骤，请专家评判次级指标对某指标的重要性大小，并直接打分。对打分结果做归一化处理，得到单层次间的主观权重排序。

（2）层次总排序。

层次总排序结果以层次单排序为基础，按照从上级指标到下级指标的顺序，逐级计算，最后得到总权重，计算结果见表4-6。

表4-6　　　　　　　　　　　主观权重层次总排序

一级指标	权重	二级指标	权重	三级指标	权重
A 企业客观情况	0.2386	A_1 企业经营年限	0.0260		
		A_2 完善的规章制度	0.0315		
		A_3 信用档案资料	0.0322		
		A_4 企业资质认证情况	0.0297		
		A_5 互联网+物业的建设	0.0272		
		A_6 物业管理项目指标	0.0297	A_{61} 近三年平均物业管理面积	0.0096
				A_{62} 近三年物业管理面积增长率	0.0092
				A_{63} 物业管理项目续签率	0.0109
		A_7 企业人员资质	0.0290	A_{71} 物业管理师人数	0.0068
				A_{72} 专业岗位职工持证人数	0.0078
				A_{73} 高管平均从业年限	0.0073
				A_{74} 企业管理人员学历结构	0.0070
		A_8 企业财务信用	0.0334	A_{81} 物业服务费收缴率	0.0088
				A_{82} 税前利润率	0.0079
				A_{83} 物业费占比	0.0081
				A_{84} 定期的审计报告	0.0086

一级指标	权重	二级指标	权重	三级指标	权重
B 企业的经营信用	0.2769	B_1 物业管理项目的投标	0.0569		
		B_2 物业项目承接查验和退出	0.0699		
		B_3 物业项目前期管理	0.0715		
		B_4 物业项目日常管理	0.0786	B_{41} 保安	0.0156
				B_{42} 保洁	0.0157
				B_{43} 绿化	0.0152
				B_{44} 房屋及设备设施维修	0.0165
				B_{45} 车辆管理	0.0156
C 企业的社会责任	0.2477	C_1 对政府的信用	0.0504	C_{11} 年度纳税总额	0.0183
				C_{12} 参与保障房物业管理	0.0160
				C_{13} 残疾人就业与低保人员救助	0.0160
		C_2 社会公益捐款	0.0398		
		C_3 节能环保工作	0.0477		
		C_4 社会表彰	0.0447	C_{41} 企业表彰	0.0152
				C_{42} 项目表彰	0.0149
				C_{43} 企业员工获奖	0.0146
		C_5 对员工的信用	0.0542	C_{51} 员工满意度	0.0091
				C_{52} 劳动合同	0.0094
				C_{53} 社保、公积金等缴纳	0.0095
				C_{54} 员工培训	0.0093
				C_{55} 职业健康安全管理体系	0.0091
				C_{56} 工会	0.0079
D 相关方的满意度	0.2368	D_1 业主或业主委员会的满意度	0.0400		
		D_2 社区和街道的满意度	0.0354		
		D_3 政府主管部门的满意度	0.0340		
		D_4 行业协会的满意度	0.0334		
		D_5 房地产开发企业的评价	0.0334		
		D_6 分包商评价	0.0306		
		D_7 物品供应商评价	0.0300		

2. 客观权重的计算

以专家调查问卷为基础，以总目标物业服务企业信用为例，计算企业客观情况、企业的经营信用、企业的社会责任和相关方满意度的客观权重。

以一级指标计算为例。首先，将 58 位专家对企业客观情况、企业的经营信用、企业的社会责任和相关方满意度 4 个指标的原始打分数据汇总，形成初始判断矩阵 $R = (r_{ij})_{m \times n}$：

$$R = \begin{bmatrix} 5 & 5 & 5 & 5 \\ 3 & 3 & 5 & 1 \\ 3 & 5 & 5 & 5 \\ 4 & 5 & 3 & 4 \\ \vdots & \vdots & \vdots & \vdots \\ 4 & 5 & 4 & 5 \\ 3 & 4 & 5 & 4 \\ 5 & 5 & 5 & 5 \end{bmatrix}$$

其次，利用和积法公式 $p_{kj} = \dfrac{r_{kj}}{\sum\limits_{j=1}^{41} r_{kj}}$ 构建归一化矩阵 $P = (P_{ij \, m \times n})$：

$$P = \begin{bmatrix} 0.0301 & 0.0258 & 0.0287 & 0.0281 \\ 0.0181 & 0.0155 & 0.0287 & 0.0056 \\ 0.0181 & 0.0258 & 0.0287 & 0.0281 \\ 0.0241 & 0.0258 & 0.0172 & 0.0225 \\ \vdots & \vdots & \vdots & \vdots \\ 0.0241 & 0.0258 & 0.0230 & 0.0281 \\ 0.0181 & 0.0206 & 0.0287 & 0.0225 \\ 0.0301 & 0.0258 & 0.0287 & 0.0281 \end{bmatrix}$$

再次，计算 $P = p_{ij} \ln p_{ij}$。

$$P' = \begin{bmatrix} -0.1055 & -0.0943 & -0.1020 & -0.1003 \\ -0.0725 & -0.0645 & -0.1020 & -0.0291 \\ -0.0725 & -0.0943 & -0.1020 & -0.1003 \\ -0.0898 & -0.0943 & -0.0700 & -0.0853 \\ \vdots & \vdots & \vdots & \vdots \\ -0.0898 & -0.0943 & -0.0867 & -0.1003 \\ -0.0725 & -0.0800 & -0.1020 & -0.0853 \\ -0.1055 & -0.0943 & -0.1020 & -0.1003 \end{bmatrix}$$

最后，利用公式 $e_i = -k \sum\limits_{j=1}^{41} p_{ij} \ln p_{ij}$ 计算熵值 e_i 为 $[0.9895, 0.9977, 0.9942,$

$0.9936]$，并根据公式 $u_i = \dfrac{1-e_i}{\sum\limits_{i-1}^{41}(1-e_i)}$ 计算出熵权 u_i 为 $[0.4206, 0.0910,$

$0.2305, 0.2579]$。计算结果表示相对于目标服务企业信用，企业客观情况、企业的经营信用、企业的社会责任和相关方满意度的客观权重分别为 0.4206，0.0910，0.2305，0.2579。

同理，用熵权法计算出二级、三级指标的客观权重，同时与主观权重对比结果如表 4-7 所示：

表 4-7   主观权重和客观权重对比表

	企业客观情况	企业的经营信用	企业的社会责任	相关方的满意度			
主观权重	0.2386	0.2769	0.2477	0.2368			
客观权重	0.4206	0.0910	0.2305	0.2579			
	企业经营年限	完善的规章制度	信用档案资料	企业资质认证情况	互联网+物业的建设	物业管理项目指标	企业人员资质	企业财务信用
主观权重	0.1090	0.1321	0.1350	0.1244	0.1138	0.1244	0.1215	0.1398
客观权重	0.1154	0.1498	0.1287	0.1050	0.0921	0.1186	0.1280	0.1624
	物业管理项目的投标	物业项目承接查验和退出	物业项目前期管理	物业项目日常管理			
主观权重	0.2055	0.2524	0.2583	0.2838			
客观权重	0.3447	0.2740	0.2740	0.1073			
	对政府的信用	社会公益捐款	节能环保工作	社会表彰	对员工的信用		
主观权重	0.2128	0.1680	0.2016	0.1888	0.2288		
客观权重	0.1828	0.3099	0.1921	0.2757	0.0396		

续表

	业主或业主委员会的满意度	社区和街道的满意度	政府主管部门的满意度	行业协会的满意度	房地产开发企业的评价	分包商评价	物品供应商评价
主观权重	0.1689	0.1496	0.1435	0.1411	0.1411	0.1291	0.1267
客观权重	0.0322	0.0634	0.1062	0.1062	0.1423	0.2748	0.2748

	近三年平均物业管理面积	近三年物业管理面积增长率	物业管理项目续签率				
主观权重	0.3228	0.3112	0.3660				
客观权重	0.3441	0.3441	0.3117				

	物业管理师人数	专业岗位职工持证人数	高管平均从业年限	企业管理人员学历结构			
主观权重	0.2352	0.2703	0.2527	0.2418			
客观权重	0.2021	0.1410	0.1410	0.5159			

	物业服务费收缴率	税前利润率	物业费占比	定期的审计报告			
主观权重	0.2630	0.2380	0.2418	0.2572			
客观权重	0.0769	0.2814	0.2814	0.3603			

	保安	保洁	绿化	房屋设备设施维修	车辆管理		
主观权重	0.1986	0.2000	0.1929	0.2100	0.1986		
客观权重	0.1546	0.1546	0.4389	0.0974	0.1546		

	年度纳税总额	参与保障房物业管理	残疾人就业与低保人员救助				
主观权重	0.3631	0.3185	0.3185				
客观权重	0.2404	0.3557	0.4039				

	企业表彰	项目表彰	企业员工获奖				
主观权重	0.3390	0.3333	0.3276				
客观权重	0.3222	0.3222	0.3556				

	员工满意度	劳动合同	社保、公积金等缴纳	员工培训	职业健康安全管理体系	工会		
主观权重	0.1673	0.1734	0.1746	0.1709	0.1685	0.1453		
客观权重	0.0997	0.1372	0.0818	0.0997	0.1620	0.4196		

3. 专家打分-熵权法计算复合权重

专家打分法充分考虑了专家的从业经验，具有一定合理性，但是也会因部分专家主观性程度较大，使得指标权重设计有失偏颇。熵权法通过指标的离散程度不同而确定权重，是一种科学、客观的统计方法，但没有最大程度包含专家经验，计算出的权重可能与行业实践情况产生差距。鉴于主观和客观评价方法各自的优缺点，二者复合加权计算出的综合权重更合理、更能科学地评价物业服务企业指标的重要性。

利用公式计算综合权重 λ_i 结果见表4-8。

$$\lambda_i = \alpha W_i + (1 - \alpha) u_i \ \text{其中} \ 0 \leqslant \alpha \leqslant 1$$

表4-8 **专家打分-熵权法计算的复合权重**

一级指标	权重	二级指标	权重	三级指标	权重
A 企业客观情况	0.3296	A₁ 企业经营年限	0.0373		
		A₂ 完善的规章制度	0.0473		
		A₃ 信用档案资料	0.0432		
		A₄ 企业资质认证情况	0.0369		
		A₅ 互联网+物业的建设	0.0329		
		A₆ 物业管理项目指标	0.0398	A₆₁ 近三年平均物业管理面积	0.0134
				A₆₂ 近三年物业管理面积增长率	0.0132
				A₆₃ 物业管理项目续签率	0.0132

续表

一级指标	权重	二级指标	权重	三级指标	权重
A 企业客观情况	0.3296	A_7 企业人员资质	0.0414	A_{71} 物业管理师人数	0.0089
				A_{72} 专业岗位职工持证人数	0.0077
				A_{73} 高管平均从业年限	0.0075
				A_{74} 企业管理人员学历结构	0.0174
		A_8 企业财务信用	0.0508	A_{81} 物业服务费收缴率	0.0070
				A_{82} 税前利润率	0.0136
				A_{83} 物业费占比	0.0136
				A_{84} 定期的审计报告	0.0166
B 企业的经营信用	0.1839	B_1 物业管理项目的投标	0.0441		
		B_2 物业项目承接查验和退出	0.0474		
		B_3 物业项目前期管理	0.0482		
		B_4 物业项目日常管理	0.0442	B_{41} 保安	0.0086
				B_{42} 保洁	0.0086
				B_{43} 绿化	0.0097
				B_{44} 房屋及设备设施维修	0.0087
				B_{45} 车辆管理	0.0086
C 企业的社会责任	0.2391	C_1 对政府的信用	0.0474	C_{11} 年度纳税总额	0.0146
				C_{12} 参与保障房物业管理	0.0159
				C_{13} 残疾人就业与低保人员救助	0.0169
		C_2 社会公益捐款	0.0565		
		C_3 节能环保工作	0.0471		
		C_4 社会表彰	0.0552	C_{41} 企业表彰	0.0182
				C_{42} 项目表彰	0.0180
				C_{43} 企业员工获奖	0.0190

续表

一级指标	权重	二级指标	权重	三级指标	权重
C 企业的社会责任	0.2391	C_5 对员工的信用	0.0329	C_{51} 员工满意度	0.0052
				C_{52} 劳动合同	0.0055
				C_{53} 社保、公积金等缴纳	0.0053
				C_{54} 员工培训	0.0053
				C_{55} 职业健康安全管理体系	0.0055
				C_{56} 工会	0.0060
D 相关方的满意度	0.2473	D_1 业主或业主委员会的满意度	0.0241		
		D_2 社区和街道的满意度	0.0259		
		D_1 政府主管部门的满意度	0.0307		
		D_2 行业协会的满意度	0.0304		
		D_3 房地产开发企业的评价	0.0351		
		D_4 分包商评价	0.0507		
		D_5 物品供应商评价	0.0504		

五、一票否决项

信用评价作为非正式法律办法，与行业法律法规相辅相成，并以法律为先行准则。考虑到遵纪守法是企业诚信行为的底线，本文参考物业管理行业的法律法规如《物权法》《合同法》《物业管理条例》等，归纳总结了现行法律法规中对物业服务企业明令禁止的行为，文中列举的项目属于严重失信范畴。违法违规行为涉及很多方面，全部列举穷尽有一定困难，因此文中增设了"其他违法违规行为"一项。

设置一票否决项的核心思想是守法是企业守信的底线，一旦触及，企业将被列入信用黑名单，具体构成见表4-9。

表4-9	一票否决项

严重失信行为

1. 在投标环节采取不正当手段竞争，如围标、行贿等行为，损害同行企业的利益

2. 业主对物业服务过程中出现的问题集体投诉、事件没有得到妥善处理，造成重大社会影响的

3. 近三年企业发生过税务不诚信问题，如偷税、逃税等记录

4. 近三年在项目上发生过特别重大安全事故，导致重大人身伤亡事件

5. 与员工发生劳动合同纠纷，为采取妥善方法或未按法律规定方法解决，造成重大社会影响的

6. 物业项目经理未取得相关资格证书

7. 擅自挪用房屋专项维修资金，未及时退换装修保证金，或其他费用问题

8. 拒不配合行政主管部门的规定，采取不合作态度，或一年内被公开通报三次以上

9. 物业服务企业在信用信息采集过程中，拒不上报信用信息的；

10. 其他违法违规行为

六、信用等级的含义

信用等级通常采取"三等九级"或"四等十级"的分类。2006年中国人民银行为规范国内信贷和债券市场，采用"三等九级"的管理办法，分别为aaa，aa，a，bbb，bb，b，ccc，cc，c级，除aaa级和ccc级以下等级，每个等级还可以用"+"或"-"微调。国际土通用"四等十级"分类，增设d级。

除央行外，国内政策性银行和商业银行的信用等级方法的设定也是多样化的。如中国农业银行采用AAA，AA，A，B，C五个等级并按百分制打分，60分以下企业得C级；国家开发银行按AAA，AA，A，BBB，BB，B，C七个等级对企业授信；中国进出口银行则对企业设置了AAA，AA，A，BBB，BB，B六个等级，其中从BB级向下企业得分小于60分。

本书信用评价对象主要是物业服务企业，区别于银行的授信对象来自各行各业、信用等级复杂。物业管理行业企业类型、商业模式比较单一，从实用性原则出发，本指标体系设置AAA，AA，A，B，C五个等级对物业服务企业评价。另外，本指标体系通过成立时间三年以上、一票否决项等指标对参

加信用评价的物业服务企业进行了初步筛选，初筛后信用在及格线以下的企业较少，设置过多低等级信用指标意义不大，信用等级设置及含义如表4-10所示。

表4-10　　　　　　　　　　服务企业信用等级设置

等级	划分标准	级别含义	说　　明
AAA	90分（含）以上	信用很好	企业诚信度很高，综合素质很优秀，经营状况很健康，社会责任感很强，消费者非常满意
AA	80（含）~89分	信用良好	企业诚信度高，综合素质优秀，经营状况健康，社会责任感强，消费者满意
A	70（含）~79分	信用较好	企业诚信度较高，综合素质很不错，经营状况尚可，有一定社会责任感，消费者较满意
B	60（含）~69分	信用一般	企业诚信度一般，综合素质一般，经营状况一般，社会责任感一般，消费者满意度一般
C	59分以下	信用差	企业诚信度低，综合素质落后，经营状况很差，社会责任感低，消费者不满意

第四节　企业信用评级的程序与内容

信用评级程序信用评级是一项十分严肃的工作，评估的结果将决定一个企业的融资生命，是对一个企业或证券资信状况的鉴定书。因此，必须具有严格的评估程序加以保障。评估的结果与评估的程序密切相关，评估程序体现了评估的整个过程，没有严格的评估程序，就不可能有客观、公正的评估结果。评估程序通常可以分为以下几个程序：

一、接受委托

（一）企业在提出申请评级时，应填写"评级业务申请表"。申请表主要包括企业的联系方式、联系人等主要内容，以便评级业务人员尽快地与该公司取得联系。

（二）评级人员对申请表进行初步探讨后，与受评对象进行直接接触，了解其评级的目的、意义及其评级对象，并签订"信用评级业务委托协议"。信用评级委托协议必须符合国家法律法规和信用评级行业管理规定，并做到内容全面、具体，含义清晰准确。

（三）评级人员在受理评级项目或签署评级协议之前，必须确定评级的课题，并且应具备完成该课题的知识和经验。

（四）信用评级人员在开展每项信用评级业务之前，均须与委托方签署"信用评级业务委托协议"。"信用评级业务委托协议"是评级机构与委托方对各自权利、责任和义务的约定，是一种经济合同性质的契约。

委托资信评估协议书

甲方：（企业名称）

乙方：××××资信评估公司

为了贯彻中国人民银行××分行关于贷款卡制度的要求，提高企业资信透明度，为金融部门对企业贷款提供参考和依据，为国内外投资者提供正确的投资信息，甲方委托乙方对甲方的资信状况进行评估，评定资信等级，经双方协商签订协议如下：

一、甲方按乙方要求提供以下资料：

1. 申请文本。甲方应按填写须知要求填写申请文本；

2. 申请日前两个年度的企业财务报表（资产负债表、利润表、现金流量表）。财务报表须经会计师事务所或审计事务所审计，如因特殊情况未能审计，需经主管部门签章确认；

3. 相关统计报表（即财务报表中不能反映的数据）；

4. 集团公司下属机构名单；

5. 营业执照复印件；

6. 有关企业通过质量体系认证的证书复印件；

7. 现阶段企业资金投向说明及实施项目的详细介绍；

8. 高新技术企业认定证书复印件；

9. 各种资质证书复印件；

10. 其他荣誉证书复印件等。

二、乙方遵照客观、公正、科学的原则，根据人民银行认可的企业资信等级评估标准，结合企业实际情况进行评估，并为甲方保守商业秘密。

三、乙方如需对甲方的情况和资料进行调查、核实，甲方应给与支持配合并提供工作方便。

四、甲方保证提供资料真实、客观、全面，如因资料不实不全等引起评估结果有误，其一切后果由甲方负责。

五、乙方负责在一个月内出具资信等级证书。甲方在收到证书后，若对评估结果有异议，应在 15 日内申请复评。乙方本着公正负责的原则进行复评。复评结果维持原等级的，甲方应按评估费的 30% 交纳复评费；若复评后等级变更的，甲方应按复评后的等级收费标准结算费用，多退少补。因乙方原因导致甲方复评的，甲方不需支付复评费。

六、乙方对评估结果（在本协议第四条除外的情况下）承担相应的法律责任。

七、甲方同意按照物价局核准的收费标准，在本协议签订的同时支付乙方一定数额评估费，最后根据评估结果再按规定结算。

八、甲方同意在资信等级有效期内，按乙方规定接受乙方后续跟踪调查，并向乙方提供所需资料。

九、本协议经甲、乙双方法定代表人或其授权人签章并加盖公章后生效。

十、本协议未尽事宜，由双方共同协商解决。

十一、本协议一式两份，甲、乙双方各执一份，具有同等效力。

甲方：　　　　　　　　　乙方：

法定代表人：　　　　　　法定代表人：

地址：　　　　　　　　　地址：

电话：　　　　　　　　　电话：

年月日　　　　　　　　　年　　月　　日

二、确定评级方案

（一）在评级方案确定前，应根据评级业务的具体需要，成立评级工作小组和专家委员会。评级工作小组的评级人员应具备的条件是：具有丰富的经济管理、财务会计、资产管理和法律等方面的专业知识；熟悉信用评级业务，具有很强的综合分析判断能力；坚持原则，公正廉洁，秉公办事；具有丰富的经济专业的工作经验。

（二）专家委员会的专家应具备的条件是：谙熟企业管理、财务会计、法律、技术方面的专业知识；具备非常丰富的工作经验和相关领域的长期工作经验；拥有相应领域的高级技术职称和相关专业的（执业）技术资格。

（三）评级方案是指评级项目组能够顺利完成信用评级业务，达到预期评级目的，在信用评级前对评级工作所做的计划和安排。

（四）评级方案由评级小组负责编制，经过评级小组部门负责人审核，报主管领导批准后，由评级小组负责实施。

三、评级调查

（一）与委托方签订业务委托书后，被评级企业按评级资料清单提供信用评级所需资料。

（二）《信用评级资料清单》是评级机构要求被评对象搜集提供的相关资料。被评级企业准备评级资料，评级人员要给予必要的指导，提出必要的要求。

（三）评级对象的信息材料主要是企业自己为了记录，反映自身的经营状况而形成的材料，包括公司简介、财务报表、管理制度、行业信息、发展现状等。评级业务人员通过评级对象按照评级资料清单提供的内容获得信息材料。

（四）评级对象的一些情况可以从与其有交往的供应商或顾客获得，这些信息材料包括：企业的信誉、提供商品或服务的质量、价格和数量、付款的及时性，管理制度是否健全等。

（五）评级对象的许多商业活动涉及资金的往来，一般都需要银行提供服务，评级人员要注意在评价客户前，分析客户在银行的对账单，及企业以往的信用情况。

（六）评级人员可以从有关政府机构、行业主管部门、中介机构、报刊和图书馆等渠道得到一些有用的资料或统计信息。

（七）评级人员为定性分析服务的资料收集整理要有的放矢，不能简单地罗列或堆砌资料，在把握收集资料准确性的同时，还要注意资料对评价具体企业信用状况的适用性。

（八）评级人员通过阅读原始资料，初步了解被评企业所处的行业背景、主营业务收入来源、资产规模、信贷额度以及银行对企业的经营状况的评价。

（九）评级业务人员要另外搜集一些信息，如国际、国内发生的重大政治、经济、军事事件等，这些事件都会影响到企业的信用状况。

（十）根据调查清单，收集整理资料，撰写评级调查报告。

四、信用等级的决定

评级公司采用定量分析与定性分析相结合的评级标准，评定企业的信用等级。评级公司信用评审专家委员会对评级调查报告进行审议，形成企业信用评级报告并作出最终定级决定。

五、通知企业信用等级结论

评级公司在决定企业信用等级之后，将等级结论通知企业，颁发信用等级证书。公司要根据申请企业的意愿，决定是否将其信用等级向社会公布。

六、复评

申请企业在收到评级公司信用等级证书后十日内，如果对评级结论有异论，可以提出理由，要求复评。企业申请复评，必须提供必要的补充材料，由评级公司根据企业提供的最近资料。重新考虑企业的信用等级，并将复评结论通知企业。

七、监测与跟踪

评级机构密切关注受评企业的发展动向，及时对企业重大事项和发展趋势对信用状况的影响，必要时调整信用级别。

第五节　企业信用评级的方法

信用评级的方法是指对受评客体信用状况进行分析并判断优劣的技巧，贯穿于分析、综合和评价的全过程。按照不同的标志，信用评方法有不同的分类，如定性分析法与定量分析法、主观评级方法与客观评级法、模糊数学评级法与财务比率分析法、要素分析法与综合分析法、静态评级法与动态评

级法、预测分析法与违约率模型法等等，上述的分类只是简单的列举，同时
还有各行业的评级方法。

一、要素分析法比较

根据不同的方法，对要素有不同的理解，主要有下述几种方法。

5C 要素分析法：这种方法主要分析以下五个方面信用要素：借款人品德
（Character）、经营能力（Capacity）、资本（Capital）、资产抵押（Collateral）、
经济环境（Condiltion）。

5P 要素分析法：个人因素（Personal Factor）、资金用途因素（Purpose
Factor）、还款财源因素（Payment Factor）、债权保障因素（Protection Factor）、
企业前景因素（Perspective Factor）。

5W 要素分析法：即借款人（Who）、借款用途（Why）、还款期限
（When）、担保物（What）及如何还款（How）。

4F 要素分析法：主要着重分析以下四个方面要素：组织要素
（Organization Factor）、经济要素（Economic Factor）、财务要素（Financial
Factor）、管理要素（Management Factor）。

Campari 法：即对借款人以下七个方面分析：品德，即偿债记录
（Character）、借款人偿债能力（Ability）、企业从借款投资中获得的利润
（Margin）、借款的目的（Purpose）、借款金额（Amount）、偿还方式
（Repayment）、贷款抵押（Insurance）。

Lapp 法：流动性（Liquidity）、活动性（Activity）、盈利性（Profitability）
和潜力（Potentialities）。

骆驼评估体系：包括五个部分：资本充足率（Capital Adequacy）、资产质
量（Asset Quality）、管理水平（Management）、收益状况（Earnings）、流动性
（Liquidity），其英文第一个字母组合在一起为"Camel"，因正好与"骆驼"
的英文名字相同而得名。

上述评级方法在内容上都大同小异，是根据信用的形成要素进行定性分
析，必要时配合定量计算。它们的共同之处都是将道德品质、还款能力、资
本实力、担保和经营环境条件或者借款人、借款用途、还款期限、担保物及
如何还款等要素逐一进行评分，但必须把企业信用影响因素的各个方面都包
括进去，不能遗漏，否则信用分析就不能达到全面反映的要求。传统的信用

评级要素分析法均是金融机构对客户作信用风险分析时所采用的专家分析法，在该指标体系中，重点放在定性指标上，通过他们与客户的经常性接触而积累的经验来判断客户的信用水平。另外，美国几家信用评级公司都认为信用分析基本上属于定性分析，虽然也重视一些定量的财务指标，但最终结论还要依靠信用分析人员的主观判断，最后由评级委员会投票决定。

二、综合分析方法的比较

综合分析评级方法就是依据受评客体的实际统计数据计算综合评级得分（或称指数）的数学模型。目前企业信用综合评级方法很多，但实际计算中普遍采用的方法主要有四种。

（一）加权评分法

这是目前信用评级中应用最多的一种方法。一般做法是根据各具体指标在评级总目标中的不同地位，给出或设定其标准权数，同时确定各具体指标的标准值，然后比较指标的实际数值与标准值得到级别指标分值，最后汇总指标分值求得加权评估总分。

加权评分法的最大优点是简便易算，但也存在三个明显的缺点。

第一，未能区分指标的不同性质，会导致计算出的综合指数不尽科学。信用评级中往往会有一些指标属于状态指标，如资产负债率并不是越大越好，也不是越小越好，而是越接近标准水平越好。对于状态指标，加权评分法很容易得出错误的结果。

第二，不能动态地反映企业发展的变动状况。企业信用是连续不断的，加权评分法只考察一年，反映企业的时点状态，很难判断信用风险状况和趋势。

第三，忽视了权数作用的区间规定性。严格意义上讲，权数作用的完整区间，应该是指标最高值与最低值之间，不是平均值，也不是最高值。加权评分法计算综合指数时，是用指标数值实际值与标准值进行对比后，再乘上权数。这就忽视了权数的作用区间，会造成评估结果的误差。因此，加权评分法难以满足信用评级的基本要求。

（二）隶属函数评估法

这种方法是根据模糊数学的原理，利用隶属函数进行综合评估。一般步骤为：首先利用隶属函数给定各项指标在闭区间［0，1］内相应的数值，称为"单因素隶属度"，对各指标作出单项评估。然后对各单因素隶属度进行加权算术平均，计算综合隶属度，得出综合评估的指标值。其结果越接近 0 越差，越接近 1 越好。

隶属函数评级方法较之加权评分法具有更高的合理性，但该方法对状态指标缺乏有效的处理办法，会直接影响评级结果的准确性。同时，该方法未能充分考虑企业近几年各项指标的动态变化，评级结果很难全面反映企业生产经营发展的真实情况。因此，隶属函数评估方法仍不适用于科学的信用评级。

（三）功效系数法

功效系数法是根据多目标规划原理，对每一个评估指标分别确定满意值和不允许值。然后以不允许值为下限，计算其指标实现满意值的程度，并转化为相应的评估分数，最后加权计算综合指数。

由于各项指标的满意值与不允许值一般均取自行业的最优值与最差值，因此，功效系数法的优点是能反映企业在同行业中的地位。但是，功效系数法同样既没能区别对待不同性质的指标，也没有充分反映企业自身的经济发展动态，使得评级结论不尽合理，不能完全实现信用评级所要实现的评级目的。

（四）多变量信用风险二维判断分析评级法

对信用状况的分析、关注、集成和判断是一个不可分割的有机整体，这也是多变量信用风险二维判断分析法的评级过程。

多变量特征是以财务比率为解释变量，运用数量统计方法推导而建立起的标准模型。运用此模型预测某种性质事件发生的可能性，使评级人员能及早发现信用危机信号。经长期实践，这类模型的应用是最有效的。多变量分析就是要从若干表明观测对象特征的变量值（财务比率）中筛选出能提供较多信息的变量并建立判别函数，使推导出的判别函数对观测样本分类时的错判率最小。根据判别分值，确定的临界值对研究对象进行信用风险的定位。

三、预测分析在信用评级中的应用

目前，国内一些信用评级机构还将评级内容的重点停留在对企业过去经营、财务、资信情况的评价和评估上，而不是将重点放在对企业未来经营、财务、资信情况的预测上。其实，信用评级的本质应该是在对企业过去经营、财务、资信情况评价和评估的基础上对企业未来偿债能力的一种预测。所以，在对被评对象进行信用评级时，应重视对其未来情况的预测，并及时跟踪和反映企业信用变化趋势。

（一）重视企业未来的发展前景

对可以预见将来不确定因素很多的企业，即使其目前的情况良好，这个企业也未必是个能够持久健康发展的企业。在评级中，可以把将来的风险因素放在第一位，因为将来的发展前景是企业应该第一位的事情，决不允许以企业目前的繁荣淡化这一重要而不确定因素的影响。

例如，在评级中，企业未来的发展前景线路不明朗，市场情况不清晰，就要把评级工作适当延期进行。评级人员决不能根据不充足的情况和信息进行不适当的评级。另外，也要考核企业的经营组织和经营队伍，衡量其处理复杂事务的能力，以及其经营观念和经营方针，对企业未来的发展具有重要的影响，所以应构成信用等级评定的重要因素。关于企业的经营方法，可通过对企业的采访获得，这将有助于分析企业的未来发展。

（二）企业成长性预测

主要分析企业规模的变动特征、扩张潜力及企业近年的规模扩张速度。若企业扩张过快，这将给企业流动资金需求带来较大压力的同时，也将给企业经营的稳定性带来显著的影响。因此，评估人员有必要纵向比较企业历年的销售、利润、资产规模等数据，把握企业的发展趋势，是加速发展、稳步扩张还是停滞不前。将企业的销售、利润、资产规模等数据及其增长率与行业平均水平及主要竞争对手的数据进行比较，了解其行业地位的变化。分析预测企业主要产品的市场前景及公司未来的市场份额，并对企业的投资项目进行分析，预测其销售和利润，如新产品接受程度的高低，企业营销计划、价格策略的改变是否足以应付竞争对手行为，预计目标市场大小和市场渗透程度的高低，达到此渗透程度需要的时间长短；成本效益及现金流量在 $1 \sim 2$ 年内能否呈良性循环发展态势。

（三）企业将来的收益率是否稳定

企业投入自有资金或者引进外部资金，来增强自身的生产能力，开发新产品等，以谋求收益力的提高，然后以此再进行新领域的投资。企业就是按照此路径循环往复地增强自身的收益力，扩大企业的规模。因此可以说，在评价企业债务的还本付息能力时，注意企业将来的收益率是比较稳妥可行的评估方法。把企业的原有财产价值设定为还本付息的原资本，此方法缺乏综合性。因为，信用等级的评定是综合地研究、分析与企业偿债能力有关的要素。分析企业的偿债能力主要从两方面着手：一是评价企业的现有价值，看它对支付企业债务本金是否有能力；二是企业的经营业绩，作为偿还债务的基础，最主要是考虑企业能否用将来实现的利益偿还企业债务的本息，是否有安全的收益力，这是评价企业未来偿债能力最重要的着眼点。

研究影响企业将来收益力的因素，是进行信用评级时应关注的重点问题。如产业的发展趋势，判定哪个是发展中的产业，哪个是安全稳定的产业，哪个是衰退的产业，哪个是受宏观经济波动影响较大的产业，企业是如何参与竞争的，企业是否有国际竞争力，各企业间的地位是如何更替的，是否采用了新产品、新技术等。这些都是对企业进行信用评级分析的主要因素。

(四) 企业在行业中的未来发展趋势

当然，对具体企业的研究，应看其在行业中的地位、产品构成、产品的特征及竞争力、技术等级和开发能力、贩卖能力和购买能力等。凡是和企业有关的现象都是进行企业信用评级的重要资料。把企业放在同行业进行比较，看其长处与短处。对判断企业将来的收益力是很有必要的。

(五) 依托财务报表进行预测

企业信用评级是判断企业债务还本付息的可靠程度，而财务报表所列的各个指标对展望将来是很有必要的。以财务报表所列的数字为基础，研究有利因素和不利因素就能描绘出企业将来的发展趋势。这样就能判断出企业对市场情况是否敏感，判断出在最不利的情况下财务数据会发生什么样的变化。

(六) 现金流量预测不可或缺

现金流量分析是企业信用分析的重要组成部分。同时，贷款风险分类方法也提倡使用现金流量分析。在对企业进行预测分析时，评估人员主要应重点了解以下问题：

1. 企业内部现金流量产生能力有多强？

2. 企业是否有能力通过营业现金流量来履行其短期财务责任？

3. 在不降低经营灵活性的情况下，公司能否继续履行短期财务责任？

4. 为企业增长投入了多少现金？是利用内部现金流动，还是依靠外部融资？

5. 企业依靠的外部融资是哪一种？股票、短期借债还是长期借债？该融资方式是否适合企业的整体经营风险？

6. 流动资金投资和利息支付前的现金流量（FFO），检验企业是否能够创造出营业现金盈余；流动资金投资后的营业现金流量，评估企业如何管理流动资金；支付利息前的现金流量，评估企业偿还利息的能力；

7. 支付股利前的现金流量，评估企业内部资助长期投资的金融灵活性；

8. 外部融资后的现金流量，检验企业的财务政策。

这些分析内容应该根据企业具体的经营情况、企业增长策略和财务政策进行具体分析。而且，这些测定数据每年的变化都是很有价值的，表明企业动态现金流量的稳定性。

同时，在对现金流量进行预测时要特别注意现金流量的波动，因为现金流量会随着企业、时间、环境的不同而波动。对一些企业而言，通常它们会在发生资本性支出之前产生盈余现金，经营活动现金流量相当稳定，当然也会有一些季节性的波动。其他许多企业的现金流量就会有很大的波动，特别是当它们通过不定期的大宗交易而不是定期的小宗交易来获得销售收入时。

第六节　家政企业信用评价的使命

一、家政企业信用评价的重要性

（一）家政机构自身的持续性改进助推公共健康服务进步

家政企业评价的使命源自家政本身的重要性。家政企业为人类的幸福保驾护航，同时也随着科技的进步而进步、伦理的发展而发展。因此，对于一个变化的评价目标，家政评价也应该持续改进，具体而言，家政企业评价的标准要应对社会环境和技术手段的变化；家政企业评价的结果要有时效性，这就是家政企业评价的使命，即通过以持续改进为目标的家政评价活动促进公共健康服务改善。首先，作为家政发展的风向标，家政评价的标准虽然在一定时期内是不变的，但长远来看应具备一定的弹性，要根据外部环境的变化、信息技术的升级、管理方式的进步对家政企业的发展提出新的要求。

其次，时效性是确保家政企业评价持续改进的动力，也是家政企业评价受到评价监督的工具。家政企业评价作为评估家政企业表现的工具，是家政企业发展的有机组成部分，但短期的评价结果并不能确保家政企业在长期发展中始终与家政企业评价的方向一致。因此，为了确保家政企业的发展能有效地与家政企业评价的目标相结合，给家政企业评价结果设置有效期是家政企业遵守家政企业评价标准体系的必然选择。目前国内外不少家政企业评价机构均考虑对评价结果设置有效期。有的家政企业评价规定，评价结果的有效期是家政企业通过星级家政企业评价之日起的三年内，评价结果的有效期仅为三年，家政企业需要在有效期结束前重新申请星级家政企业评价以获得最新的评价结果。因为《星级家政企业标准》是家政企业高质量发展的保障，所以要求家政企业在评价有效期内仍要持续提高医疗质量和提高患者安全水平，以确保通过三年后的复评，国际上其他的家政企业评价亦是如此。

（二）家政企业评价须以家政服务水平的本质为导向

不同的家政企业评价所采取的方法、过程以及结果的呈现方式肯定不同，但家政企业评价服务于家庭，自然也要体现家政的核心与本质，那就是以提升服务家庭质量和保障家庭幸福和安全为导向，实现以家庭幸福为中心的目标。而且，随着社会经济的发展，家政企业评价就更需要回归家庭的本质，减少对家政企业规模、设施投入方面的关注，而是着眼于家政企业的质量与家庭幸福。例如可以从服务质量、运营效率、持续发展、满意度评价 4 个方面共多个具体指标入手。

二、家政企业信用评价的内涵

对于管理者的工作，亨利·法约尔（Henry Fayol）提出了所有管理者都应具备的五大职能——计划、组织、指挥、协调和控制。如图 1 所示，如今，家政企业管理者有 4 种较为常见的职能：计划（Planning）、组织（Organizing）、领导（Leading）和控制（Controlling）。在目标和方案被设置后（计划），任务和结构合理安排后（组织），人员被雇用、培训和激励后（领导），管理者必须评估事情是否按照计划来实行（控制）。控制是管理过程的最后一步，管理者必须监控事先设定的、作为计划过程一部分的目标是否被有效且高效地完成，合理的控制可以帮助管理者寻找具体的绩效缺口和需要改进的方面。

三、家政企业信用评价的研究思路与目的

本书认为，利用现有的信用评价理论体系与实践经验，定位于当前家政

企业体制改革要求，结合家政企业的特性，综合性地、全方位地、有特色地对家政企业进行信用评价，对促进我国家政事业的进步、推进我国市场经济的快速发展有着非常重要的意义。

（一）科学合理地对家政企业进行信用评价是政府对家政企业科学管理和宏观调控的重要依据

政府进行财政补助、推行贴息贷款同样需要信用保证，通过对家政企业的信用评价，有利于政府财政部门作为是否给予以及给予多少额度补助、贴息贷款的依据，以保证国家财政资金的安全、高效。同时，通过对家政企业信用评价，可以以此判断该家政企业是否有发展前途，有利于政府部门作为实施扶植政策的重要依据。

（二）科学合理地对家政企业进行信用评价是商业银行借贷的风险评价依据

从商业银行风险管理的实践与发展来看，评价信用风险是商业银行业内部管理和外部监管发展的需要，加入 WTO 后，外资银行将与我国商业银行争夺优质信贷客户，商业银行的信贷业务竞争加剧，为了抢占优质信贷市场，赢得更大的生存和发展空间，我国商业银行加大对家政企业的信贷评价成为当务之急。对于商业银行在不同地区、不同行业的信用风险暴露进行实时监控，可提高商业银行的风险控制能力与资本使用效率；在监管方面，商业银行内部信用风险评估技术的发展为监管机构改进监管提供了方法论。

（三）有助于家政企业塑造自身形象，提高家政企业的美誉度，增强核心竞争力

家政企业迫切地要求自己的经营状况得到合理的分析和恰当的评价，以利于商业银行和社会公众投资者按照其经营管理水平和信用状况给予相应的资金支持与市场份额等，并通过不断改善自身经营管理，提高自身的信用级别，降低筹贷成本，最大限度地享受相应的权益，提高家政企业的核心竞争力。正确合理地对家政企业进行信用评价可以解决有发展潜力的家政企业资金短缺、融资难的问题，有利于加快我国家政行业健康飞速的发展，对转变我国经济发展方式、优化产业结构、促进国民经济可持续发展等有着很重要的意义。同时，良好的信用是家政企业对外经济交往的通行证，可以获得运行成本低、社会效益高的良好效果。良好信用的家政企业还可吸引更多的人才投身于它，在人才竞争即是家政企业竞争核心的当今社会里，这将是一个非常重要的决定性因素。

（四）有助于居民家庭、银行、从业者等经济交往者防范商业风险

家政企业的经济交往者需要与家政企业发生联系，努力发展自身经济。家政企业是他们利益实现的载体，但同时也存在较高的信用风险。建立在对家政企业信用状况的科学评价分析基础上的信用政策，使经济交往者们既能从与家政企业的交易中获取最大收益，又将信用风险控制在最低限度以内，达到与家政企业共同长远发展的良好态势，实现家政企业与其利益相关者的双赢。

四、家政企业信用评价指标体系的构建

（一）各级指标的选取

首先，通过大量中外文献比较、分析和综合，归纳出家政企业信用等级评价及其应用研究的基本思路。其次，通过与商业银行信贷工作者、业务关联单位座谈咨询，到家政企业参观听取家政企业财务人员等相关意见，对商业银行信贷部门、业务关联单位和家政企业财务人员进行问卷调查，初步汇总出家政企业信用评价指标选取调查表。然后，选择高校相关理论教授、行政部门管理层、家政企业实践管理中高层等专家作为咨询对象，设计涵盖专家信息、指标分类、指标重要性及补充意见等内容的意见征询表，经过3次咨询与反馈，专家意见基本趋于一致。

表 4-11　　　　　　　　　**家政企业信用评价备选指标调查表**

序号	备 选 指 标	选取否	相对重要程度	备　　注
1	组织机构和制度建设			
2	总资产周转率			
3	总资产增长率			
4	资产负债率			
5	资产报酬率			
6	预算收入执行率			
7	预算支出执行率			
8	重大事项分析			
9	职工人均创收			

续表

序号	备 选 指 标	选取否	相对重要程度	备　　注
10	战略实施情况			
11	职工素质			
12	应收账款周转率			
13	信息管理			
14	市场占有率			
15	内部管理及改革制度			
16	领导的组织能力			
17	劳动力素质			
18	经营设施的先进性			
19	经营决策者个人信用			
20	固定资产投资风险			
21	担保比率			
22	贷款逾期率			
23	成本费用利润率			
24	财务审批制度			
25	部门职能（协调性）			

（二）家政企业信用评价指标体系

重要性：重要 5 分；较重要 4 分；一般 3 分；较不重要 2 分；不重要 1 分。

表 4-12　　　　　　　　家政企业信用评价备选指标调查表

	指　　标	重　要　性	备　　注
发展潜力	市场竞争地位		
	创新发展能力		
	从业人员高学历比例		
风险评价	成本效益风险		
	固定资产投资风险		

续表

	指　标	重　要　性	备　注
社会效益	满意度		
	收费情况		
内部经营	管理决策层素质		
	员工满意度		
	内部管理及改革制度		
	战略实施情况		
	贷款本息按期偿还率		
财务状况与经营成果	职工人均创收		
	资产负债率		
	流动比率		
	速动比率		

在对公立家政企业与传统企业之间的异同点进行比较分析的基础上，对家政企业的现状、目前如何对家政企业的信用等级进行评价以及评价结果与运用的关系进行了分析，紧密围绕影响家政企业信用等级的因素进行系统分析，构建出家政企业信用等级评价指标体系。建立的家政企业信用评价指标体系包含5个一级指标，每个一级指标下又有若干二级指标。

五、家政企业信用评价指标权重的确定

指标权重是指权衡信用评价指标轻重作用的数值，也叫重要性系数。在家政企业的信用等级评价体系中，有些指标占有重要地位，对家政企业的信用影响大一点，相应其权重也要大一点；而有些指标影响小一点，那么相应其权重就小一些。要把这些指标对家政企业信用影响的程度量化表述，就必须采用一定的方法。家政企业信用等级评价指标体系中各指标权重的确定，采用 Delphi 法（德尔菲法）与 AHP 法（层次分析法）相结合的方法，即用 Delphi 法（德尔菲法）来确定各指标的相对重要程度，用 AHP 法（层次分析法）计算出这些指标相对重要程度对应的权重。

（一）明确递阶层次结构；

（二）构造两两比较判断矩阵；

（三）计算单一准则下的相对权重；

（四）一致性检验；

（五）计算各层次元素的总排序——组合权重；

（六）层次总排序一致性检验。

六、家政企业信用评价指标权数的确定

在利用 Delphi 法（德尔菲法）和 AHP 法（层次分析法）计算出了一级指标相对于总目标的权重（W_i）、每个一级指标单一准则下二级指标之间的相对权重（K_i）以及二级指标相对于总目标的权重（T_i），但由于各个指标的权重是小于 1 的小数，不便于信用评价人员对被评家政企业各个指标进行打分，因此，我们把权重转换为权数。具体操作是把总目标家政企业的信用等级满分为 100 分，这样百分比权重乘以 100 转换成了百分制权数。

表 4-13　**家政企业信用评价指标体系中评价指标的权重与评分标准列示表**

一级指标	二级指标	计分标准	备　　注
发展潜力（25分）	市场竞争地位		
	创新发展能力		
	从业人员高学历比例		
风险评价（15分）	成本效益风险		
	固定资产投资风险		
社会效益（20分）	满意度		
	收费情况		
内部经营（15分）	管理决策层素质		
	员工满意度		
	内部管理及改革制度		
	战略实施情况		
	贷款本息按期偿还率		

续表

一 级 指 标	二 级 指 标	计 分 标 准	备　　注
财务状况与经营成果（25分）	职工人均创收		
	资产负债率		
	流动比率		
	速动比率		

第五章 家政企业信用管理体系

由于我国对家政服务日益增长的需求，以及家政企业服务对象和服务空间的特殊性，近年来，客户与提供服务的家政企业间所存在的分歧和问题频出，部分家政服务员隐瞒真实信息，不按合同约定提供服务，偷盗雇主钱财、伤害老幼病残等案件时有发生。为了解决需求方和供给方之间的矛盾，建立和完善家政企业的信用管理体系尤为重要，家政企业应按照政府引导、企业为主、分步实施、强化应用的原则，建立健全家政服务业行业信用体系，营造诚实守信的家政服务业发展环境。

第一节 家政业务现状

家政服务是指将部分家庭事务社会化、职业化、市场化。近年来，我国居民消费能力在不断增强，加上三孩生育政策推进实施，老龄化程度不断加深，社会分工日益细化，新型城镇化加速推进，居家养老、康复护理、育婴育幼、烹饪保洁等多样化的家政服务需求呈现刚性增长。与此同时，家政服务业发展的短板十分突出。虽然家政行业发展潜力巨大，但是长期以来家政服务领域积累的矛盾较多，家政服务领域一些负面事件时有发生，如杭州保姆纵火案等，人民群众对此反响强烈。在此背景下，2019 年 6 月，国务院办公厅印发了《关于促进家政服务业提质扩容的意见》（以下简称"家政 36 条"）。作为"小切口、大民生"的体现，家政服务业的发展十分重要。

一、家政服务企业快速发展

在政府和市场的双重作用下，中国家政产业正在迅猛发展。家政服务的市场总规模近年来均保持 20% 左右的增速，根据相关数据显示，2014 年中国家政服务行业市场经营规模仅 2304 亿元，2018 年家政企业数量达 70 万家，截至 2019 年家政服务产业规模已达 6975 亿。[①]

其次，家政服务业吸纳就业成效明显。家政服务业是吸纳各类就业困难人员的主要行业之一，且小微企业众多，在吸纳就业方面具有天然优势。2017 年家政服务从业人员数达到 2800 万人，与 2013 年相比增长了 55.56%。截止到 2019 年底，中国家政服务市场从业人数已经增长至 3271 万人，对全国就业带动的贡献率高达 4.228%，比 2011 年的贡献率提升了 2.57 个百分点。可见，家政服务市场的发展给中国的社会就业率带来了很大的助益。[②]

此外，家政服务新业态加快涌现。部分地区和企业利用互联网、大数据、云计算等信息技术，开发了家政服务信息系统、App 应用、家政电商平台等，并逐步延伸至保洁、养老、育婴等领域智能产品和辅助器具的研发与制造，推动行业转型升级。

二、家政服务质量有待提高

在家政服务企业快速发展的同时，也存在一些制约因素影响着家政服务质量的提升：

（1）劳动力供给不畅。由于行业存在稳定性差、流动性大的特点，季节性缺工现象严重；同时受到传统思想影响和待遇偏低，很多人从事家庭服务工作的意愿不高。

（2）家政企业质态不稳。由于家政企业准入门槛低，大部分企业规模小、盈利能力差，90%以上是"一张桌子、一部电话、一个人"的"中介制"。家政服务人员的流动性大，导致员工"私下签约"现象也很严重，并影响到了企业所提供的服务质量。同时，家政服务价格落后市场发展，企业利润受到挤压。少部分企业规模化发展遇到了"社保缴费、税收收费、融资途径"等高成本问题的制约。

（3）服务能力不强。家政服务的诚信评价体系不健全，家庭服务质量亟待提升。同时家政从业人员培训体系不完善，雇主和服务人员双方权益保障不到位，缺少调节市场供需的信息服务平台，资源得不到有效配置。

---

① 数据来源：58 同城，《中国家政市场就业及消费报告》
② 数据来源：前瞻产业研究院，《2021 年中国家政服务行业研报》

三、职业化与规范化建设持续推进

目前，针对家政业务的培训力度持续加大。各地相关部门、行业协会和家政企业开展多途径、多形式的各类培训与竞赛，家政从业人员技能水平不断提高。如组织实施"巾帼家政培训专项工程""家政培训提升行动""春潮行动""技能培训促就业行动"等培训活动。同时家政服务职业教育也逐步扩大，2018年，全国共有家政服务业相关专业点数212个，招生人数6578人。其中，有31所高职院校开设家政服务与管理专业，专业点数31个，招生点数104个；共有74所高职院校开设社会工作专业，专业点数77个。①

另一方面，有关家政业务的规范化建设包括健全诚信体系、落实各项标准、加强监管力度也在稳步推进中。在诚信体系健全方面，国家发展改革委、商务部等28个单位联合签署《关于对家政服务领域相关失信责任主体实施联合惩戒的合作备忘录》，从27个方面对家政服务领域的失信行为进行联合惩戒，不断推动家政行业诚信体系建设。在标准落实方面，出台了《关于加强家政服务标准化工作的指导意见》，发布《家政服务母婴生活护理服务质量规范》《家政服务机构等级划分及评定》等11项国家标准，针对家政服务的具体业态进行规范，提高家政服务质量和水平，推动家政服务业规范化发展。各地也积极加强地方标准建设，制定省级标准。在监管力度方面，各地开展了家政服务市场专项检查，抓紧加大对违法违规行为防范惩处力度，市场经营秩序进一步规范。

第二节 家政企业运营模式的转换

一、运营模式种类

家政企业的运营模式主要分为"中介制"和"员工制"。

所谓"中介制"，是指家政企业只作为见证人，将家政服务人员介绍给客户，由客户和家政服务人员签订合同，客户直接将工资支付给家政服务人员。

---

① 数据资料来自人民网，http：//www.gov.cn/xinwen/2018-10/21/content_5643972.htm

家政企业对客户的主要责任是保证家政服务人员的身份真实。家政企业没有管理职能，每次只收取代理费用，且对服务质量不承担任何责任。因此在"中介制"模式的家政企业下，家政服务人员缺乏专业、统一的技能管理，人员素质参差不齐，所提供的家庭服务质量偏低。

"中介制"的出现基于雇佣关系的需求。由于家政服务从业者的地区流动性强，从业者更偏向灵活的雇佣关系，以获得更多的工作机会和收入。而家政企业如果雇佣一定数量的家政服务人员，则需要承担较高的社保成本和维持队伍的持续性投入，基于成本考虑，中介制更满足家政企业和从业者的需求。

"员工制"是指家政企业聘用家政服务人员，将其作为员工派遣到客户家中服务，公司与员工签订劳动合同并为其缴纳"五险一金"。"员工制"企业的管理和责任都更加具体，与"中介制"的区别如表 5-1 所示。

表 5-1　　　　　家政企业"中介制"和"员工制"的区别

内容	中 介 制	员 工 制
合同	由客户与家政服务人员签订劳务合同	由公司和家政服务人员签订劳动合同，公司与客户之间为服务合同
管理	家政企业没有管理职能，只收取代理费用	公司负责管理家政服务人员工作安排
工资	客户向家政服务人员支付工资	客户支付给公司，公司向员工支付工资
责任	家政企业对服务质量不承担任何责任	公司承担家政服务人员对客户造成的损失和损害
保险	家政企业不承担家政服务人员的保险	企业为家政服务人员购买保险

二、"中介制"向"员工制"的转换

由于市场的需求，早期的家政行业基本以"中介制"模式为主，但随着人们生活水平的提高，对市场所提供的家政服务质量也提出了更高的要求，激励家政企业严把从业者准入关和提供全面的劳动保障等成了难题。在管理部门"提质扩容"的要求之下，提倡家政行业逐步发展成以"员工制"为主体的行业，鼓励家政企业从"中介制"向"员工制"转型。然而在实践中，管理部门与企业就"中介制"和"员工制"产生了较大的分歧，阻力来自以下几方面：

（1）"员工制"导致运营成本增加，企业利润受到影响。在完全竞争市场，任何一家企业都无法决定价格；价格取决于市场中所有的买家和卖家。家政服务行业的性质近似完全竞争市场，从理论上说，任何一家家政企业缺乏对其所提供服务的定价能力，每个企业只能接受市场定价。在价格（收入）一定的情况下，增加企业成本的行为，会降低利润。不同于"中介制"管理企业，"员工制"管理的企业需要给员工缴纳社会保险费用，运营初期会显著地增加企业运营成本，以重庆市为例，大约为每人每年 12000 元。虽然如北京、重庆等地的各地方政府，就此费用对企业给予了部分补贴，但是对于企业来说仍然增加了成本。

（2）"员工制"的推行限制了小微家政企业实行"员工制"管理模式。"员工制"的初衷之一是通过企业化管理，通过签订劳动合同，加强培训和服务跟踪管理来提高服务质量。但是，除了部分规模较大的家政企业外，对于缺乏资本投入的小微家政企业，经营成本限制了其在人员培训和服务跟踪等方面的持续投入，小微家政企业缺乏实力实行"员工制"。

（3）"员工制"家政企业的管理模式尚处于起步阶段，缺乏对成熟的管理理论指导和管理经验的总结。相较于行业中较为成熟的"中介"模式，"员工制"的管理模式更加复杂。从"中介制"到"员工制"，其实质改变了企业组织资源的方式，只有当"员工制"比"中介制"更能降低交易成本时才能取而代之。企业对员工家政技能方面的专用性投资如何通过劳动合同、薪酬激励、企业文化等方面的管理手段内化为企业专用资产尚处于摸索阶段，缺乏成熟的理论指导，可借鉴经验不多。

（4）家政服务市场的法律机制不健全，"员工制"企业经营中存在较大法律风险。其具体表现为企业外部法律风险和内部法律风险两方面。内部法律风险主要是指家政企业（用人单位）和员工（劳动者）之间的劳动关系风险。目前我国尚无专门针对家政服务行业的劳动合同法律，在劳动合同解除、违约金等方面，企业承担了较大的风险，这在流动性较大的家政服务行业尤为突出。在外部法律风险方面，主要表现为产品质量瑕疵担保风险和职业责任风险。一方面，以家庭为服务对象的家政服务，服务质量缺乏统一标准且难以监督。企业对员工在岗服务质量的控制力较弱，往往通过"试用期""不满意重新介绍"等措施对客户进行安慰和弥补，仍无法避免企业品牌受损。另一方面，员工在工作中故意或者因重大过失给客户及其他人的人身和财产重大损失后，往往因其是职业行为损失须由企业承担赔偿责任，在这一领域亦缺乏专门法律的规制。

从以上分析可以看出，作为承载着家政服务产业转型升级使命的"员工制"管理受市场性质、企业规模、管理水平和法律环境等方面的制约，使得其制度优越性没有充分体现出来。虽然家政企业在"中介制"向"员工制"模式转变中存在着诸多障碍，但同时也存在着家政企业实施"员工制"管理的动力：

（1）市场尚未满足的对高质量家政服务的旺盛需求是"员工制"管理的根本动力。经济发展水平的提高、老龄化的加速、二孩家庭的增多等诸多原因，使市场对家政服务的需求日益增加。而作为供给一侧的家政企业以及个体家政员所能提供的家政服务远远不能满足需求端对服务的数量和质量的要求。"员工制"管理的优势在于，通过签订劳动合同，使得企业和员工之间建立了较为稳定的管理和被管理、领导和被领导关系，从而提高供给侧的效率和效益。在劳动合同的约束下，一可以提高服务质量，其次，员工以企业职工的身份，按照企业要求为客户提供服务，工资待遇有保障，遭遇工伤或者其他问题后，可以通过企业解决矛盾和纠纷。对于需求侧来说，"员工制"管理，可以更好地减少家政服务供给中的机会主义行为。家政服务需求者通过与"员工制"家政企业签订劳务派遣合同，家政员身份由企业担保，双方明确家政服务的价格、数量和质量要求，可以有效避免服务纠纷。

（2）家政企业做大做强的发展需要是"员工制"管理的主要动力。目前家政市场中，小微企业为多数，规模企业较少。近年来，发展较快的58到家、e家政等互联网家政企业多采取中介制管理。其原因与"员工制"管理的企业在前期需要大资本投入、投资回收期较长有关。"中介制"承担的主要义务是介绍家政服务、促进家政需求方和家政员达成交易，对家政员质量不负有担保义务，其较为低廉的收费使得企业缺乏动力对其介绍的家政员进行保质保量的培训和资质审查，从而影响到家政服务供给侧的服务质量，这一类企业缺乏持久发展的基础。而"员工制"企业通过建立一支稳定的家政服务人员队伍，不仅可以形成其核心竞争力，同时也能进一步巩固其社会信用基础。厦门"好慷"、武汉"友缘"、苏州"居家乐"等"员工制"管理企业通过不断摸索，都在业界形成较好的口碑。对这些企业运营和管理经验的总结和分享，也有利于提高行业的整体管理水平。

（3）政府支持是"员工制"管理的政策引导动力。近年来，中央和地方政府出台了一系列文件，提出"员工制"是保障从业者和消费者利益的长效机制，要着力发展"员工制"家政企业。《关于促进家政服务业提质扩容的意见》中提出在减税降费、灵活用工、失业保险金返还、公租房保障、培训费用减免、表彰激励等方面对企业进行支持。这一政策充分说明党和政府对家政服务行业供给侧改革的支持。这些费用的减免和优惠措施，可以降低企业"员工制"管理的成本支出，也有利于吸引社会资本进入家政服务领域，促进企业优胜劣汰。

（4）不断完善的法律是员工制管理的保障动力。家政服务市场的有效运行离不开健全的法律制度保障，家政服务领域涉及企业内部和企业外部的法律关系。"员工制"和"中介制"管理都是企业组织资源的形式。相对而言，"员工制"管理更为复杂，企业承担的法律风险较大，并不利于企业竞争。因此，需要完善当前的法规，针对家政服务市场的特殊性，出台专门性法律文件，明确权利义务关系，使家政服务企业、员工、客户遇事有法可依、有法必依，促进家政服务行业发展，满足人民日益增长的家政服务需求。①

第三节　家政企业业务需要分析

在家政需求方面，随着全民生活水平的提高，有约70%的城市居民对家政服务需求旺盛。随着人们老龄化、少子化等多重因素影响，作为第三产业的家政服务业，有巨大的市场潜力，在国家政策支持下，2020年家政服务行业市场规模突破8782亿元。据统计，在2010年中国有约1688万户家庭对家政服务有着较大的需求，随着家政服务水平的提升以及服务种类外延的拓展，中国家庭对家政服务的需求规模也在不断走高。2020年中国有近4986万户家庭存在家政服务的需求，由此可见中国家政服务市场需求规模的庞大。

家政企业的业务按服务内容可分为三个层次，一是简单劳务型服务，如

---

① 李芸，熊筱燕.家政企业"员工制"管理的阻力和动力［J］.家庭服务，2020（01）：59-61.

煮饭、洗衣、维修、保洁、卫生等；二是知识技能型服务，如护理、营养、育儿、家教等；最后一种是专家管理型服务，如管家的家务管理、社交娱乐的安排、家庭理财、家庭消费的优化咨询等。不同层次服务的多元化、专职化需求，给家政企业业务带来广阔的发展空间。《中共中央关于制定国民经济和社会发展第十四个五年规划和 2035 年远景目标的建议》指出，要加快发展健康、养老、育幼、文化、旅游、体育、家政、物业等服务业，并且近期还出台了"三胎政策"，育幼需求估计会继续提升。"养老""育幼""家政"等或将成为下一个五年的就业风口。因此未来养老护理员、家政服务员的人才缺口相当大，预计到 2026 年，我国家政服务市场经营规模将突破 15450 亿元。

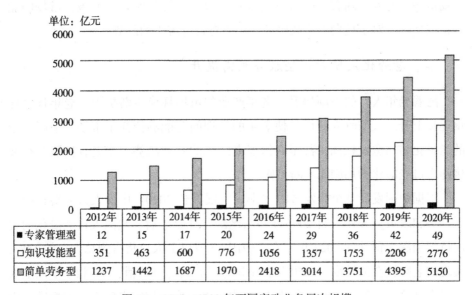

单位：亿元

	2012年	2013年	2014年	2015年	2016年	2017年	2018年	2019年	2020年
■专家管理型	12	15	17	20	24	29	36	42	49
□知识技能型	351	463	600	776	1056	1357	1753	2206	2776
▦简单劳务型	1237	1442	1687	1970	2418	3014	3751	4395	5150

图 5-1　2012—2020 年不同家政业务层次规模

资料来源：前瞻产业研究院。

从不同家政业务层次规模来看，简单劳务型市场还是占据主导，其次是知识技能型，而专家管理型的家政业务规模在 2020 年仅为 49 亿元，同前两项家政服务类别对比，我国高端家政服务发展明显不足。目前，家政业务的需求主要有以下几点：

一、传统简单劳务型家政服务市场需求下降

从家政服务细分产品结构来看，2020 年简单劳务型市场规模为 5150 亿元，简单劳务家政服务市场由于家务机器人市场的快速发展等因素影响增速下滑。我国家务机器人市场需求增速较快，国内市场正成为全球增长最快的市场之一。2015—2019 年我国家务机器人行业复合增速超 36%，其中 2019 年国内服务类机器人市场规模达 22 亿美元，占全球份额的 26.5%。其中家用机器人市场规模为 10.5 亿美元，市场增速相对领先。随着人口老龄化趋势加快，以及医疗、教育需求的持续旺盛，我国家庭机器人市场规模还将进一步增长。快速增长的家用机器人市场可能会进一步抢占传统简单劳务家政服务市场份额。此外，随着家政市场的逐步细分和个性化服务的升级，市场的竞争正在加剧，对于短期的家政服务，雇主有自行解决的趋势。

二、老龄化促使知识型服务刚需提升

随着老年人口的不断攀升，老年产业的市场规模不断扩大，老年抚养比重逐步上升。人均收入的增长使老年的护理问题能够依托于市场。中国社会的老龄化结构愈发稳固，甚至有深度老龄化的发展趋势，养老看护服务行业将随人口老龄化的加剧而不断兴盛。

根据中国发展基金会发布的《中国发展报告 2020：中国人口老龄化的发展趋势和政策》显示，自 2000 年迈入老龄化社会之后，我国人口老龄化的程度持续加深。预计到 2022 年左右，中国 65 岁以上人口将占到总人口的 14%，实现向老龄社会的转变，2050 年，中国老龄化将达到峰值，中国 65 岁以上人口将占到总人口的 27.9%。如果以 60 岁及以上作为划定老年人口的标准，中国的老年人口数量将会更多，到 2050 年时将有接近 5 亿老年人。

快速上升的老年人口带动家政护理师规模上涨。根据《国家人口发展规划（2016—2030 年）》，2030 年 60 岁以上人口占比将达 25%，2050 年前后，中国老年人口数占总人口的 34.9%，居家养老护理服务会成为未来家政服务业发展的潜力市场。预计 2030 年我国中老年人需上门护理服务人数为 5896.9 万人。

由于知识型家政服务的市场供应未满足老龄化服务刚需，因此促成了知

识型家政平均工资收入的提升。数据显示，2020 年其他所有上岗的工种月工资较 2019 年都有不同程度的提升，其中下列几项提升较高：病患陪护月工资提升 10.3%，月嫂月工资提升 7.9%，老年护理月工资提升 7.3%，早教师月工资提升 7.0%，育儿兼家务提升 6.1%。私人管家的月工资水平有降低、司机的工资水平持平。

三、育儿型家政服务需求强劲

近几年，随着我国二孩政策乃至三孩政策的放开，家庭对育婴师的质量需求快速提升，高级育婴师的需求促使薪酬上涨。据统计，根据个人能力的不同，"月嫂"市场为四档收费区间，分为初级、中级、高级和金牌。其中，聘请一名"金牌月嫂"，每月花费高达 2.5 万元。同时，根据报告显示，在一线城市以及新一线城市之中，2019 年的家政服务行业中"月嫂"工种的薪酬最高，可见近年来"月嫂"市场的热度。

知识型服务收入分层。此外，除了"月嫂"以外，对家庭教师的需求也日益增多，目前来看，家庭教师一般为教师兼职或者大学生、研究生等在读学生的兼职。虽然国家标准当中并未对家庭教师的资质进行明令要求，但对于消费者来说，对于具有正式教师职业的教师、具有一定教育背景的大学生比较青睐。据相关调查结果显示，2020 年，我国家政服务人员收入当中，前三名均为知识型家政服务，例如家庭教师、育婴师和营养师，全国平均月薪最高为 9290 元，相比之下，简单劳务市场家政服务人员薪资差距较大，全国平均月薪最高的职业保姆也仅为 5840 元，保洁员收入更低，仅有 3310 元。

案例 7：天娇家政——用真诚服务客户，用诚信铸造未来

通辽市天娇家政有限责任公司（以下简称天娇家政）成立于 2010 年，是一家集员工招聘、就业培训、员工安置、跟踪指导于一体的综合性家庭服务管理公司，经营范围由母婴护理、居家养老、职业培训、产后康复四大板块组成。一路走来，天娇家政取得了喜人的成绩。2013 年，天娇家政被通辽市商务局评为"通辽市龙头家政服务企业"；2014 年，成立了通辽市第一家家政职业培训学校——天娇职业培训学校，产教融合为一体，为当地的母婴服务行业输送了大量的护理人才，自成立至今共计培训 6000 余人，就业率达 65%，安置外出人数占培训总人数的 10%；2015 年，天娇家政被内蒙古自治区就业局评为自治区的"十强企业"；2017 年，被内蒙古自治区家服办评为"家庭服务知名品牌"。

天娇家政始终认为，人力成本是母婴健康护理机构的主要服务成本之一，专业的妇婴护理服务人员是母婴健康护理机构的第一生产力。而目前母婴健康护理行业仍未形成相关的专业人才培养和流动渠道，很多家政企业仍需要通过内部培养来形成专业的服务团队，经验丰富的专业人员更是企业争取的对象，人员的不稳定，直接影响家政企业的服务质量和经营业绩。为了保证员工的稳定性，天娇家政不断完善公司内部的人才晋升机制，适时给予优秀员工股权激励，让员工在天娇家政工作更安心、更开心。

如何经营管理也是一门大学问。随着天娇家政规模的不断扩大，人员不断增加，经营管理面临的压力也与日俱增。因此，能否建立起适应更大规模的管理模式和经营团队，是天娇家政急需解决的难题。"中国家政服务一直以中介制居多，员工制虽然国家一直在推行，但是由于运行成本过大，执行的家政企业不多。我们为了保障员工就业和她们的未来，将对在岗的家政服务员试行员工制管理，这样不仅有利于保障员工的利益，也有利于保障客户和公司的利益。"天娇家政负责人李智莉说。除此之外，天娇家政还与国内顶尖的培训公司合作，全方位提升人员的管理能力，打造合伙人共赢模式。

2021 年 1 月 6 日，全国优秀农民工和农民工工作先进集体表彰大会在北京召开，其中，天娇家政的家政员赵玉凤获评"全国优秀农民工"。2017 年 11 月，她来到天娇家政职业培训学校免费接受了母婴护理师培训。2019 年 3 月，赵玉凤又进修了高级母婴护理师、高级催乳师、精准控能月子餐等内容。随后，她接到第一个月嫂单，一次服务期近一个月，工资近万元。在天娇家政有限公司总经理、天娇家政职业培训学校校长李智莉眼里，除了专业能力，赵玉凤的难能可贵体现在她的严谨和担当上。"客户的需求、护理观念、护理技术等都在不断地变化，我必须时常更新知识储备，提升服务水平，才能保证自己的思想、知识、技能适应新的情况。"李智莉说。①

第四节　家政企业信用管理体系的建立

信用管理是指企业面临日常经营中信用背后潜在风险的有效管理，尤其是家政企业所提供的服务与人们的日常生活息息相关，家政人员的信用管理直接影响到客户对企业的信任，因此对于家政企业的信用管理应更引起企业管理者的重视，信用管理体系的建立离不开企业的制度建设、部门设立、企业文化等方面。

一、家政企业信用管理的内涵

企业信用管理是家政企业管理的核心内容之一。在买方市场条件下，家政企业要获得市场竞争力，提供信用服务是其不可缺少的有效途径。信用服务作为一种信用经济活动，存在一定的信用风险，家政企业必须建立完善的企业信用管理制度，有效地控制信用风险，保障自身的权益，提高信用服务的效率，保障信用交易的顺畅进行。企业在决定授信之前，首先要对授信人群的信用进行收集和分析，解读征信机构的客户信用报告，利用信用分析模型对客户的信用级别进行科学判断，通过这些企业信用管理活动大大降低信息不对称的程度，使家政企业对授信对象有一个比较全面和准确的判断，筛除资信较差的客户，使信用风险在信用活动的最初阶段得到根本性的控制。然后企业再通过信用风险转移等企业信用管理活动，最大限度地降低信用服务风险。家政企业信用体系的建设包括所需的制度建设、部门机构设立、企业信用文化等。

二、提升家政企业信用管理的路径

企业信用管理是对企业信用可能带来的潜在风险的有效管理，管理的目

---

① 样子．天娇家政：用真诚服务客户，用诚信铸造未来［J］．家庭服务，2019（12）：16-17.

的是减少或规避信用带来的潜在风险，涉及企业的行为自律、制度建设、机构部门或者岗位建设、人员配备。从我国当前的家政企业信用管理现状来看，可以说还处于信用管理的基础建设时期，强化我国的家政企业信用管理必须从解决一些最基本的问题入手。

（一）重视企业信用管理工作

市场经济就是信用经济。在市场经济条件下，信用关系普遍存在于社会生产、交换、分配、消费过程中，因信用带来的风险和收益也时有存在。家政企业的各级管理人员应该具备足够的信用风险防范意识和信用管理知识。由于信用管理工作涉及企业的各个部门和各个环节，因此单靠一个部门或几个人往往不能达到预期的效果，需要家政企业领导给予全面的协调和支持，如将信用管理的各项职责在各业务部门之间进行合理的分工，信用部门、业务部门等各部门可以根据其业务范围承担不同的信用管理工作，按照不同的管理目标和特点进行科学的设计，并把其列为企业管理中的一项重要工作。

（二）建立家政企业信用管理机构，健全企业信用管理制度

企业信用管理是现代企业管理的重要组成部分，是履行诚实信用原则的具体体现。对于大多数家政企业来讲，加强企业信用建设和管理是一项管理创新工作，且信用管理的工作任务艰巨需要对家政企业内部机构进行必要的调整和改造，并建立健全相应的管理制度。

1. 设立家政企业信用管理部门，履行职责，形成业务、财务、信用管理三个部门分工负责、相互监督制约的机制。实施经营管理全过程的信用风险管理，可以考虑设立企业信用管理领导小组，由企业主要负责人任组长，分管法律、合同、业务企业负责人为成员，明确职责，建立和坚持工作例会制度，定期研究信用管理工作。设立信用管理机构时，一般需要配备熟悉业务、法律、计算机等知识的专业人才，并积极开发、引进信用管理软件，实现管理手段现代化，也可以在原有的业务管理体系中，增加信用风险管理职能，中小家政企业则可以考虑设置信用管理岗位。

2. 建立健全家政企业信用管理制度，确保机构的职责得到切实履行。主要包括信用管理机构职责及工作制度、企业员工诚信教育管理制度、服务标准制度、客户资信管理制度、合同信用档案管理制度等。同时应强化措施，抓好落实，并根据实施的情况，及时进行修订和完善，使其成为家政企业信用管理的重要组成部分。

3. 实行员工和客户资信管理制度。家政服务人员和客户既是家政企业最大的财富来源，也是风险的最大来源，强化信用管理，企业必须首先做好家政服务人员和客户的资信管理。家政服务人员和客户管理制度是指以家政服务人员和客户的信息资源和资信调查为核心的一套规范化管理方法，包括"企业内部信息开发制度""员工信息管理制度""资信调查制度""员工信用分级管理制度""客户信用分级管理制度"等。员工和客户资信管理是信用管理的基础工作，要求企业全面收集管理员工信息，建立完整的数据库，并随时修订、完善，并实行资信调查制度，筛选信用良好的客户。

（三）培育家政企业信用文化、提升企业的信用理念

企业文化是指导和约束企业经营行为以及员工行为的价值准则，作为企业文化的重要组成部分，信用文化的本质是以诚实守信为核心的价值观念和行为理念，是在一定条件下，企业及其员工在生产经营实践中逐渐形成的共同价值观、行为准则和道德规范。信用文化不同于法律、条例等正式约束，是通过舆论、价值取向、道德评判等内在力量规范信用活动，涉及与企业信用相关的道德风俗、意识形态、价值观等非正式约束。①

案例8：临沂大力推进家政服务信用体系建设

为推进家政服务信用体系建设，促进行业持续健康发展，山东省临沂市商务局大力推广商务部家政服务信用信息平台，建立家政服务员信用记录和家政服务企业信用记录。截至2020年10月31日，临沂市在该平台注册的企业达到30家，录入家政服务人员信息3302人。家政服务信用信息平台可概括为："一个系统，两类记录。"一个系统是指商务部家政服务信用信息应用系统，包括"家政信用查"消费者端和服务员端2个手机客户端，收集各地家政服务企业和家政服务员的信用信息，并在全国范围内实现共享。录入系统的家政服务人员实行"一人、一证（居家上门服务证）、一码（二维码）"制度。两类记录是指家政服务员信

---

① 马胜祥等.中小企业信用体系建设理论与实务［M］.石家庄：河北人民出版社，2014.

用记录和家政服务企业信用记录。家政服务员信用记录的内容主要包括个人身份信息、从业经历、培训情况等信息。消费者如需查询上门服务的家政服务员的信用记录，可请家政服务员出示其手机中"家政信用查"App 中的信用查询证书，使用手机 App 扫描信用查询证书中的二维码，经家政服务员刷脸授权后查看信用记录。临沂市商务局表示，临沂市将进一步扩大家政服务企业在家政服务信用信息平台的注册量和服务人员信息的上传量，逐步实现应录尽录；同时建立信用信息常态化机制，将家政服务信用体系知识纳入家政企业日常培训课程，形成培训一批、就业一批、录入一批的制度化措施，促进临沂市家政服务业诚信体系建设。①

案例9：河南家政信用"红黑榜"来了

河南省为加快家政信用体系建设，探索"互联网+家政管理"模式，建立家政服务领域信用"红名单"和"黑名单"。河南省具有发展家政行业得天独厚的基础和优势，2018 年河南省城镇化率增速全国第一，农村人口加速向城市转移，为家政行业发展提供了丰富的人力资源。据河南省商务厅厅长张延明介绍，河南省家政信用体系建设将以构建信用为核心的新型行业管理体系为目标，营造诚实守信的家政服务业发展环境，促进家政服务业提质扩容。

河南省将建设河南省家政服务业信用信息平台和数据库，探索"互联网+家政管理"模式。探索建立家政服务领域信用"红名单"和"黑名单"，实施家政服务领域守信激励和失信惩戒机制。若出现服务水平低下、收费混乱、售后服务保障难等问题，企业和个人将被列入"黑名单"，而服务到位、诚实守信者将得到守信激励。河南省商务厅将定期对家政企业开展公共信用评价，将信用好的家政企业和家政服务员纳入守信联合激励对象名单管理，引导消费者在选择家政服务时优先考虑。②

① 临沂：大力推进家政服务信用体系建设 ［J］. 家庭服务，2020（10）：26.
② 河南：家政信用"红黑榜"来了 ［J］. 家庭服务，2019（10）：29.

第五节　家政企业信用管理规程

一、家政企业信用管理规范

信用管理规范是企业在一定时期内整体发展战略方针的体现，是企业决策层根据本企业实际情况和发展目标，针对特定经济环境条件所做出的信用控制方向的选择。信用管理规范是公司政策的重要组成部分，是指导企业经营管理尤其是信用管理的依据。信用管理规范是信用管理工作得以顺利实施的首要任务，是制定其他所有信用管理制度的基础。其他信用管理制度的制定是以信用管理规范为指导的，同时信用管理规范体现于每一项信用管理制度中。家政企业制定信用规范的目的，首先是给企业确定一个承担风险的范围，通过合理的信用服务支持企业目标。其次，通过相应的指标来具体描述风控目标，以具体的数字来衡量和考核信用管理绩效，也可使企业在授信活动中有符合企业信用价值观的执行准则，有统一的信用决策执行标准，保证将企业的信用风险控制在企业愿意承受的水平，使企业的风险控制目标得到有效的贯彻执行。

全面的信用管理需要兼顾全面性、系统性与科学性。企业要从根本上改变信用管理落后的状况，就必须进行全面信用管理，在如下四个方面进行改革：建立健全合理的企业信用管理体制；完善一套严格的内部信用风险管理制度；改进服务业务流程；掌握科学的信用管理技术方法。未来，家政企业信用管理会朝着设立专门的信用管理部门、实施全面信用管理、行业迅速发展、广泛运用现代科技新成果、量化管理这几个方向发展。

二、家政企业信用管理流程总览

家政企业信用管理是一个动态的过程，具备明确的流程目标、完善的规章制度和相应的组织机构。工作的起点是对客户、员工的授信决策及前期的准备，终点是完成服务，以及后期客户、员工信用的调整和客户关系维护，体现全程信用管理的基本概念。

企业信用管理流程是企业信用管理工作标准化的体现。家政企业信用管理工作流程一般主要包括以下几个环节：

（1）收集信用对象资料。业务部门接触客户、员工并达成服务意向之后，将业务转给企业信用管理部门处理，信用管理部门对客户、员工开展资信调查。

（2）对客户、员工进行信用评价。信用管理部门负责对客户、员工信用进行评价，内容包括基本情况、信用状况等，并根据客户、员工信用评定结果，授予客户、员工分别相应的信用级别。

（3）对客户、员工授信。信用管理部门根据客户、员工的信用级别确定信用条款。

（4）签订合同。完成信用条款确定环节后，双方签订合同。

（5）家政服务管理。对家政企业提供的服务进行动态监控和管理。

（6）定期审查客户和员工。通过定期审查客户、员工，调整对客户、员工的信用额度。在企业信用管理工作流程中，客户、员工授信决策是技术性最强的部分，它集中体现了信用管理的核心理念和技术水平。

家政企业信用管理的主要流程是在事前、事中、事后三个阶段对企业信用活动进行监督管理。其中，事前管理侧重于对信用对象信息的管理，事中管理是为了确定企业授信的对象以及具体的信用评级，事后管理则是对由企业的授信行为形成的服务管理。这三个阶段的信用管理构成了家政企业信用全程管理，家政企业也由此实现信用管理的目标。

家政企业信用全程管理的具体内容如图 5-2 所示：

- 客户、员工信息管理（事前管理）
  - 收集客户、员工信息
  - 进行信用分析
- 授信管理（事中管理）
  - 制订授信计划
  - 信用政策
  - 客户、员工选择
  - 确定授信额度
  - 授信收回
- 家政服务管理（事后管理）

图 5-2　企业信用全程管理流程

三、事前管理——客户、员工信息管理

事前管理即信用对象信息管理。获取客户、员工信息是企业信用管理的第一项工作，它不仅是家政企业信用管理的要求，更是业务人员进一步做好服务工作的基本要求。信息管理工作，一方面需要业务人员掌握一定的沟通技巧，并尽职尽责，另一方面需要企业在管理制度上有一些相关规定。一般情况下，客户、员工信息管理制度主要包括以下几个方面：

（一）收集信息

按业务流程，搜集可能得到的客户、员工有关信息并以填写相应的客户、员工信息表格的形式记录下来。例如，与客户、员工初步接触时要填写《客户概要信息记录表》《员工概要信息记录表》，电话联系时做好电话记录，客户、员工的传真件和信函要统一建档，实地走访后及时写备忘录，与客户多次接触时有目的地了解缺少的信息，并填写《内部评价表》。当发现客户有交易意向时，撰写《服务报告》，详细记录客户的各方面信息，并提出对该笔交易的意见。与员工正式签约后，除做好履约的各项工作外，还要填写《员工情况变动表》，随时监控员工的变化情况。

（二）整理信息

整理企业收集到的各种信息，建立员工档案。要对信用管理人员与员工交往的一切文件归档，并按照企业统一规定的标准进行整理以形成员工档案。尤其注意是，员工的信息可能分散在信用管理部门以外的其他部门，因此需要将这些信息汇总至信用管理部门。如业务部门也拥有一些员工的信用信息，这些部门应当配合信用管理部门的工作，将其搜集到的信息以规定的形式，及时、准确、全面地向家政信用管理部门通报，以利于信用管理部门开展日常工作。

（三）日常管理

最后，家政企业信用管理部门还要对最终形成的包括所有客户、员工全部信息的档案进行日常管理，做到随时更新、没有错误和遗漏。随着信息技术的发展，越来越多的企业开始将电子计算机引入信用管理工作中，以代替传统的手工管理，利用计算机数据库进行管理的企业在操作和管理上无疑会方便许多。无论采取何种管理形式，都必须遵循企业制定的信息搜集、整理制度以及统一的客户、员工信息管理办法。

获取客户、员工信息，建立信用对象档案的目的是为了对客户、员工进行信用分析，以明确家政企业可能遇到的信用风险，为企业最终确定对信用对象的信用等级提供帮助。企业的信用分析工作应当由专业的信用分析人员来完成，没有信用管理部门的家政企业，可以由有经验的业务人员代替信用分析人员从事信用分析工作。

信用分析人员对信用对象进行信用分析时依据的评分标准是信用管理制度的重要内容，该标准由各方面专家、专业咨询机构和决策层主要领导共同制定。它一方面是信用分析人员进行信用分析的依据，另一方面是信用分析结果公正有效地实施的保证。与金融机构相似，家政企业在对自己的客户和员工进行信用分析时，也要遵循一些基本原则，具体包括：客观、公正的原则；维护本企业利益的原则；评分方法的科学性原则；评估结果的含义准确界定的原则；评估结果与信用决策一致的原则。此外，家政企业在制定评分标准时，还要充分考虑到本行业因素、客户特点及其所在行业因素、本企业情况及信用政策等因素。

家政企业并不是在所有情况下都能获得客户、员工的充足信息用于信用分析，所以在某些情况下要取得专业资信平台的帮助。对于需要资信平台做调查和评估的员工类型和具体条件，企业应该有相对明确的规定。一般来说，对企业靠自己的力量无法得到信息的信用对象，一般需要做资信调查。较为成熟的做法是，企业拨专款对重要信用对象进行定期调查，周期为一年或半年。对特殊信用对象的调查，一般由业务人员提出，信用管理部门批准，或者直接由信用管理部门提出。

四、事中管理——授信管理

授信管理是家政企业信用管理的重中之重，授信活动对企业的经营状况和盈利水平有重大的影响，成功的授信可能会为企业赢得优良客户和员工，提高企业的服务水平。相反，不良的授信也可能将企业引入破产深渊。为了防范和降低信用风险，家政企业的授信活动一定要按固定的、规范化的程序进行管理，以减少主观因素的影响，最终达到在降低信用风险的同时扩大服务的目的。

（一）明确企业的信用政策

信用政策主要是指企业针对授信活动制定的一系列业务管理原则、标准和风险控制方法。企业的信用政策主要由信用标准、信用条件等要素构成。信用标准指客户、员工获得企业信用所应具备的最低条件，如果企业制定的信用标准过高，将使许多客户、员工因信用品质达不到标准而被拒之门外，相反，如果企业采取较低的信用标准，虽然有利于企业扩大服务，提高市场竞争力和占有率，同时也会导致客户和员工的信用风险和管理成本的增加。无疑，信用标准的制定会对企业的授信活动产生重大的影响。一般而言，制定信用标准应重点考虑竞争对手的情况。首先是竞争对手的实力，如果竞争对手实力很强，则企业应采取较低的信用标准，以增强竞争力。其次是企业承受风险的能力，如果企业具有较强的承担违约风险的能力，则信用标准可以较低，以争取客户，扩大服务。最后是用户的资信状况，包括品质、诚信水平等。

（二）信用对象选择

所谓信用对象选择，是指企业对客户、员工信用申请的审核与批复。对企业而言，需要根据特征分析技术，对客户和员工的特征进行分析，以决定是否接受信用申请。分析的主要内容包括客户的合法性、客户的基本情况、市场对员工的需求状况、员工提供服务所处的竞争环境等。对于新员工，家政企业信用管理部门还应取得第三方出具的资信证明书，如银行证明书。家政企业具体授信活动的审批主要由信用管理部门负责。在信用等级审批上，信用管理部门和业务部门有时可能会出现矛盾，例如市场非常需要一类家政服务人员，但是信用管理部门经过分析后发现，这类服务和人员仍存在许多不确定因素，因而拒绝给予相应信用等级。

（三）确定具体信用等级

这也是家政企业授信管理的重心所在。因为授信管理最终的落脚点就是某一具体服务人员和客户的信用等级。信用等级包括企业授给业务类别的总体信用等级和授给具体业务人员的信用等级，确定业务类别的总体信用等级是授信计划要解决的问题，在确定信用等级时，可以参考客户给予服务人员的信用等级，也可以利用调查机构的评级结果对信用等级进行调整。在具体工作中，确定新、老员工信用等级的方法存在一定的差别。对于企业的新员工，可以利用以下方法确定信用等级：第一，同业比较法。与新员工初次往来时，可以比较其他平台所授予该员工的信用等级，直接设定同样的信用等级。第二，初次等级法。与新员工签订合同时，在经过简单调查后，如果认为其信用情况尚可，那么可以暂时定出"初次信用"，经过一段时间的进一步接触后，再重新修订信用等级。

五、事后管理——家政服务管理

授信管理并不是家政企业信用管理的终点，完整的家政企业信用管理还应当包括家政服务管理，家政服务管理是企业信用管理制度的一个重要组成部分。众所周知，企业的经营活动是以创造利润为目标。换言之，只有提供优质的服务，获取相应评价反馈，并回笼资金，才能表明家政企业一个服务周期的结束。①

案例 10：山东省现代家服中心多措并举，打造家政服务诚信体系建设新格局②

（一）基本情况

山东现代家庭服务产业发展促进中心（以下简称中心），是经山东省民政厅批准成立的社会组织，是全国第一个专门从事家庭服务产业调查研究咨询的非营利性机构。现代家庭服务产业是以现代科学技术特别是信息网络技术为主要支撑，是建立在新的商业模式、服务方式和管理方法基础上的家庭服务各业态间的总称。它既包括随着居民对美好生活需求而产生的新兴家庭服务业态，也包括运用现代技术互联网、大数据、人工智能等对传统家庭服务业的改造和提升。中心以"创新、融和、发展、共享"为宗旨，下设"一室一盟五中心"，即家政服务业研究室、家庭服务业诚信联盟、培训中心、项目中心、评价中心、网络中心、传媒中心。作为社会组织第三方，中心既是联系政府与企业的桥梁与纽带，又是植根于行业的风向标；既是创新家庭服务业的智囊团，又是规范行业的设计师；既是引领行业前进的排头兵，又是推进行业发展的领航人。

（二）主要做法

1. 成立研究室助力行业新发展

---

① 吴晶妹. 信用管理概论［M］. 北京：中国人民大学出版社，2021.

② 国家发展改革委社会发展司等. 推进家政服务提质扩容——家政服务业发展典型案例汇编［M］. 北京：社会科学文献出版社，2019.

随着经济快速发展，家政业迎来了前所未有的发展机遇。由于行业的理论研究滞后于实践需求、舆情试点经验，总结提升和应用推广不充分制约行业的发展，中心成立了家庭服务业研究室（简称研究室），从高等院校、研究机构、家政服务领军企业，以及教育、金融、司法等多个领域，高标准选聘 34 位专家，作为研究室的客座研究员，以高端人才荟萃、综合研究实力强等优势为依托，围绕行业发展重大问题开展研究，为政府决策提供高质量的智力服务。研究室在山东省商务厅的支持下，先后开展了家政行业诚信体系建设、家政行业创新与本源等课题研究，成立了家庭服务业诚信联盟并举办了一定规模的论坛、研讨会等，从理论、文化、制度、技能等层面，为山东省家庭服务做出了前所未有的探索，提出了切实可行的建议，其中许多建议被政府部门认可，有的已被采纳，社会效益显著。

2. 发挥社会组织作用积极承接政府工作

2018 年，国家发展改革委等 28 个部门签署《关于对家政服务领域相关失信责任主体实施联合惩戒的合作备忘录》，中心受商务部服务贸易和商贸服务业司委托开展了《对家政服务领域相关失信责任主体开展联合惩戒的实施细则》的起草工作。中心从研究室选出 8 位行业专家、8 位司法界专家组成起草委员会。专家们认真研读了《中华人民共和国民法总则》《中华人民共和国治安管理处罚法》《中华人民共和国行政处罚法》《家庭服务业管理暂行办法》以及市场监督管理总局《严重违法失信企业名单管理暂行办法》等法律法规；参阅了 30 余份其他省份、行业制定的失信实施办法；并深入家政企业和广大用户调研，经过反复论证，历经三个月完成起草工作，形成《对家政服务领域相关服务贸易和商贸服务业失信责任主体开展联合惩戒的实施细则》征求意见稿，得到商务部的认可。

3. 搭建家政信用平台规范引导行业发展

党的十九大提出要推进信用体系建设，尤其是直面群众的服务行业，信用体系建设尤为重要。近几年，家政行业快速发展，由于缺乏信用平台及有效监管，一些不规范的家政企业和家政服务员隐瞒真实信息，弄虚作假，不按合同提供服务，不正当牟利，刑事犯罪等偶有发生。这不仅损害了消费者的合法权益，更对行业的健康发展造成极大的负面影响。

中心在山东省商务厅的支持下，依托大数据、App 移动互联网、微信公众号等新技术，搭建了山东家政信用平台（www.sdjzxy.com）。这是集家政企业、家政服务员信息资源管理及服务功能为一体的信息化服务平台，主要由四大数据库构成。

一是家政服务员信用档案数据库。通过推行家政服务员"一人一码一张卡"，家政人员的身份信息、学习经历、企业评价、从业记录、服务价格等信息均在数据库保存。家政服务员的从业信息，不仅能随时查找，还可追溯，便于广大客户监督，从而实现家政服务"可追可查可评价"。为使信息不留死角，家政服务信用平台的数据库通过与商务部门和公安机关盗窃、赌博和部分刑事犯罪记录数据库，吸毒人员、精神病患者数据库，国家人口基础信息库的死亡标识数据库进行比对，及时向家政企业反馈。二是家政服务企业信用档案数据库。企业资质、规模、信誉、收费标准等一应俱全，便于社会监督。三是消费者不诚信行为记录档案。对在消费过程中具有不良行为的消费者，平台给予警示。四是家政服务领域黑名单档案。依据《对家政服务领域相关服务贸易和商贸服务业失信责任主体开展联合惩戒的实施细则》将失信责任主体纳入黑名单档案，对失信主体采取业内警告、通报批评等惩戒措施。

4. 试行先行赔付制度开通消费维权绿色通道

家政服务是人对人、面对面的服务，生产和消费过程同时产生。为此，消费纠纷在所难免，如果纠纷处理不及时、解决不到位，将极大影响家政服务的信用，影响社会和谐。2018 年，中心在家政信用平台的基础上，依据《中华人民共和国消费者权益保护法》的有关规定，探索家政纠纷先行赔付制度，切实保护消费者的合法权益，解除消费者的后顾之忧。目前，中心已经在山东省滨州市开始试行"家政纠纷先行赔付"。凡消费者在山东家政信用平台（滨州站）选择的家政企业或所属企业服务员，一旦出现消费纠纷，消费者可向中心投诉。中心开通消费维权绿色通道，结合商事仲裁制度、人民调解制度等，为消费者提供专业的纠纷处理服务，切实保护消费者、家政服务企业和家政服务员的正当权益。只要责任在经营者一方，且赔偿金额在 2 万元以内，所受损失均由中心先行赔付基金先行垫付，随后再向责任单位和责任人追偿。截至 2018 年底，中心已调解消费纠纷 21 起，调解满意率达 100%，效果显著。家政纠纷先行赔付制度的实施一方面保障了消费者的利益，另一方面也极大地缩减了消费者的维权时间成本。同时，为了营造安全绿色和谐的家政消费环境，中心在行业内倡导企业实施"六公开、三满意"的服务模式，即价格公开、资质公开、流程公开、承诺公开、服务项目公开、服务员信息公开，接待满意、服务满意、售后满意。该制度的实施，有效维护了家政行业消费秩序，维护了家政行业暖心工程形象。

5. 完善培训评价体系提升行业职业化水平

家政是事无巨细的服务，专业技能要求涉及面广。目前市场上的家政技能培训许多流于形式，缺乏统一技能培训、评价体系。2018年，中心把完善山东省家政服务员技能培训评价体系作为重点工作去抓。中心邀请了山东大学、山东师范大学、山东英才学院、山东利民职业学校等院校的有关专家教授，组成"山东省家政服务培训评价体系研究小组"，按照人力资源和社会保障部、商务部等八部委《关于开展家庭服务业职业化建设的通知》等文件精神，结合实际，经多次论证，拟定了家政行业专项技能的培训体系和专业技能评价体系。目前，中心遵循统一教材、统一大纲、统一题库、统一考核程序、统一证书、统一查询的"六统一"原则，开展了母婴保健师、母婴生活护理师、育婴师、催乳师、小儿推拿保健师、早教师、养老生活护理师、康复师、家政服务师、病患生活护理师等11个专项技能的培训与评价工作，扎实推进家政规范化职业化建设。

6. 推行"家政+"战略促进家政服务扩容升级

党的十九大召开后，家政业发展迎来了新的发展机遇，对于家政企业而言，既是机遇又是挑战，如何把握好时机，完成传统企业的转型升级是行业发展的大事。为此中心制定了"家政+"的发展战略，陆续开展了"家政+旅游"延伸服务，即为家庭成员在休闲度假旅游时，提供全方位的吃、住、游、行、娱、健等个性化的私人定制的全程协同服务。开展"家政+康养"服务项目，以陪老服务为保障，开辟适合老年人休闲养生的线路康养游。开展"家政+产品"服务项目，积极推进家政服务与家庭生活相关联的用品深度融合，开展"家政+金融"合作项目，中心与山东地矿集团投资公司达成金融战略合作，积极为山东省家政中小企业提供贷款、过桥等投融资服务，协助中小企业发展等。

（三）经验效果

1. 有利于政府科学决策

家庭服务是新兴产业，发展过程中有待解决的热点、难点问题很多，迫切需要有相关的专业机构能系统地认识问题、分析问题、回答问题、解决问题，以科学咨询支撑政府的科学决策，以科学决策引领行业的科学发展。中心成立的行业发展研究室就是行业发展智库，就是集思想之成、酿理论之先、树发展之帜的基石，通过创新性理论观点和决策研究成果，为各级政府决策提供高质量的智力服务。

2. 有利于推进家政信用体系建设

家政服务是一手托两家的大业。"一家"是零距离服务的广大用户，其中大部分是老幼孕病的弱势群体，诚信服务事关重大。"另一家"是农民工占了大部分的家政服务员，在风险性较大的家政服务中保障他们的合法权益，提升他们诚信服务的职业道德，这也是家政服务业的重中之重。搭建山东家政信用平台，建立家政服务纠纷处理保障机制，能更好地规范家政服务业发展，加快推进家政服务业信用体系建设，让消费者在家政市场放心消费。信用平台建设需注意以下三方面。一是信息无死角，让那些不履约的服务机构和服务员没有生意可做，让黑中介、恶保姆无处遁形，促进家政服务市场的监管。二是有了信用平台，广大消费者可获得真实可靠的家政企业、家政服务员的信息，实现安全消费，放心消费。三是信用平台的建设，使家政企业被社会监督，使家政服务员被广大用户监督。山东家政信用平台的建立有利于增强家政服务企业和家政服务员的信用意识与责任意识，有效遏制违法、违规、违约等行为。

3. 有利于规范行业发展

通过健全完善行业的培训评价体系，全面提升山东省家政服务业从业人员职业化水平，不断促进家政服务业提质扩容和家政企业规范化、标准化、专业化、规模化发展，切实发挥家政服务业在改善民生、扩大内需、调整结构中的重大作用。

4. 有利于打造产业新格局

中心提出"家政+"产业发展战略，不是服务单一的相加，而是服务的再创新。其目的就是通过家政服务业与其他行业有机融合发展，带动传统服务业转型升级，产生新的经济形态，达到企业经济增长的目的。

中心积极通过"家政+"项目的落地，取得初步成效，很多家政企业衍生新服务、新产品。创新行业发展新思路，才能更好地带动山东省家政行业向现代服务业转型升级，才能为家政服务业的健康发展注入新动力、新活力。

第六节　家政企业信用管理模式选择

有关家政企业信用管理模式，主要有以下几种：

（一）双链条全过程控制方案

"双链条全过程控制方案"，即既控制客户风险，又控制内部管理风险，而且对客户风险的控制通常是通过完善内部管理实现的。该方案的核心思想是，把信用风险分为签约前风险、签约风险和履约风险，事前预防阶段侧重于客户的选择，事中监控阶段侧重于科学决策，事后处理阶段侧重于加强监控力度。

（二）"三机制一部门"的信用管理模式

"三机制一部门"的信用管理模式，三机制是指交易前期的资信调查评估机制、交易中期的保障机制和交易后期的服务管理和追收机制，一部门是指在企业内部建立专门的信用管理部门。陈晓红、文亚青（2004）提出了包含授信管理和受信管理的企业信用管理的全过程控制法。

（三）"三位一体"的企业全面信用管理模式

"三位一体"的企业全面信用管理模式，强调对"信用"的伦理道德、契约经济和法制规章三内涵的统一管理，强调对生产过程信用和经营过程信用的全面管理，将企业信用文化、员工忠诚管理、顾客忠诚管理、企业受信管理与授信管理以及信用制度建设融为一体。

（四）全程信用管理模式

全程信用管理模式同"三机制一部门"的信用管理模式类似，但该模式更加注重过程控制。其基本理念是将企业信用风险管理重点前移，在企业内部建立事前、事中、事后全面的信用管理制度，通过实施有效的风险控制措施、采用过程控制的方式，对员工信用评级、客户开发、订单受理、服务管理、售后和信用管理这几个关键环节进行重新整合和改进，系统地解决企业的信用营销和风险控制矛盾。

案例11：上海市家政服务网络中心推行持证上门服务营造诚信安全生态圈①

（一）上海家政行业现状及主要问题

上海家政服务机构众多，经登记注册的有2400多家，实际经营的有700多家；从业人员队伍庞大，达50万人（其中机构内人员30万人），绝大多数为外来务工人员。随着家庭小型化、人口老龄化、生活现代化和服务社会化，以及互联网技术的广泛运用，上海市家政服务新需求、行业新模式日新月异，催生了一批"互联网+"的新兴业态企业，培育了一批规模化、品牌化龙头企业，行业发展呈细分化、专业化、信息化趋势。同时，上海家政服务需求呈现三个明显变化。一是需求多元化。从过去传统的洗衣、做饭、清洁卫生等日常家务料理，逐步走向陪护老人、病床陪护、家庭护理、月子照顾、母婴护理等，其中诚信安全成为家政市场最基本的需求。二是服务快餐化。家政服务消费的频次日益加大，家政服务"快餐化"发展特征日趋明显。消费者更喜欢像打车、叫外卖一样"随叫随到"的家政服务，其中极速保洁服务备受市场欢迎。三是消费年轻化。大都市中年轻人群体因追求更高的生活品质，日益成为家政服务消费的主流。据不完全统计，消费者30岁以下人群约占家政服务消费的半数。

家政服务既事关民生保障，又事关市民的美好生活。家政服务一方面是日益增长的市场需求，另一方面是鱼龙混杂的诚信安全缺失。近年来，广东保姆毒死老人案、杭州保姆纵火案，让广大市民胆战心惊，雇主对家政从业人员的基本情况无从了解，更谈不上诚信安全。究其原因，家政服务行业是一个劳动密集型行业，行业从业门槛低，家政服务人员的流动性较大，对于从业人员的服务履历审查和信息公开透明度不够，家政服务存有一定的安全隐患，主要集中在雇主对用工的家政从业人员信息不了解，信息不对称。目前，家政从业人员的信息登记还是比较分

---

① 国家发展改革委社会发展司等编著. 推进家政服务提质扩容——家政服务业发展典型案例汇编［M］. 北京：社会科学文献出版社，2019.

散的，缺乏全面性和追溯性，数据不统一。多数家政公司不会全面评估考查家政人员的个人情况，不会了解其底细，不会进行必要的调查。此外，各个家政公司之间的人员管理也是割裂的，缺乏统一的平台进行管理和跟踪监管，这些都是家政服务中的不安全因素。

为解决普遍关注的行业诚信安全问题，上海以"家政上门服务证"为抓手，积极推行家政持证上门服务。一是通过登记家政从业人员信息和家政服务机构信息，形成家政服务人员信息的可查询、可追溯、可评价，进一步促进行业诚信。二是通过上门服务证持证培训，夯实家政从业人员最基本的道德礼仪、行业服务常识、安全知识等。

（二）家政持证上门服务

上海家政持证上门服务，是指持"家政上门服务证"。上海市通过建立行业查询追溯机制，实现对家政持证上门服务人员的"可查询、可追溯、可评价"，营造持证用证、查证验证及评价持证服务的良好环境，计划持续建设3至5年，力争"十三五"末实现上海市家政服务业的广覆盖，打造诚信、安全的家政服务管理体系，服务保障民生，满足市民美好生活。

2016年，上海赋予上海家政服务网络中心试点探索持证上门服务；2017年，家政持证上门服务列入市政府实事项目推进建设，取得了社会各界的好评和赞誉；2018年，家政持证上门服务再次列入市政府实事项目持续建设。家政持证上门服务，迎合了家政市场的现实需求，助推了规模品牌企业发展，成为规范行业发展的有效抓手；家政持证上门服务，凸显了"诚信""安全"的建设理念，推进了行业安全诚信建设，净化了行业生态，让广大市民多了一份保障和放心；家政持证上门服务，是诚信的呼唤和契约，成为上海国际大都市美丽生活的文明载体之一。

（三）上海家政服务网络中心简介

2009年8月，百联集团下属子公司上海华联家维服务技术有限公司（简称华联家维），根据商务部、财政部（2009）149号文《关于推动家政服务网络体系建设工作》精神要求，向上海市商务委申请承办"上海家政服务网络中心"建设项目，同年9月项目申请通过审批。市商务委正式确认华联家维承办"上海家政服务网络中心"的建设项目。"上海家政服务网络中心"项目通过整合服务资源，培育服务企业，培训从业人员，形成了比较健全的家政服务体系，为上海的城乡居民提供便利、安全的家政服务消费。平台拥有近百家的服务网点，并与"上海市民热线12345平台"实现了有效对接和联通。

（四）主要做法

1. 科学设计上门服务证

（1）家政服务人员上门证（简称上门服务证），是一种能够快捷有效识别从业人员身份信息、从业信息，具有可查询、可追溯功能的一种标识。同步制作电子化上门服务证，支持下载到手机等移动终端（见图5-3）。

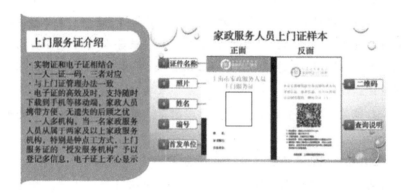

图 5-3　家政服务人员上门证

（2）上门服务证功能特点。一是可查询。上门服务证采取一人一证一码的原则，提供"网站、电话、微信、二维码"等查询方式，支撑"家政上门服务证"的上海家政服务信息追溯系统已投入试运营，市民可采取四种方式对所聘用的家政从业人员身份、履历、特长等相关信息进行查询：①拨打上海家政服务热线；②登录 www.962512.com 网站；③扫描证件上的二维码；④关注"上海家政服务"微信公众号。查询过程中如有疑问，或对持证人员的服务有疑问，可向市家政服务网络中心和持证人所在的家政公司投诉。二是可追溯。由上海家政服务信息追溯系统支撑，可追溯从业人员真实身份，追溯服务机构的服务资质，追溯服务行为。三是可评价。逐步建立和完善服务机构和从业人员评价体系，构建本市家政服务生态圈。

（3）上门服务证的信息登记。信息登记主要涉及五个方面。一是从业人员基本信息。包括姓名、身份证、居住证或临时居住证（可选填）、联系方式、现住地址等身份基本信息；服务类型及特长、学历、培训情况、健康体检、保险信息、所属家政服务机构、承诺书等从业基本信息。二是所属家政服务；机构信息。登记信息包括工商登记信息（法人身份证/企业负责人身份证、工商营业执照或民办非企业单位登记证书、组织机构代码证、税务登记证等）、家政服务企业诚信承诺书、经营地址房屋租赁合同复印件、家政服务企业相关资质证明。三是从业人员诚信信息。按报名类别，分别由相关家政服务机构和"家政网络中心"负责登记并定期上传系统更新。四是服务行为信息。主要由服务机构登记上传所属从业人员的签单日期、服务主题、协议时间等服务行为信息记录。五是服务评价信息。家政服务信息追溯系统建设评价体系，支撑客户评价，服务评价要围绕家政相关标准进行，服务投诉由服务机构负责解决，家政服务网络中心提供投诉信息的登记管理（见图5-4）。

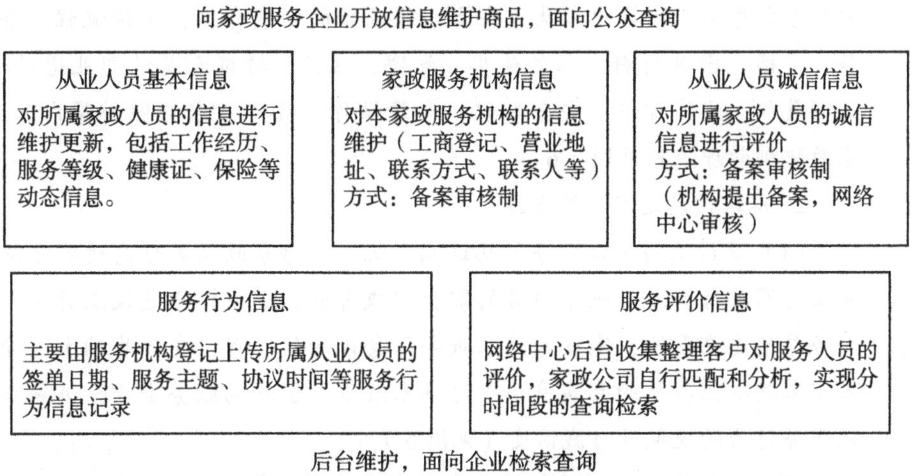

向家政服务企业开放信息维护商品，面向公众查询

从业人员基本信息	家政服务机构信息	从业人员诚信信息
对所属家政人员的信息进行维护更新，包括工作经历、服务等级、健康证、保险等动态信息。	对本家政服务机构的信息维护（工商登记、营业地址、联系方式、联系人等）方式：备案审核制	对所属家政人员的诚信信息进行评价方式：备案审核制（机构提出备案，网络中心审核）

服务行为信息	服务评价信息
主要由服务机构登记上传所属从业人员的签单日期、服务主题、协议时间等服务行为信息记录	网络中心后台收集整理客户对服务人员的评价，家政公司自行匹配和分析，实现分时间段的查询检索

后台维护，面向企业检索查询

图5-4　上门服务证的信息维护

（4）上门服务证管理。统一制作上门服务证（含电子上门服务证）和信息监管，制定《上海市家政服务人员上门服务证管理办法（试行）》，规范家政上门服务证的登记、培训、制作、申领、发放、注销等

管理，由从业人员所在家政服务机构署名（见图5-5）。

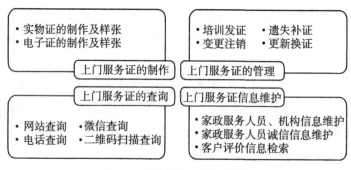

图 5-5　上门服务证管理模块

（5）上门服务证培训。培训对象为在沪从事家政服务的从业人员及家政服务机构的管理人员。参加培训的服务机构应具有良好的商业信誉和社会知名度；无严重违规、无重大质量投诉事件；主动承担社会责任，积极参与节假日市场保障供应等。持证上门服务作为行业自律行为遵循自愿参加原则。培训内容集中在上门服务证的功能介绍，申请流程、条件、资格、出具材料，证的使用、管理、注销，持证人员的职业道德、文明礼仪、法律常识、安全知识、电器操作与安全、家庭照料等内容。家政培训管理流程见图5-6。

2. 建设信息追溯系统支撑

（1）建设上海家政服务信息追溯系统。上海家政服务信息追溯系统是上海家政持证上门服务项目的配套组成部分，逐步探索建设上海家政服务信息追溯系统，完善并建立服务信息追溯信息库，在此基础上追溯本市家政从业人员的真实身份，追溯家政服务机构的服务资质，追溯家政服务行为的规范性与诚信度（见图5-7）。

（2）拓展上海家政服务信息追溯系统功能。查询检索：家政从业人员查询、家政服务机构基本信息查询。追溯跟踪：从业人员的追溯，服务工作经历情况的有效追溯。服务测评：从业人员的服务评价，规范性测评，向家政企业反馈信息。诚信评价：从业人员及家政服务机构的诚信情况。行业统计：服务派单数据的汇总统计，做好行业统计。数据分析：家政服务大数据的集约，后台数据分析，趋势研判。资源调配：家

培训报名阶段 〉 培训计划阶段 〉 培训实施阶段 〉 培训考核阶段

培训报名：远程客户端报名，直接录入家政机构信息、家政人员信息、上传照片及身份证、健康证等

家政服务机构

对学员进行培训（线下） ⟶ 对学员进行考核（线下）

家政网络中心

培训审核：对家政服务机构提供的资料进行审核，审核通过则在系统内予以反馈，同时报名学员转入培训流程

信息登记：根据"学员信息、机构信息"，在系统内建立家政机构和家政学员数据库，进行建档保存

培训计划：审核通过的学员，在系统内进行分班培训，指定培训老师和培训机构，确定培训日期，编排培训计划

培训督查：远程监控督导的实现（微信远程模式，录制培训照片）与不定期的现场抽查模式并举

培训考核：监督考核过程，对试卷进行存档

图 5-6　家政培训管理流程

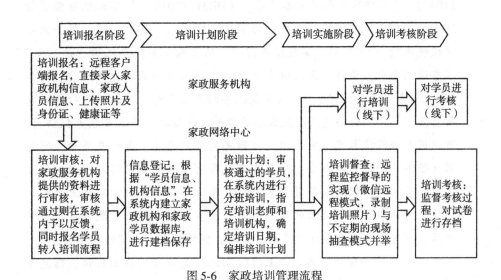

借助互联网信息化手段，以家政上门服务证管理为基础，从消费者角度对家政服务体验进行综合评价，通过对数据进行分析，形成全市家政服务信息追溯信息库，实现对本市家政服务人员真实身份、家政服务机构服务资质和家政服务行为规范性和诚信度的追溯，加强政府对行业的监管，提升企业自身管理和维护消费者合法权益，为构建本市"诚信、安全"家政服务体系提供有力支撑

上门服务证：
➢ 追溯家政服务人员的基本信息
➢ 追溯所在家政服务机构的信息
➢ 追溯家政服务人员诚信记录
➢ 统计服务完成数量
➢ 提供服务评价反馈

数据源一：
家政从业人员信息
家政服务机构信息

数据源二：
家政服务行业信息
客户服务评价信息

大数据分析
➢ 服务质量评价
➢ 客户满意度
➢ 服务投诉
➢ 消费行为分析

➢ 家政服务规范标准
➢ 持证上门服务培训

职能一：
强化政府监管
提高政府监管效能

职能二：
评估优化家政机构服务水平和管理能力
促进家政行业发展

职能三：
满足消费者对"诚信、安全"家政服务的需求，保障消费者合法权益

图 5-7　上海家政服务信息追溯系统

政行业的峰谷预警与预案调配，供需对接的资源合理配置。行业监管：向主管部门提供行业动态数据，作为行业管理和提升依据之一。

3. 营造持证服务良好环境

（1）制定地方标准支撑。制定了《家政服务机构管理要求》（DB31/

T1045)、《家政从业人员基本要求》（DB31/T1046)、《家政服务溯源管理规范》（DB31/T1047）三个上海家政地方标准。其中《家政服务溯源管理规范》，分别明确了家政服务用户、从业人员和服务机构"铁三角"信息追溯要求，将持证上门服务上升为上海家政行业的自律行为。根据《家政服务溯源管理规范》，从家政服务的源头开始，后续按照行业的发展情况，循序渐进地建立覆盖服务过程的溯源管理体系。在服务提供前，可运用互联网技术建立完善的家政服务智能化公共服务信息平台，通过家政服务员登记管理制度，形成家政服务可追溯的基础信息平台，评估家政服务机构、家政服务员和客户。在服务提供中，出示家政上门服务证件，确保家政服务过程的信息可查、质量可控、纠纷可溯。在服务提供后，通过规范化服务评价系统，为客户提供安全、优质的家政服务。

（2）提升含金量助推。"上门服务证"定位于行业工作证，信息是否具有真实性和权威性，是持证上门服务推行能否成功的前提基础。工作实践中，严把"三个关口"，提升上门服务证的含金量。企业担责关：家政员所在企业，负责登记信息核实，并承担"证"的管理责任。系统核验关。上海家政服务信息追溯系统对身份证信息的录入，须经身份证识别器识别方可录入。公安比对关：以家政上门服务证的办理发放为契机，对已培训的持证人信息与市人口办的居住证人口信息系统进行核查比对，核验持证人身份证真伪和有无犯罪记录。

（3）坚持市场化推广。市场化推广是持证上门服务推行成败的关键，把握好供需两侧平衡发力。通过各种形式，培养广大市民形成用证、查证、验证、评价的良好习惯，以市场的需求端倒逼持证上门服务的供应侧。要坚持政府引导、市场主导，用持"证"的家政员、评持"证"人的服务，从根本上提升持证上门服务的市场生命力，打造上海"诚信、安全"的家政服务市场。

第六章　家政企业信用风险

在市场需求的推动下，我国家政服务行业发展迅速，家政企业如雨后春笋般出现，整个行业的竞争压力越来越大。在这个行业中，大企业的竞争实力则较强，而小企业的竞争实力则较弱。但由于家政行业准入门槛过低导致一些无法保证质量的家政企业的成立，拉低雇主对整个家政行业的信任感，从而产生信用危机，影响了家政行业的整体发展。同时，家政服务过程中的风险问题，诸如健康风险、安全风险和家庭财产风险等，是阻碍我国家政服务行业发展的重要因素之一。因此，家政服务业的可持续发展需要营造良好的信用环境和信用秩序。

第一节　信用风险概述

一、信用风险的内涵与特点

信用风险是指债务人或交易对手未能履行合同所规定的义务或信用质量发生变化，影响金融工具价值，从而给债权人或金融工具持有人带来损失的可能性。传统的观点认为，信用风险是指交易对象无力履约的风险，即债务人未能如期偿还其债务造成违约，而给经济主体经营带来的风险。这里的风险被理解为只有当违约实际发生时才会产生，因此，信用风险又被称为违约风险。然而，随着现代风险环境的变化和风险管理技术的发展，传统的信用风险定义已经不能充分反映现代信用风险及其管理的性质与特点。

（一）信用风险的内涵

家政企业在经营过程中的风险是指由于企业的信息不充分以及所处环境的未来不确定性，而使其每一行动方案的选择都面临一定损失的可能性，主要风险有：政治风险、经济风险、商业风险、财务风险、经营风险和信用风险等。这些风险都不是单独存在的，而是相互关联的。某一种风险的存在会导致其他风险的产生。例如政治风险的存在会导致信用风险的产生，经济风险可能引起财务风险等。

信用的种类很多，就商业信用来说，它是指销售方向客户销售货物和提供服务时，允许客户延期支付货款。在这种信用形式中，可能存在客户或借款人违反、撤销、重新协商或更改既定的契约的行为，从而给销售方或银行造成损失，这就形成了信用风险。

信用风险是交易一方不能履行或不能全部履行约定的义务而给另一方带来的风险。它可以是销售方拒绝提供承诺的货物或服务，也可以是购买方无力按时或全额偿还所欠的债务。人们在生活中，可能经常会无法实现预期的支付，所以信用风险广泛地存在。另外，信用风险还是一种双向性风险，会同时影响到授信方和受信方。在商业信用中，销售方面临客户可能拒绝付款的风险，而客户也面临销售方不予交货的风险。

（二）信用风险的特点

信用风险具有综合性、传递性、扩散性、累积性、隐蔽性、突发性和不确定性等特征。

1. 信用风险具有综合性

金融风险、市场风险、政治风险、自然灾害风险、财务风险等各种类型的风险，最终都会通过信用风险体现出来，具体表现则是信用交易中的违约行为。

2. 信用风险具有传递性和扩散性

在交易活动中，交易一方的信用风险可能导致另一方的信用风险；另一方的信用风险又可能导致第三方的信用风险，最终形成一个信用风险链。如债务人的信用风险可能造成债权人的信用风险，而债权人的信用风险又可能进一步造成其他债权人的信用风险。

3. 信用风险具有累积性

由于信用风险具有传递性，一方的信用风险可能会扩散到关联各方，引起加总起来的信用风险迅速增大。从小的方面来看，如三角债；从大的方面来看，如信用危机、金融危机等。在这一点上，信用风险与市场风险不同，市场风险是单向的，一方之所失正是另一方之所得，加总起来市场风险为零。

4. 信用风险具有隐蔽性和突发性

信用风险可以通过安排新的负债得到缓解，如借新债还旧债，使信用关系暂时得以维持。这样，即使发生信用风险，起初也难以显现出来。

5. 信用风险具有不确定性

风险本身就是一种不确定性，但它是一种可以计量的不确定性。信用风险由于受交易方的道德水平、经营能力、努力程度等主观性因素的影响，其不确定性就更大，因而对其进行量化处理和客观评价都非常困难。

二、信用风险的表现形式

对于授信企业来说，在客户到期不付货款或者到期没有能力付款时，主要风险有：

（一）现金周转风险

尽管买卖双方在交易之前可以签订周密详细的合同，对双方的权利和义务进行约定，但是由于买卖活动中存在着许多不确定的因素，卖方可能不能按时收回应收款，如买方拒绝付款，或因破产而丧失付款能力。在这种情况下卖方却不能因此而不履行自己的义务，如支付其供应商的账款、员工工资、生产费用、税款等，从而导致其面临现金周转的困难。卖方必须先抽出银行存款或从银行贷款来支付这些费用，导致融资成本增加；或拖欠供应商货款，形成三角债。1997 年破产的香港百富勤，就是一个典型的例子。据报道，在破产前的两个星期，百富勤还在召开股东会议时讨论如何分配上年利润的问题。而两周之后，由于原本同意给其提供一笔巨额贷款的美国某银行突然改变决定，撤销给它的贷款，使其现金周转陷入瘫痪，宣告破产。百富勤的破产，并不是由于资不抵债所致，而是由于现金周转困难引起。由此可见，现金周转风险对企业的打击有时也是致命的。

（二）坏账风险

所谓坏账，就是买方拒绝付款或已经完全丧失了付款能力，导致账款无法收回。事实上，无论是逾期账款还是坏账，其损失并不仅限于实际已发生的该笔损失，它们还会带来恶性的连锁反应。逾期账款会影响企业资金周转，增大企业的融资成本，进而影响企业的盈利水平，坏账则需要额外增加几倍的销售额才能弥补。举例来看：假定一个企业，其盈利率为 8%，售出价值 1000 元的产品，可获利润 80 元，如果买方不能如期付款，企业就会因此影响到它的投资、购买新设备、扩大再生产等环节。如果根本收不回货款，则企业要想弥补这 1000 元的坏账损失，就需要额外完成 12500 元的销售额（1000÷8% = 12500），并且前提是没有任何风险。其结果是，这新追加的 12500 元销售额及其相关的所有采购、生产、保管、储存、管理等各部门，全都等于没有创造任何新的价值，没有带来丝毫利润增长。这种恶性的连锁反应，往往会损害企业的总体经营目标。坏账比例过高，甚至可能影响企业正常的经营活动，对企业的生存和发展造成直接威胁。

企业信用管理通过对客户的信用状况的调查和严密监控来判断每个客户的销售潜力和信用风险，对企业的销售管理的有效开展和经营利润的保障，乃至对企业的可持续发展都有重要作用。而随着我国市场经济的不断发展，家政服务踏上了自身的职业化道路，家政服务行业的前景也更加的广阔。但家政服务呈现出种类繁多，人员较广等特点。因此，不断发展中的家政企业需要具体规模化及规范化的管理。而规模化及规范化的管理中的客户管理与档案建立对家政企业来说是至关重要的。

三、家政企业信用风险的来源

我国家政企业的风险主要有三个方面，即源自客户的信用风险、源自工作人员的操作风险和因外部宏观环境变化而导致的市场风险。针对个人消费信贷，受信者可因家庭、工作、收入、健康等因素的变化不能按期还款而造成授信者损失的可能性。针对家政企业贷款，受信者可能因为市场环境变化、经营管理不善等原因导致家政企业亏损、资金周转不灵、资金链断裂、甚至破产，最终不能按时偿还债务。

（一）外部因素阻碍发展

1. 市场供需不平衡

家政服务市场呈现出存量稳定、增量迅猛提升的趋势，但现有从事家政服务的家政服务人员数量却没有较大增长。从需求端来看，目前市场上对家政服务的需求仍是特别的旺盛。从供给端来看，由于快速的扩张导致业务量的急剧上升，具备成熟的家政服务和特色服务的人员少之又少。

2. 权益保障制度和措施不完善

在传统的家政行业，鉴于家政服务人员的劳动隶属关系，公司往往会为其服务人员购买保险。在服务过程中产生的法律纠纷责任划分也较为明确。但现代家政服务模式下，由于服务的特性，家政服务人员必须要在客户经营场所或家中提供服务，在服务过程中可能出现因故意或过失对客户财产造成损害或出现工伤的情况。家政企业对于该类事故的责任划分和纠纷赔偿目前并不清晰，这也是家政企业发展的一大风险。

（二）用户消费行为不持续

1. 家政服务水平难保证

为应对公司的快速扩张导致的家政服务人员紧缺的问题，家政企业与现有实体家政服务家政企业开展合作，采用分包和指派订单的形式对家政服务订单进行分流。但其中也存在问题，部分家政公司的家政服务人员没有受过系统的培训，其服务质量难以保障。

2. 服务消费体验差

家政服务的对象大多不仅注重服务质量，更注重服务效率，客户往往会选择方便快捷的服务，而不是长时间等待。由于供给端不足，消费者在选择家政企业时可能无法及时得到优质服务，就可能会转而选择其他大型家政服务企业，从而导致客源流失。

3. 评价系统不完善

家政企业通常对家政服务人员的评价指标比较单一，评价维度仅有服务质量和服务态度，评价标准也仅有优秀、良好、一般、较差四个选项，不能全面地展现消费者的服务评价，也难以作用于把控和改进家政服务质量。

4. 数据营销精准度不足

在数据处理风险方面，对线上、线下的消费者进行整合时，如何准时高效地对配送资源进行最优化配置、如何依赖大数据的优势实现精准营销，都是小型家政企业运营中存在的难题。与综合性业务的大平台相比，小型家政企业并没有先进的数据分析技术和丰富的运营和分析经验，其分析客户需求能力不足，尚未能有针对性地提供货品服务销售。

5. 用户信息安全难保证

家政企业在未来将家政服务人员设置为连接用户的着手点，提供用户消费行为的数据库，从而可以进一步分析出用户的潜在需求。但公司通过家政服务人员未经同意收集消费者的家庭信息，这可能侵犯了消费者的隐私权。若家政服务人员不慎泄露消费者的家庭住址、隐私信息造成不良影响，消费者可能会提出诉讼。

第二节　信用风险管理

一、信用风险管理的历史演进

（一）信用管理的传统方法

信用风险管理自古以来就存在，只是当时还没有信用风险管理这一概念，手法也相当简单，但是其已经包含了今天的一些降低风险的原始方法，如抵押和担保等。从最初的信用管理到今天，对信用风险控制和管理的方法在不断创新，成效也越来越明显。学者 Rosa-Maria Gelpl 和 FrancoisJulien-Labrugere 在著作《客户信用的历史》一书中将信用的发展分为 5 个阶段。

1. 汉谟拉比法典可以看做是最早涉及信用风险的正式文书，其中包含了对借贷的管理。其中第 71 条是迄今为止最早的关于惩罚高利贷的条款。对于超过标准利率提供贷款的商人的惩罚是免除债务人的债务。债务人的土地和其他财产，包括债务人本人、其妻子、子女和奴隶都可以作为偿债保证。

2. 在古希腊的雅典，农民为度过寒冬而去向商人借钱，此时就产生了世界上第一例抵押贷款。若到期债务人无法偿付，其土地就会归债权人所有。

3. 12 世纪，商人在提供短期信贷的同时，会与借款人签订交换合同，长期信贷往往以年金的形式来偿付。当某一期年金到期未偿付时，贷款人可以卖掉借款人的全部货物来避免损失。

4. 当代社会的信用风险管理形式有了更大的进步。在美国，最初的信用借贷是一种非正式的经济行为，没有明确记录借贷情况的合同，全凭债务人的偿债能力和信誉。随着人们借钱购买耐用消费品的增加，产生了一种新的方式—租赁购买，即消费品可以作为贷款抵押。贷款人通常要求借款人先付一笔钱，并且在借款期内贷款人对消费品拥有所有权。

5. 现代社会对信用风险的管理日趋专业化、量化、多样化。著名的信用评级公司和大的跨国银行都有自成体系的管理方法，多是定性分析与定量分析相结合，以定量分析为主。

（二）现代信用风险管理方法

现代社会对信用风险的管理方法主要分为利用模型分类、评级，在内部制定一整套控制体系和建立国家信用管理体系等。

1. 利用数学模型管理信用风险

由于信用风险的破坏性、联动性和不确定性已经给经济体带来了重大损失，而且传统的度量和管理信用风险的定性分析已不能满足人们对信用风险进行科学量化度量和有效管理的需要，因此新的度量和管理方法不断涌现并被广泛应用于实际操作中。按照模型可将管理信用风险分为两个阶段：传统信用风险度量和现代信用风险度量方法。

（1）传统信用风险度量方法分为专家分析法和利用 Z 记分模型、Zeta 记分模型方法。

专家分析法是指信贷决策权由该机构中那些经过长期训练、具有丰富经验的信贷官掌握，并由他们来做出是否贷款的决定，这就是我们所熟悉的 5W、6P、7C 方法。Z 模型是将主要财务指标乘以相应权重，得出的结果与临界值做比较，从而判断借款人是否属于违约组（具体内容将在后面介绍）。Zeta 模型在此基础上又增加了两个变量，提高了辨认精度和适用范围。

（2）现代信用风险量化模型包括 KMV 模型、JP 摩根 CreditMetrics 模型、宏观模拟模型和保险模型等。

KMV 公司利用期权定价理论创立了违约预测模型—信用监测模型，用来对上市公司和上市银行的信用风险（特别是其违约情况）进行预测。

JP 摩根银行最早在 1994 年提出一种市场风险测量和管理的新工具；其标志性产品是风险度量模型 CreditMetrics。它是 JP 摩根与其他合作者在已有的风险度量基础上，创立的一种专门用于对非交易性金融资产如贷款和私募债券的价值和风险进行度量的模型。

宏观模拟模型根据经济周期变化对家政企业违约概率的变化有重大影响这一事实，将各种影响违约概率以及相关联的信用风险等级转换概率的宏观因素纳入一个体系中，从而克服信用度量制方法的很多偏差。

保险模型包括死亡模型和 CreditRisk 方法。前者提供了预测违约率的精算方法，后者是以在财产险文献中发现的精算方法为基础来计算信用资产的资本要求。

2. 利用评级估计风险，从而进行管理

当经济合同中的一方在决定是否向另一方提供信用时，可以参考资信评级机构对其评级的结果。资信评级机构对被评级对象的资金、信誉，从质和量两方面进行检验和估计，并客观、科学地作出全面评价。评级机构接受委托人的委托，按照一定的程序、方法和标准，对评估对象的偿债能力、信誉状况、违约的可能性程度进行调查、研究、综合分析，从而做出定性定量的评估，确定其信誉等级，并将结果公布于众。

3. 建立内部控制体系进行风险管理

信用控制主要是指授信人所在机构制定的有关向客户或者借款人提供信用的方式、条件、相应的信用政策、授信的程序、权限。

在各个独立的经济体内部都应该建立完善的内部控制体系，该体系包括：

（1）制定合理的信用政策。制定合理的信用政策包括拒绝对某类客户提供信用，对某个特定评级的客户设置信用上限，控制总信用量。

（2）建立高效的操作程序。建立高效的操作程序主要包括汇票处理和债务管理。这些操作活动有质询控制和追收逾期账款。

（3）对单个客户分别进行管理。对单个客户分别进行管理是指应该有一个体系用来评估单个客户的信用度以便制定信用政策。应当连续地监督单个客户，其信用额度也要经常重新评估。

（4）监督信用管理的成效。监督信用管理的成效是指要监督和控制该体系本身。应当给信用经理设置一个目标，通过该目标来测量他们的绩效表现。信用经理定期作出报告，其中包括有关逾期账款的信息，如已经注销的坏账等。

4. 建立国家信用管理体系，进行最广泛的风险管理

国家信用管理体系是一种社会机制，具体作用于一国市场经济行为的规范，它保证一国的市场经济从原始支付手段为主的市场交易方式向以信用交易为主的市场交易方式健康转变。就功能而言，它必须包括四个主要组成部分：①征信数据的开放和信用风险管理行业的发展；②信用管理系列立法的建立和执行；③政府对信用交易和信用管理行业的监督和管理；④信用管理正规教育和研究的发展。

国家信用管理体系比较完善的是美国和欧洲。美国信用管理立法环境由17项法案组成，如《公平信用报告法》《公平债务催收法》《平等信用机会法》等。在美国，征信数据完全公开，在法律规范下，有条件地广泛传播。信用管理公司是私有的，征信市场完全商业化。

西欧各国都建立了与信用管理有关的立法，在欧盟成员国有效的相关法律通常被称作"欧盟数据保护法"，该法既保护消费者个人隐私权，又保护家

政企业和消费者征信信息流的畅通。在欧洲，政府通过建立信用管理有关法案来规定家政企业向公共机构提供征信数据。

针对中国现在存在的信用缺失问题，可以参考欧美的做法，建立国家信用管理体系，包括制定适合中国国情的信用管理相关立法，修改现行法律法规，促进信用管理机构的发展，开展信用管理教育。目前，应做好以下几方面的工作。

（1）通过多种方式强化市场主体的信用观念和信用意识

社会信用体系建立一方面需要法律体系和必要的制度安排，但是信用的基础在很大程度上是基于社会主体之间信任和诚信的理念来维系，主要靠市场经济条件下的信用道德规范来维系，讲信用应成为社会经济生活中的一种基本公德。在市场经济环境下，市场主体的行为准则首先应是讲信用，无论是法人主体或公民个人，都应树立守信的公众形象，树立以讲信用为荣、不讲信用为耻的社会意识。信用度高实际上是一种财富，在全社会应形成这样的共识和理念。这种意识和理念要通过各种宣传、教育、典型示范来进行，通过加强全社会范围内的信用教育、科研和培训来实现。

（2）尽快制定信用管理的法律制度，加强信用方面的立法和执法

参照发达国家的经验，建设社会信用体系必须立法先行，加以规范。当立法条件尚未成熟时，也必须出台相关的法规或部门规章，对市场进行信用规范。当务之急是制定《公平使用信息法》，并修改《商业银行法》和《反不正当竞争法》等相关的法律。立法的目的是创造一个信用开放和公平享有、使用信息的环境。对此，欧美等发达国家和地区及部分发展中国家有些立法经验可以借鉴。

立法包括多个方面，如银行信用方面的立法、非银行方面的立法、规范商业信用和消费者信用行为的立法、规范商业银行授信行为的立法、规范信用中介服务行业行为的立法等。尤其应强调的是要尽快建立和完善失信惩罚机制，明确在市场经济中，失信的法律边界是什么，失信到什么程度将给予何种程度和形式的制裁。通过这种失信惩罚机制的设立，做到"闯红灯者受罚"，加大家政企业或个人失信的成本，迫使其行为趋向守信，让守信成为通行证。

（3）促进信用中介服务行业的市场化发展

信用信息的市场化是信用服务行业发展的客观基础，是建设信用体系的

必由之路。因此，对信用数据的开放和促进信用管理行业的更快发展应是当务之急。中国已加入 WTO，规范公共信息、征信数据的取得和使用程序，也是改善投资环境的重要举措。即使对于那些不宜在全社会公开的信用信息，政府也应有相应的信用管理和获得信息的规范有效渠道，对此应加快立法步伐。

我国对信息数据开放的立法应包括两方面：一方面是明确信用数据的开放程度，很多可以公开开放，以及能够通过一定正规的方式和渠道获得的信息应通过一定的渠道和途径尽快开放，增强社会信用信息的透明度；另一方面，在涉及消费者个人信息的采集和共享方面应有相关的法律约束。根据一些国家的经验，对消费者个人信用信息的采集和公布应采取相对审慎的原则。这两个方面的立法都应尽快提上议程。同时，由于对信用的评价主要是建立在家政企业和个人信用历史记录基础上，因此，一方面要鼓励信用中介机构注重自身信用数据库建设，另一方面政府有关部门要建立行业或部门的数据库，待条件成熟时，可将自建数据库中的部分内容提供给信用中介机构或与信用中介机构共享，为我国信用行业的发展提供支持。

（4）建立并逐步完善政府的信用监督和管理体系

政府应积极建立失信约束和惩罚机制并监督信用行业的规范发展，而不应参与主办信用管理服务机构，否则就失去了信用管理服务的中立、公正性质。政府有必要大力扶植和监督信用中介服务行业的发展，积极推动这方面的立法，并保证政府各部门的公共信息向社会开放，让大家平等地取得和使用，同时监督市场经济主体间依法公平、公正地披露信息和取得使用信息的义务和权利得以实现，保护公平竞争。对与信用活动相关的注册会计师、审计师和律师等专业服务领域的机构和人员也必须加强监督管理。从我国资本市场的发育来看，上市公司经营和信用状况的真实披露在很大程度上依赖于注册会计师的审计报告。这些中介机构的虚假信息会导致证券市场失信于广大投资者。因此，必须加强管理，维护证券市场的公正、公平和公开的原则。同时，政府必须有效地解决信用执法过程中地方保护主义的问题，维护市场执法的公正性。

二、企业信用风险管理

从企业信用的概念出发，对企业信用管理有广义和狭义两种界定。广义的企业信用管理是企业为获得他人提供的信用或授予他人信用而进行的以筹资或投资为目的的管理活动，即企业信用管理既包括企业为获得他人提供的信用而进行的管理活动，也包括企业授予他人信用而进行的管理活动。狭义的企业信用管理是指企业为了提高竞争力、扩大市场占有率而进行的以信用销售为主要内容的管理活动，即企业信用管理只包括卖方企业授予买方企业信用而进行的管理活动，主要目的是规避因信用销售而产生的风险。所以企业信用管理也可称为企业信用风险管理。这是由于在信用管理当中，企业要解决的全部问题是企业在信用销售过程中如何规避、化解和分散风险，以及如何在风险条件下安全运作。

（一）企业信用风险管理的内容

1. 制定信用政策

企业信用政策是指为信用决策提供依据的一整套基本原则和行为规范，是指导企业自身信用管理工作和有关活动的根本依据，是企业实施信用风险管理的基本准则。制定科学的信用政策和目标是企业的战略方针，也是企业信用管理部门的行动纲领。制定信用政策必须兼顾"促进销售额增长"和"保持应收账款合理比重"这两个目标的均衡和一致，以保证最终利润这一根本目标的实现。在该原则下，对企业信用销售进行规范化管理，为鼓励和指导信用销售，采取一系列的标准和优惠条件，具体包括信用标准、信用条件、信用限额、收账政策等。企业如果没有严格合理的信用政策，就会造成企业销售人员对客户可以任意放长付款期限或给予过于宽松的信用标准的情况，致使企业被客户牵着鼻子走，而处于非常被动的地位。

2. 客户资信管理

客户资信管理是指为防范信用风险的发生所进行的收集客户信息，对客户进行信用分析和建立客户档案等事前信用管理活动，是减少企业在授信决策过程中失误的先决条件。买方市场形成后，企业销售已经转变为一种竞争性的销售，所以了解客户、合作伙伴和竞争对手的信用状况，对于企业防范风险、扩大销售、提高利润、减少损失显得尤为重要。客户资信管理由专门的部门和专业人员负责，建立完善的信息收集制度和客户资信档案制度，以对客户资信进行采集、调查、分析和评估以及建立和管理信息档案为核心内容。企业如果不重视信息收集或者无法收集到有效的信息，可能会造成企业不敢进行信用销售，而丧失市场份额；或者凭借对客户的主观判断而盲目给客户授信，如果整个市场信用环境不佳，自然会使企业出现大量拖欠的货款和坏账。

3. 客户授信管理

客户授信管理是指对授信客户进行选择，并针对客户的具体情况确定信用额度和信用条件等事中信用管理活动，对每一笔信用销售业务风险的大小起着决定性作用。客户授信管理是根据企业所掌握的客户资信情况，决定是否批准客户的赊购请求，并给予什么样的信用条件。客户授信管理由专门的部门和专业人员负责，并且要建立信用申请审批制度和授信制度，从最初的制定授信计划到最后的授信收回，中间涉及的企业的授信额度总量、信用标准、信用条件、资信的等级、信用额度等多方面均需进行科学的认定和适时的调整。整个授信活动对企业的经营状况和赢利水平有重大的影响。一次成功的授信可能为企业赢得优质的客户，能够提高企业的销售规模和利润水平；但是，一次失败的授信会给企业带来潜在巨大的机会成本和坏账损失，进而有可能将企业引入财务困境的深渊。

4. 信用合同管理

信用合同管理是指参与签订、审核和履行信用销售合同，帮助企业选择使用转移或规避信用风险的手段等事中信用管理活动。企业与客户通过签订信用销售合同，以契约的方式规定了彼此间长期性、阶段性的信用销售关系，以指导、约束双方的权利和义务。信用合同管理是对信用销售的买卖双方合法权益的保护，是对合同制度有效落实的必要保障。信用合同管理由专门的部门和专业人员负责，授权有关人员与客户签订信用销售合同，建立销售合同审批制度，对销售价格、信用政策、发货及收款方式等严格把关；另外，合同中附加的有关债权保障条款，如保理、信用保险、银行担保、商业担保等手段，不仅要求交易双方按约定履行合同，同时还可以作为向违约方要求承担违约责任的依据，有利于信用风险转移，减少信用损失。

5. 账款回收管理

账款回收管理是指应收账款一旦形成，债权到期前向购货方进行的发货确认、资信监控、应收账款持有质量控制，根据账龄的情况提醒客户，以及对逾期账款仍旧置于收账流程之中的一系列事后信用管理活动。其目的一是保证全额收回账款，二是保证按期收回账款。持续有效的管理应收账款可以为企业带来持续的现金流和显著的利润。账款回收管理分为两个阶段：在货物发出后到应收账款到期之前，属于应收账款管理；在账款逾期以后，属于逾期账款追收。账款回收管理由专门的部门和人员负责，是指企业从履约发货到货款到期之前，通过建立发货确认制度和质量确认制度，确定客户是否收到货物、客户对货物的质量是否满意，为如期收回货款打下基础；通过建立应收账款总量控制制度，控制持有应收账款的成本；通过建立账款到期前的对账提醒制度，了解客户资信情况的变化，给予客户适当的、持续的偿债压力，有利于企业在信用期内，及时发现客户出现的新问题，采取应急措施，以保证到期收款。对逾期账款实施内部加压追收制度、启动外部惩罚制度，万不得已时也可以通过律师事务所进行起诉或仲裁，以最大限度地降低坏账损失。

（二）企业信用风险管理的意义

1. 有利于增强企业对信用风险的控制能力

在买方市场和信用销售方式下，企业如果过分注重销售业绩的增长，虽然能快速扩大账面销售额，但会引起一系列的不良反应。例如，应收账款上升、销售费用上升、现金短缺、呆账和坏账增加、利润下降等，给企业带来较大的经营性风险。典型的传统销售提成制薪酬管理模式，以将业务人员的工资收入与其销售业绩直接挂钩的办法来刺激销售，往往会使业务人员盲目赊销，却不管企业的收账风险如何，从而造成账款长期拖欠，最终导致企业经营亏损。这表明，企业落后的经营管理方式已无法适应现代信用经济的要求。

总的来讲，加强企业信用管理就是增强企业信用风险控制的能力。加强企业信用管理应做到：首先，对企业信用销售中收益与风险这一对基本矛盾有一个正确的认识；其次，增强企业信用销售预测与决策的风险防范能力；最后，增强企业在销售和回款业务活动中的风险控制能力。只有通过加强企业的信用管理，不断地增强企业对信用风险的控制能力，才能消除单纯追求销售收入增长的现象。

2. 有利于协调销售部门与财务部门因信用销售而引发的冲突

由于销售部门与财务部门的目标任务不同，形成了两个部门之间的冲突。销售部门注重销售业绩，在绩效和市场压力下倾向于放宽销售条件来获得更多的合同以赢得市场，而财务部门则更注重现金收入以维持企业资金的良性循环。

所以，加强企业信用管理要求在企业内部设立独立的、专业化的信用管理部门，将分散在一些传统职能部门完成的信用管理工作，作为一项重要的管理工作，独立地、专业化地发挥作用，从而有效地协调企业的销售目标和财务目标，在企业内部形成一个科学的风险制约机制，防止任何部门或各层管理人员盲目决策所可能产生的信用风险。

3. 有利于实现对客户的有效管理

客户是企业重要的业务资源，传统的分散式客户资源管理，实际上是将客户资源掌握在个别业务人员手中。尤其是在以销售提成制为主的薪酬管理方式下，客户资源会首先被业务人员当成自身获利的资源，而企业利益往往被放到次要的位置。另外，传统的销售系统主要依赖于一线业务人员与客户有限的接触和了解，使得搜集客户信息的渠道过于单一，客户信息的欠缺和不足，加上业务人员对有限客户信息的垄断，在判断客户的信用能力时，企业各级管理决策人员经常难以获得有效的决策信息支持，往往以业务人员主观经验判断和感情取代了企业对客户客观的调查和分析，最终导致决策失误。所以，只有加强企业信用管理，才能集中地、专业化地进行客户资信管理；只有在企业信用管理直接掌握和控制客户资源的情况下，才能真正实现企业对客户的有效管理。

4. 有利于更好地利用客户信用资源进行客户授信管理

赊销的本质在于企业通过授予客户信用的方式完成产品或服务的销售。企业在获得客户信用资源的前提下，所面临的是对信用资源的使用和管理。传统的销售管理方式在赊销业务上并没有按照资源管理的特点进行授权和管理。通常，企业在赊销总量上缺少计划和控制，对客户的评价和选择缺乏统一的科学标准，给客户的赊销额度和期限随意性很大，主要依赖于部门或业务人员的个别经验判断，在具体业务受理和审批手续上不合理，没有统一的信用政策和科学的授信管理制度，仍然按照现销的流程手续进行管理，在信用资源的使用上缺少有效的风险控制。

所以，加强企业信用管理，才能更好地利用客户信用资源进行客户授信管理，识别高风险的客户，选择真正有价值的客户，合理授信，减少客户选择和授信的随意性和盲目性，控制不良账款产生的源头，提高货款的回收率。

5. 有利于保障应收账款的安全和及时回收

应收账款是影响企业净利润和现金流的关键因素之一，与对资金的管理和人力资源的管理一样，应收账款也应纳入企业常规的经营管理。然而，在传统的销售管理方式下，一是将应收账款管理的重点放在逾期后的"追账"上面；二是账款回收的职责主要由销售人员承担；三是账款回收的"终身责任制"，强调回款额的考核。其结果造成企业应收账款居高不下，客户任意拖欠付款，回收期过长，使企业流动资金周转困难，现金流量不足，加之对逾期账款催收投入过多精力和成本、信用销售的利息成本和呆账、坏账损失等，以致吞噬了企业的最终利润。

所以，加强企业信用管理就是为了将应收账款管理的重点"前移"，严格控制交易环节和加强货款到期日之前的监控，控制应收账款的账龄和逾期应收账款的发生率，保障应收账款的安全和及时回收。

三、家政企业信用风险管理部门的设计

提高家政企业信用管理水平，是当前我国家政企业最为迫切的需要。家政企业应根据自身的特点建立相适应的组织结构，原则是专门化和部门化。在由谁来负责信用管理问题上通常有两种观点：一种是由其他部门（财务部门或业务部门）兼管或设在其下，一种是设立独立的信用管理部门，亦可简称为"信用部"下同。然而实践证明，设立独立信用管理部门的家政企业不论在客户满意度、投诉率、坏账率、销售利润率上，还是家政企业发展速度上都远远胜过那些未设信用管理部门的家政企业。

首先，如果由财务部门负责信用管理，表面上可以加强资金和应收账款的管理，但实质上由于财务人员的普遍特点是偏于保守，而且缺少信用管理的知识，他们不能容忍自己辛苦筹措的资金被别人"无端"长期占用，这些"先天缺陷"使得当财务部门被委以信用管理的重任后，家政企业会逐渐呈现业务量下降、客户减少、利润降低的衰退现象，甚至走向保守销售的极端。

另一方面，如果由业务部门（销售或市场部门）负责信用管理（这是目前中国最常见的信用风险管理模式），其理由是业务人员处在经营第一线对于客户比较了解，且信用管理和销售业务密切相关。然而这些理由往往也是产生大量坏账的根源，销售人员为了扩大业务量而过分迁就客户的信用请求，形成大量高风险的应收款，同时授信权力无人监管，一旦内外勾结更会造成家政企业资产的严重流失。

因此，成功的家政企业信用风险管理的内部组织结构必然是一个相互独

立相互制衡的统一体，就像一个国家的司法体系要有独立的立法、司法、监察机构组成一样，缺一不可。家政企业必须要将信用部门和财务部门、销售部门平行设立，才能保证信用管理人员的客观、公正和独立性，在对信用部门加以制约的同时充分发挥其应有的作用。

然而如果选择了建立独立信用管理部门的办法，那么就需要协调各部门之间的关系，尤其是处理好信用部门和销售部门、财务部门的关系，否则部门之间的矛盾将会产生内耗，增加成本，降低家政企业运营效率。要解决这个矛盾就是要使双方都以家政企业利润最大化为目标，也就是说，要求销售人员进行有效销售，如果家政企业以有效销售而不是销售额作为衡量销售人员业绩的标准，那么就可以很大程度上缓和信用部门和销售部门之间的矛盾。第七章将详细阐述家政企业信用管理部门的设置。

第三节　信 用 保 险

一、信用与保证保险的内涵

（一）信用与保证保险的含义

信用与保证保险是以信用作为保险标的的保险，可进一步分为以下两类：

1. 信用保险

信用保险通常由权利人直接向保险人投保，要求保险人承保义务人的信用，如果权利人因义务人不履行义务而遭受经济损失，保险人必须按照保险合同规定负责赔偿。

2. 保证保险

保证保险通常由义务人投保，保险人以保证人的身份为义务人提供信用担保，如果由于义务人的行为导致权利人遭受经济损失时，在义务人不能补偿权利人损失的情况下，由保险人代替义务人补偿权利人的经济损失，并拥有向义务人进行追偿的权利。

（二）信用与保证保险的基本特征

信用与保证保险虽然属于广义的财产保险，但它同一般财产保险相比较，又具有如下基本特征：

1. 信用与保证保险承保的是一种信用风险，而不是由于自然灾害和意外事故造成的风险损失，因而无论权利人还是义务人（被保证人）要求投保，关键都在于保险人事先必须对义务人（被保证人）的资信情况进行严格审查，认为确有把握才能承保，如同银行对贷款申请人的资信必须严格审查后才能贷款一样。

2. 在信用保险和保证保险实务中，当保证的事故发生致使权利人遭受损失时，只有在被保证人不能补偿损失时，才由保险人代为赔偿，从而只是对债务人的信用向权利人的担保。

3. 从理论上讲，保险人经营这类业务只是提供担保性服务并收取担保费，因为信用保险与保证保险均由直接责任者承担责任，保险人不是从抵押财物中得到补偿，就是行使追偿权追回赔款。

（三）信用保险和保证保险的区别

信用保险和保证保险都是保险人对被保证人的作为或不作为致使权利人遭受损失负赔偿责任的保险。但者的投保对象不同，前者是权利人要求保险人担保义务人（被保证人）的信用，后者是义务人（被保证人）要求保险人向权利人担保自己的信用。

在保险实务中，信用保险和保证保险亦存在着如下区别：

1. 信用保险是通过填写保险单来承保的，其保险单同其他财产险保险单并无大的差别，同样规定责任范围除外责任、保险金额（责任限额）、保险费、损失赔偿、被保险人的权利义务等条款。而保证保险是通过出立保证书来承保的，该保证书同财产险保险单有着本质区别，其内容通常很简单，只规定担保事宜。

2. 信用保险的被保险人是权利人，承保的是被保证人（或义务人）的信用风险，除保险人外，保险合同中只涉及权利人和义务人两方。保证保险是义务人应权利人的要求投保自己的信用风险，义务人是被保证人，由保险公司出立保证书担保，保险公司实际上是保证人。在保证保险中，保险公司为了减少风险往往要求义务人提供反担保（即由其他人或单位向保险公司保证义务人履行义务的法律行为），这样，除保险公司外，保证保险中还涉及义务人、反担保人和权利人三方。

3. 在信用保险中，被保险人交纳保费是为了把可能因义务人不履行义务而使自己受到损失的风险转嫁给保险人，保险人承担着实实在在的风险，必须把保费的大部分或全部用于赔款（甚至亏损）。保险人赔偿后虽然可以向责任方追偿，但成功率很低。在保证保险中，义务人（被保证人）交纳的保险费是为了获得向权利人保证履行义务的凭证，即保险人只出立保证书，履约的全部义务还是由义务人自己承担，从理论上讲，保证保险没有发生风险转移，而保险人收取的保险费则是凭其信用资格而得到的一种服务费，风险或损失仍由义务人或担保人承担，在二者都没有能力承担的情况下才由保险人代为履行义务。因此，经营保证保险对保险人来说，风险应当是相当小的。

二、信用与保证保险的产生和发展

（一）信用保险的产生和发展

1. 信用保险的产生

信用保险产生于 19 世纪中叶的欧美国家，随后其他经济发达国家也纷纷开办此项业务。目前，国际上经营信用与保证保险业务的除一般保险公司外，还有一些专业性的保险公司。

尽管信用保险的发展历史并不久，但它是财产保险中发展极为复杂和艰难的险种。在信用保险产生最早的欧洲，开始是由一些银行和商人来承担信用风险。其后，法国的一些保险公司开始经营商业信用保险，但不久便接连遭到失败，而美国信用保险公司却获得了成功。1919 年，鉴于东方和中欧诸国险恶的政治局势，英国政府被迫出面对同这些国家的贸易进行担保，为此专门成立了出口信用担保局，创立了一套完整的信用保险制度，成为以后各国争相效仿的样板。

2. 国内信用保险的发展

国内信用保险又称商业信用保险，是伴随着商业信用的发展而产生的一类保险业务。原来主要由欧美一些私营保险公司经营，业务仅限于本国范围。第一次世界大战以后，国内信用保险迅速发展，欧美国家纷纷成立专营的商业信用保险公司，一些私人保险公司也联合起来，组织成立了专门的商业信用保险机构。

然而，1929—1931 年的全球性经济大危机严重地冲击了国内信用保险市场，大部分私营保险公司被迫破产，只有少数经营管理水平较高、实力雄厚的公司得以幸免。经过这次冲击后，这些国家的国内信用保险制度进行了改进和完善。1934 年，伴随着国际信用保险协会的成立，各国的国内信用保险业务也逐步稳定地发展起来。目前，国内信用保险在世界各国获得了不同程度的发展，许多国家的商业保险公司都竞相开办国内信用保险业务。

3. 出口信用保险的发展

自 1919 年英国成立了第一家官方支持的出口信贷担保机构—英国出口信用担保局（ECGD）以来，出口信用保险便以官方主导模式发展起来。1926年，德国政府成立了赫尔姆斯公司（HER-MES），专门从事对本国出口和海外投资的支持。1934 年，英国、法国，意大利和西班牙的私营和国营信用保险机构成立了"国际信用和投资保险人协会"，其目的在于交流出口信用保险的承保技术、支付情况和信息，并在追偿方面开展国际合作，这标志着出口信用保险已为世界所公认。

第二次世界大战以后，出口信用保险业务在发达国家得以迅速发展，有力地支持了所在国家和地区的出口和资本输出，对本国经济的发展起到了十分重要的积极作用。1946 年，法国政府成立了科法斯公司（COFACE），主营出口信用保险业务；1950 年，日本政府专门制定了《输出保险法》，同时，在通产省设立了贸易保险课，其职能就是经营出口信用保险业务，支持日本的出口和资本输出。

20 世纪 60 年代以后，随着经济的发展和世界贸易的增长，众多发展中国家纷纷建立了自己的出口信用保险机构。例如，韩国成立了政府支持的"出口信用保险公司"。

（二）保证保险的产生和发展

1. 保证保险的产生

保证保险的产生是同信用保险的产生相联系的。最早产生的保证保险是忠诚保证保险，它最初只是由一些个人、商行或银行办理的，大约在 18 世纪末或 19 世纪初就出现了；20 世纪初又出现的是合同担保。这些就是保证保险的最初形态。

2. 保证保险的发展

自 18 世纪末出现忠诚保证保险后，1852—1853 年，英国几家保险公司试图开办合同担保业务，但因缺乏足够规模的资本而没有成功。1901 年，美国马里兰州的诚实存款公司在英国首次提供合同担保。随后，英国的几家保险公司也开办了该业务，1914 年诚实存款公司从欧洲撤回，几家英国的保险公司则开辟了欧洲合同担保业务市场。第二次世界大战之后，美国等经济发达国家的一些保险公司也开始经营各类保证保险业务。20 世纪 60 年代以后，保证保险作为保险业新的业务增长点，在全世界迅速发展起来。

案例 12：伯尔尼协会简介

伯尔尼协会的全称为国际信用与投资保险人协会，是 1934 年由英国、法国、意大利、西班牙四国的出口信用保险机构在伯尔尼创立的国际性民间组织，所以简称 BERNEUNION（中文译为伯尔尼协会或伯尔尼联盟）。出口信用保险的先行者们意识到，对出口信用保险的承保技术、信息交流、追偿损失等共同关心的问题进行讨论和国际合作是非常必要和有益的，因而发起创立了伯尔尼协会。它的秘书处于 1975 年从巴黎迁至伦敦，为其常设机构。

1. 伯尔尼协会的宗旨

伯尔尼协会的宗旨是致力于出口信用保险和对外投资保险的基本原则得到国际普遍承认；建立和维护国际贸易的信用规范；在培育良好的投资环境、发展和维护海外投资准则方面进行国际合作。

为实现上述目标，协会成员将彼此交换信息，并向协会提供其完成出口信用保险和投资保险任务所掌握的信息；在协商的基础上，研究执行共同计划，密切协作；在适当的情况下，采取协调行动，密切与其他国际组织在出口信用保险和海外投资保险上的合作。

1939—1945 年第二次世界大战期间，伯尔尼协会停止了活动。1946 年协会恢复活动后，对政治风险和商业风险的承保更加重视。虽然国家控制的组织和代表国家承保政治风险的私人保险公司开始加入伯尔尼协会，但其成员均是作为保险人而不是作为政府代表加入伯尔尼协会的。

1970 年，伯尔尼协会中从事海外投资业务的成员成立了投资担保委员会（Investment Guarantee Committee），专门讨论海外投资保险中遇到的问题，后来，还邀请从事海外投资保险的一些非会员参加其的会议。1974 年 6 月，伯尔尼协会章程进行了修改，允许海外投资保险人入会。

在业务研讨和信息交换中，伯尔尼协会成员的受益主要表现在四个方面的交流：一般承保的运作、商业风险、政治风险、特别案例。

伯尔尼协会在国家风险评估中的作用既不表现为亲自评估国家风险，也不表现为组织会员评估国家风险，而是表现为成员间彼此帮助提供机会并创造一种机制。国家风险评估虽然通过会议期间会场内外的讨论来完成，但更多的交流是靠休会后成员间电信和电话交流来实现的。

2. 伯尔尼协会的组织机构

伯尔尼协会设有全体会议、会长、副会长、管理委员会。协会的一切活动都由管理委员会讨论决定。会长、副会长和管理委员会由全体会议选举产生，任期一年。有关出口信用保险的事务由出口信用保险委员会（Export Credit Insurance Committee）处理，有关投资保险的事务由投资保险委员会处理。上述两个专业委员会均要选一名主席和一名副主席，任期一年。全体会议每年举办两次，一次是年会（Annual General Meeting），另一次是全会（General Meeting）。出口信用保险委员会和投资保险委员会也在此期间举行会议。1999年在伊斯坦布尔的年会上，将出口信用保险委员会划分为短期出口信用保险委员会（Short-term Export Credit Insurance Committee）和中长期出口信用保险委员会（Medium/Long-term Export Credit Insurance Committee），连同投资保险委员会（Investment Insurance Committee）形成三个专业技术性委员会。

伯尔尼协会的秘书处现设在伦敦，由秘书长（Secretary-General）负责处理日常事务。每年有时也召开工作会议（workshop）和研讨讲座（seminar）。1997年的项目融资讲座和2002年的全会都是在北京举行的。

3. 专业委员会的职责

（1）出口信用保险委员会的职责

出口信用保险委员会的成员有责任迅速并准确地回答其他成员拟对谈判中的出口合同提供信用销售的信用期限的询问。会员之间能经常就账款的信用期限进行交流，这种交流是成员能够拒绝支持不必要的长期信用的主要手段之一。在世界银行和经合组织的共同安排下，任何一个支持信用期超过5年的协会会员均应向协会秘书处做出翔实的报告，并由秘书处将此信息通知其他的协会成员。

对特定的商品，协会会员已就通常应支持的最长信用期限达成了协议。这些特定的商品包括家养动物、纸张和纸浆、化肥和杀虫剂、公共汽车、集装箱和临时拖车、对某些市场的出口羊毛、高速行驶的卡车和卡车底盘、农业生产资料。

在会员们提供信用信息的基础上，秘书处还将负责编辑信用信息和债务追讨机构的名录。当发生私人和公共买方违约、合同失效、买方支付发生困难和延迟汇兑时，会员应立即通知秘书处。在伯尔尼年会上，会员能就承保、各进口市场的政策和有关支付条件趋势交换意见。协会中技术问题的研究委托给常设技术分会去完成。技术分会的报告旨在对协会成员进行技术指导，而不是规范其运作。出口信用保险委员会每年组织研讨会，从事国家风险评估、承保等专业领域的人员将汇聚一堂，交流各自的观点和经验。

1999年10月伯尔尼协会在伊斯坦布尔召开的会议上，决定将出口信用保险委员会分设为短期出口信用保险委员会和中长期出口信用保险委员会。

（2）投资保险委员会的职责

按照伯尔尼协会章程规定，该机构将在优化投资环境、发展和维护海外投资保险原则方面开展国际合作。该委员会将交换有关赔款支付和签订双边协议方面的信息。在例会中，该委员会讨论的主要议题是特定国家的投资政策、赔款记录、成员担保体制中的新发展和承保技术等问题。该委员会还设立了一个技术小组专门处理投资保险中的技术问题。

4. 伯尔尼协会会员资格

申请加入伯尔尼协会的机构必须具备下述条件：

（1）从事出口信用保险或出口信用担保，或海外投资保险业务经营至少2年以上。

（2）年保费收入至少为200万瑞士法郎，或年承保业务量至少为2亿瑞士法郎（2002年分别改为500万美元和4.5亿美元）。

（3）从事出口信用保险的申请人必须同时承保政治风险和商业风险；从事海外投资保险的申请人必须直接为一般的政治风险，包括没收、战争和限制汇兑提供保险。

伯尔尼协会将邀请审查合格的申请人作为观察员出席伯尔尼协会会议，在其以观察员身份出席四次会议或有关委员会会议后，下一次的全体会议将决定其是否被接纳为正式会员。

伯尔尼协会的会员来自各种性质机构：政府部门、国有公司、准国有公司、私营公司和进出口银行。目前，伯尔尼协会共有来自43个国家和地区的54个会员。1998年，中国人民保险公司加入伯尔尼协会，现已由中国出口信用保险公司替代其在伯尔尼协会的会员身份。

（四）我国信用与保证保险的发展

1. 信用保险的开办和发展

我国的信用保险于 1978 年改革开放以后开始办理。1983 年初，原中国人民保险公司上海市分公司与中国银行上海分行达成协议，对一笔出口船舶买方信贷提供中、长期出口信用保险。1986 年以后，我国又开始试办短期出口信用保险和国内信用保险等业务。近几年来，随着社会信用体系的逐步建立，信用保险也出现了渐渐做大的趋势。

2. 保证保险的开办和发展

为了适应改革开放的需要，我国于 20 世纪 80 年代以后，陆续开办了一些保证保险业务，主要有国内工程履约险，对外承包工程的投标、履约和供货保证保险，产品质量保证保险，住房贷款保证保险，汽车贷款保证保险，雇员忠诚保证保险等。进入 21 世纪以后，随着我国经济不断发展，保证保险的新险种又有了进一步的增加。

第四节　家政企业面临的风险及应对措施

一、家政行业面临的挑战

（一）家政服务市场规范化水平低

当前，家政服务市场的规范运行至少存在这样几个方面的问题和障碍。一是由于家政服务行业和企业均缺乏从业人员登记方面的行业规定，企业通常仅采集从业人员的一般性身份信息，缺少对身份、健康等信息进行核查的途径，所以家政服务从业人员通常是以匿名的状态出现在家政服务市场中，导致从业人员队伍中存在一些不安全因素，例如身体和精神健康、犯罪记录等。二是由于家政服务员的从业经历未被跟踪记录，交易活动的一次性决定了理性的家政服务员在服务中只需考虑此次服务的收益最大化，无须考虑这次服务会产生何种后果或者影响，导致服务过程中服务人员存在严重的道德风险，在行为选择上存在"背叛"的风险，因而容易诱发家政服务员的短期化行为。三是家政服务市场中存在严重的关于家政服务员素质和服务质量的信息不对称问题，在缺乏信息甄别机制的情况下，低素质的服务人员很难被识别，这使得具有信息优势的家政服务员具有隐匿服务质量信息的动机和能力，造成服务行为不规范，服务质量难以保障。

在规范管理和政府监管方面，也存在一些突出的问题，使这些不规范难以得到有效的处理。首先是规范管理的价值设定不清晰。行业的规范管理意味着要将不符合行业标准、不被市场所认可的服务机构、服务人员和服务行为排除在行业之外，特别是家政服务业的重点在服务人员，以何种价值标准对服务人员的适宜性做出判断是规范管理的核心问题之一。由于家政服务业吸纳大量的弱势群体就业，标准过高会妨碍就业，也不利于产业发展，标准过低则无法起到规范行业发展的作用，因而澄清价值是家政服务规范化的首要任务。其次是规范管理的主体不健全，特别是行业协会的能力不强。行业协会是促进家政服务规范化的重要主体，特别是随着政府职能转变和市场的发展，行业协会将会承担起越来越多的职能，但是目前，行业协会的发展和功能发挥仍然存在着权威性不足、资源缺乏等限制。再次，规范管理的方式手段有待创新。家政服务业的服务行为主要发生在从业人员和消费者之间，政府监管的对象不仅有家政服务机构，同时也包括家政服务从业人员，并且家政服务从业人员作为服务的直接提供者，应该是监管的重点对象。但是目前，由于家政服务从业人员的数量庞大，服务行为也分散地发生在消费者的家庭之中，所以传统的监管手段遭遇了挑战，难以回应当前家政服务行业中出现的问题，需要进一步对监管的方式方法予以创新。

（二）家政服务业抵御风险的能力弱

由于家政服务发生在家庭这一相对私密、封闭的环境中，并且务行为本身有一定的特殊性，造成服务双方的人身、财产安全问题的风险较大，具体来看，这些风险主要表现在如下几个方面：一是健康风险。家政服务的私密性要求双方拥有对对方健康的知情权，但目前整个行业还缺乏严格的健康检查机制，只有部分正规的机构要求从业人员在上岗前做简单的身体检查，雇佣双方对对方健康情况不明朗、不清楚。健康检查制度的缺失、不完善以及执行不到位，既损害了雇佣双方的基本健康知情权和基本利益保障权，也加剧了彼此相互传染疾病的风险，出现突发疾患时也难及时有效应对。二是家政服务员合法权益保障风险。由于家政服务的灵活性高，大多数属于灵活就业，多以口头约定，雇佣双方很少以合同协议方式规制各自的权利义务，即使签订合同也大多流于形式、难以严格履行。由此，导致家政服务员的合法权益，如人身安全、薪酬福利、社会保险等基本权益存在难以有效保障的风险。三是雇主的财产和人身风险。由于家政服务员的疏忽、过失，或无过错责任，可能会对雇主的财产和人身造成损害，在这种情况下家政服务机构多会面临赔付风险。而家政服务机构的规模普遍较小，赔付能力极为有限，面对突发事故往往无能为力，同时行业特点又决定了服务双方可能会经常引致风险，产生矛盾，由此引发的纠纷赔偿和诉讼极易导致巨额赔付，甚至可能导致破产倒闭。

从保险的角度看，这些风险可以被归结为家政服务业的责任风险，包括雇主责任风险和职业责任风险两类。雇主责任风险主要是雇主的雇员在受雇期间从事业务时因遭受意外导致伤、残、死亡，或患有与职业有关的职业性疾病而依法或根据雇佣合同应由被保险人承担的经济赔偿责任；职业责任风险是家政服务从业人员在从事工作时因疏忽或过失造成合同对方或他人的人身伤害或财产损失所导致的经济赔偿责任。

这些风险的存在，给家政服务中的企业、从业人员和消费者都带来了较大的人身健康和财产安全隐患。由于目前我国相关制度措施还不健全、不完善，造成这些因素在客观上有进一步扩大影响行业健康发展"瓶颈"效应的可能性，导致行业发展面临众多复杂的诸如资金、人才、合法权益保障等方面的压力和约束，这进一步加剧了家政服务业"想做不敢做，想用不敢用"和"有事无人做，有人无事做"的供需不足、供需脱节局面，成为影响家政服务业健康发展的重要"瓶颈"因素。

（三）家政服务标准化水平低

由于行业的特殊性，家政服务的标准化存在一些困难，包括服务对象的差异性大，服务场所和设施各异，家政服务机构对服务过程难以监控等，这些因素的存在一定程度上阻碍了家政服务的标准化。但是这并不意味着家政服务业不需要标准化，或者不存在标准化的可能。事实上，从业人员确实很难完全按照家政服务标准提供服务，但是相较于没有标准的情况，技能水平和服务质量会好得多。许多服务人员不知道在雇主家中应该干什么，而雇主则认为服务人员不够主动，这些都是由于服务标准不完善造成的。所以家政服务业的标准跟工业标准不同，工业标准是底线标准，必须要达到，而家政服务标准的作用是引导，逐步促进行业的规范化和内涵式发展。

根据《服务业组织标准化工作指南》（国家标准），服务业组织的标准体系应由服务通用基础标准体系、服务保障标准体系、服务提供标准体系三大子体系构成，涉及服务技术规范、服务提供规范、服务组织规范、质量控制规范等服务的各个方面。当前，在家政服务业中，虽然在国家层面、地方层面和行业层面已经制定了一些标准，但是整体来讲行业的标准化程度较低。无论是在技术上还是在服务提供上，相关的标准大都处于空白。在行业标准的贯彻执行中，由于家政服务发生在人与人之间，其中的主观性和个性化水平很高，导致标准贯彻的难度也很大。而且在当前市场监管较弱、行业自律的相关机制缺乏的秩序背景下，企业执行标准的积极性不高，甚至标准的贯彻只会增加企业的成本，无法给企业带来相应的收益，造成了家政服务业中"劣币驱逐良币"的逆向选择问题。与此同时，家政服务从业人员流动性过大，使行业的管理难度很高，影响了规范化和标准化的实现。

二、家政企业面临的风险

受到传统观念、配套法律制度以及快速变化的市场情况等因素的影响，家政服务企业在运营中暴露出了一些规范性方面的风险和问题，在一定程度上扰乱了行业秩序，损害了行业的社会形象，主要表现在以下几个方面。

（一）安全风险：家政服务从业人员的匿名性导致家庭安全难以保障

由于家政服务业和企业均缺乏从业人员登记方面的行业规定，企业通常仅采集从业人员的一般性身份信息，缺少对身份、健康等信息进行核查的途径，所以家政服务从业人员通常是以匿名的状态出现在家政服务市场中，导致从业人员队伍中存在一些不安全因素，例如身体和精神健康、犯罪记录等。由于家政服务的工作场所是在家庭这一私密空间，对服务人员安全性的要求要高于其他服务行业，在缺少身份和健康核查机制的情况下，家庭面临的安全风险会提高。当前家政服务员构成主要是农村女性转移劳动力和城镇下岗职工等就业困难人员，本身对健康风险的防范意识就不强，在缺少核查机制和必要培训的情况下，更加剧了安全方面的风险。

（二）道德风险：服务轨迹未被跟踪导致家政服务员行为短期化

除了身份和健康信息不透明之外，家政服务员的从业经历也未被跟踪记录。除了月嫂、保姆等持续时间较长的工作以外，对于一个家庭来说，大多数家政服务属于一次性的非全日制服务，也就是说家政服务员与家庭之间的交易活动是一次性的，在缺少从业经历跟踪的情况下，家政服务员单次服务的好坏对下次服务的影响不大，因而容易诱发家政服务员的短期化行为。根据艾克斯罗德的合作理论，理性人的博弈行为如果是一次性的，就会产生背叛行为或者在多次博弈的情况下，只要对策者知道博弈次数，他们在最后一次肯定采取互相背叛的策略，只有博弈行为是长期重复进行的，才能衍生出合作行为。在家政服务市场上，交易活动的一次性，决定了理性的家政服务员在服务中只需考虑此次服务的收益最大化，无须考虑这次服务会产生何种后果或者影响，导致服务过程中服务人员存在一定的道德风险，在行为选择上存在"背叛"的风险。

（三）质量风险：服务员素质的信息不对称导致服务质量难以保障

家政服务的交易中存在明显的信息不对称，这使得具有信息优势的家政服务员具有隐匿服务质量信息的动机和能力，造成服务质量难以保障。一方面，家政服务具有经验品的属性，服务质量如何，消费者难以预先感知，只有通过实际的消费过程才能了解。消费者对家政服务质量的评价高度依赖其消费经验，在消费之前就可以预计到服务质量的情况非常有限，所以消费者在选择家政服务员的时候通常是处于信息空白的状态，特别是当前家政服务市场发展层次较低，品牌和口碑机制普遍缺失，这一问题显得更加突出。另一方面，一些家政服务还具有较强的信任品特征，消费者如果没有必要的知识和经验，即使在购买或消费了家政服务之后，也难以准判断其质量。所以，家政服务的这些特征致使家政服务市场中存严重的关于家政服务员素质和服务质量的信息不对称问题，在缺乏信息甄别机制的情况下，低素质的服务人员很难被识别。

（四）保障风险：相关法律制度欠缺导致行业规范发展缺乏保障

当前家政服务的规范化水平不高，其中一个重要的问题就是对市场运行中出现的问题缺乏制度化的解决途径。这导致家政服务市场的规范发展缺乏必要的保障，无序的市场缺乏纠偏的机制，具体表现在以下几个方面：

一是相关法律制度不完备。中介制经营模式是对传统员工制模式的突破，因而在配套的法律制度方面尚存在一些空缺，其中最突出的问题是中介制下各方的权利义务关系不明晰，在发生意外事故时、家政服务员的权益难以得到保护，家庭在受到家政服务员损害时也难以从企业获得赔偿，极大地加剧了中介制家政服务企业和服务人员的运营风险，不利于企业的规范运营。

二是行业协会发展难以适应要求，促进家政服务业的规范发展主要依托行业协会在其中建立行业自律的制度安排，实现行业自身的过滤。但是目前，家政服务行业协会普遍存在能力有限和公信力不足的问题。能力方面，缺少专职高素质的工作人员和制度化的资金保障；公信力方面，会员覆盖面不广，行业企业对行业协会的认可度不高。这些都制约了行业协会发挥自律性功能。

三是行业水平不高制约了规范发展，除了制度因素之外，行业自身的发展水平是行业规范和秩序的重要依托和基础所在，家政服务从业人员素质不高，企业经营能力不高是当前行业发展的阶段性特征，这种特征使行业规范的难度加大，制约了规范发展的进程。

三、家政企业从业人员权益保障基本情况

2017 年在广州市举行的第二届家庭服务行业圆桌会议上，发布了中国家政产业首个"由政府部门牵头、产学研相结合"的数据报告。报告数据显示，2017 年以来家政服务支出一直呈两位数增长其中母婴护理、家庭教育、护理陪护需求旺盛。当前，我国家政服务业机构管理逐步走向规范化，现有"中介制"家政服务业管理模式存在较大隐患，随着国家层面有效监管的提出，"员工制"的用工模式创新了家政服务业的管理手段，一定程度上为家政服务从业人员的权益提供了相应的保障。

（一）"中介制"家政服务从业人员权益保障

"中介制"家政服务从业人员仍然以熟人介绍为主，数据报告显示，超半数家政服务员未购买相关保险。不少家政服务从业人员也表示，他们在从事家政服务期间没有与家政机构或者雇主签订相关的合同或协议，除了通过家政企业或中介介绍，熟人间的介绍也是家政服务员寻找工作机会的一种常见形式，尤其当雇主是熟人介绍的情况下，以口头协议居多。当前，"中介制"家政服务从业人员在劳动权益保障方面主要面临未购买相关保险，未签订合同或协议，未被纳入城市福利保障、户籍保障体系中等问题

（二）"员工制"家政服务从业人员权益保障

实行"员工制"对于从事家政服务的人员来说多了一份保障，这其实对三方都是有益的：让雇主更有保障，让家政服务员有更多的归属感与安全感，而家政企业可以减少家政服务员的流动性、强化公司的管理。家政服务业实行员工制，对增强家政服务业的吸引力，培育员工对企业的归属感、对岗位的认同感，稳定员工队伍，打造企业品牌能产生积极的作用。实行员工制后，

就必须和家政服务从业人员签订劳动合同，其福利待遇会被纳入城市福利保障体系，为家政服务从业人员缴纳"五险一金"。"员工制"家政服务从业人员的工资构成包括基本工资和绩效工资。

现如今，多个省市已全面推进家政服务员登记注册制度（家政卡制度），这是一张集家政服务从业人员的基本信息、身份认定和金融服务于一体的家政服务从业人员合法就业证件。通过构建家政业信息管理平台，初步实现家政服务信息化管理，规范家政服务经营秩序，为市民提供家政相关信息查询，方便市民生活的同时，对于家政服务机构和广大家政服务从业人员来说也是一项重要举措。

四、家政服务从业人员权益保障存在的问题

目前，消费者对于家政服务的需求种类日趋多元化，这意味着，家政服务领域将涌现出更多优秀的企业和金牌服务人员，与此同时，对于家政服务从业人员的权益保障必须要同步落实。社会上一提到规范家政市场，就会谈到实行家政服务业的员工制管理，而且政府部门出台的很多家政服务企业的补贴政策，前提都是要求家政服务企业实行员工制管理。虽然，普及员工制是未来家政服务业的发展趋势，但相关部门在鼓励家政服务业从"中介制"向"员工制"转型的同时，也应该在家政企业试行员工制之初，给予必要的政策帮扶。

目前，我国家政服务从业人员权益保障主要存在以下五个方面的问题。

（一）家政服务业用工主体和用工管理具有特殊性

人口老龄化加剧、二孩政策放开，家政服务的需求与日俱增家政服务业用工主体也日益扩大。按照我国现行的《劳动法》和《劳动合同法》规定，正规的劳动关系必须签订正式、规范的劳动合同；但是，现有的家庭服务消费者和从业人员之间的劳动关系在法律体系中的定位不明确，呈现一定的特殊性，而且多数消费者和从业人员之间通过中介机构连接，没有建立规范的劳动关系，一定程度上突出了这一行业用工主体的特殊性。随着社会的发展，家政服务业提供服务的形式更具多样性，家政服务"不是家人，胜似家人"的居家式服务使得行业用工管理呈现一定的特殊性，这一特殊性要求行业用工管理的表现形式、使用方式、服务监管与质量评价等方面均要有所不同。家政服务业用工主体和用工管理的特殊性为家政服务业的发展指明了方向。

（二）传统思想观念束缚、职业歧视导致权益得不到应有的保障

传统思想观念的束缚是阻碍高素质服务人员进入家政服务业的极大障碍。随着社会发展，寻常百姓对家政服务需求量不断扩大，但绝大多数人把进入家庭工作、为家庭生活服务看作伺候别人、低人一等的工作，社会对家政服务业的认可度不高。导致这一现象的直接原因是当前社会对家政服务业和家政服务从业人员的宣传力度不够，使得社会对家政服务从业人员具有明显的歧视，家政服务从业人员的社会地位偏低，从而对从业人员的价值定位偏低。

（三）家政服务供求结构不匹配，权益保障无章可循

家政服务市场供求结构不匹配，存在信息不对称现象。一些消费者不能准确辨别家政企业的信用资质，一些消费者有家政服务业方面的需求却没有地方购买服务；与此同时，一些优秀的家政服务从业人员难以找到合适的工作，这样就形成了一个信息不对称的局面。当前家政服务业没有形成规模经济和品牌效应，导致供需缺位、资源浪费。目前，仍然有很多家政服务从业人员没有依托任何企业平台，单纯地通过熟人介绍上岗。对于雇主来讲，这一现象具有很大的不可控风险；对于从业者自身而言，因为没有签订任何合同，使得他们的权益得不到应有的保障。我国《劳动合同法》所限定的用工主体是有法人资格的单位，家庭不被看作劳动的用工主体，因此，家政服务从业人员与雇主之间无法形成"合法的"劳动关系，只能形成私人雇佣关系，一旦与雇主发生纠纷，家政服务从业人员的权益得不到任何保障。

（四）行业规范不健全，缺乏组织管理、协调机制和保障机制

家政服务员目前仍属于非正规就业工种，大多存在不签订服务协议、不建立员工管理档案等情形，其合法权益无法得到保障。我国家政服务业中存在法律缺失问题，客户与中介机构、客户与家政服务员、中介机构与家政服务员三者之间缺少规范的、具有法律效力的契约关系。家政服务是一种"零距离"服务，当家政服务员走进客户的家庭，进入客户的"私人空间"时，家政需求方和服务供给方之间的责权利必须明确。目前签订的家政服务协议存在诸多的不规范，有的供求双方根本不签订服务协议，因为家政服务员属于非正规就业人员，家政服务员和雇主只存在雇佣关系，一旦产生问题，没有有效的管理保障机制做参照，不能对事件进行及时有效的处理，家政服务员的权益也很难得到劳动法等法律的保护。当前，在家政服务从业人员中，只有持有下岗失业证的国有企业下岗职工可以享受政府提供"三金"（养老、

失业、医疗保险）补贴，正如我们了解到的，这部分人占比不大，最多不超过20%。所以，行业内缺乏相应的组织管理机制、协调机制和权益保障机制是当前家政服务从业人员得不到保障的关键原因

（五）行业缺乏统一的规范管理和良性的经营环境

家政服务业属于劳动密集型行业，只有上规模才能有效益。目前，家政服务从业人员主要为下岗职工和农村转移就业的富余劳动力，其中以中年女性为主，整体受教育程度偏低，上岗前缺乏必要的技能培训和职业资格鉴定，大多只能从事简单的家庭劳务，难以满足日益增长的高端、个性化家庭服务需求。总体来看，我国家政服务业总体上处于起步阶段，家政服务市场尚不规范，组织无序、服务行为无序、收费无序，真正的规模化、专业化、品牌化的家政服务产业尚未形成，所能提供的服务产品种类还比较初级，服务的衡量评价标准和风险担保机制尚未建立。我国的家政服务业是在市场需求带动下自发形成的一个行业，目前，整个国家的家政服务市场还存在着类型多元、管理多头等因素，政策层面也没有出台有关家政行业统一的法律法规，对家政服务业的行业研究和行业管理比较滞后，造成家政服务业制度缺失、理论实践脱离，从业人员和雇主之间发生纠纷时，家政企业推三阻四，缺乏处理依据，责任无处着落。而且，政府主管部门对家政服务业的引导、协调、宣传和扶持还不够，存在着对家政服务业管理滞后的问题，在一定程度上导致行业在服务行为、服务规范、服务价格等方面无章可循。

五、家政企业信用风险管理与转移

（一）家政企业应对不同风险的措施

1. 风险降低

家政企业可以通过加强公司内部审计监督工作、制定细化的风险措施、优化关键业务流程并制定风险控制措施、增强员工风险意识等方面降低风险发生可能性。而降低风险发生影响的方面，可以通过制定重大风险的应急预案，与传统服务家政企业签订互惠协议等方法。

2. 风险规避

家政企业可以选择退出风险活动来规避风险。例如，与不良第三方小家政合作，家政服务人员服务质量得不到保证，可能对公司名誉造成伤害，则应暂停与其合作。

3. 风险分担

家政企业可通过给家政服务人员购买保险，或者通过与第三家政服务机构合作等方式转移一部分风险。

4. 风险承担

采取上述部分风险应对措施后，在家政企业风险容忍度和可承受范围内承担一部分风险。

（二）保理业务对于家政企业的意义

保理的概念最早在 20 世纪 90 年代初引入我国，早期保理业务只是在外贸出口业务中开展。但是由于国家金融、贸易政策导向等原因，这项在西方国家广泛使用的债权保障手段在国内的实际业务量一直很少。近年来，随着大量外资生产家政企业和金融家政企业进入中国，很多国外通行的金融和贸易操作手法也被引入国内市场。保理行业也不例外，最典型的事件是 2001 年南京爱立信公司与汇丰银行上海分行、渣打银行上海分行共签署了 8.27 亿元的无追索权保理业务协议，其结果是大大地减少了对中资银行的贷款需求，并引起了中国人民银行的高度重视（此案例会在后面详细讨论）。从这时起，保理业务才受到国内家政企业的重视，国内银行也陆续开展了这项业务。

在这一过程中，保理业务对于家政企业经营的意义也凸显了出来。首先它承接了应收账款回收的风险，是一种风险保障措施。在风险保障的同时，家政企业可以利用保理商提供的融资服务灵活地调节现金和应收账款之间的平衡，它成了家政企业新的资金来源渠道。随着与家政企业信用管理的紧密结合，保理业务对家政企业的生产经营和管理有着以下重要的作用：

1. 风险保障

无论是外贸业务还是内贸业务，卖方只要认真履行合同就可得到 100% 的付款保障，而将信用风险、财务风险和汇率风险都交由保理商承担。在这一过程中，保理商之所以承担这些风险，是由于他们拥有一套严密的风险防范机制。以出口业务为例，首先进口保理商会利用与进口商同在一国的地域优势，通过各种渠道收集进口商的信息，甚至直接向进口商索取其财务报表。其次，进口保理商分析进口商的信息资料，判断是否替出口商承担风险。最后，由于保理商有一套严格的收款程序，所以可以及时收回账款不会造成坏账损失。由此可见，承担信用风险的基础是要了解风险、分析风险，最终才能驾驭风险。也正是由于建立了一整套完善、周密的信息收集、信用管理、信用评估和账款管理系统，保理商才能够提供各种各样的保理服务。

2. 扩大家政企业销售

无论是出于市场竞争的考虑，还是增加营业额的需要，家政企业可以对新老客户提供更有竞争力的付款条件，如托收、电汇、远期付款等，而风险已经被提前锁定。由于不用考虑风险因素，家政企业可以放心地与世界各地的贸易伙伴交易。由于增加了选择合作伙伴的范围，家政企业无形中扩大了市场的范围，增加了销售渠道。

3. 资金周转的调节器

保理业务对于家政企业资金的调节发挥着重要作用。首先，选择融资保理的家政企业在发出货物后可立刻获得现金，不但可以将资金投入新的生产运营，而且可以加速资金周转，促进了利润的增加。其次，保理是基于客户的销售，而不像其他融资方式是基于家政企业资产。只要家政企业有销售，家政企业就可以通过保理业务获取源源不断的营运资金。第三，如果家政企业现金紧张或者有更好的业务需要资金，家政企业可以选择通过保理业务及时将应收账款转化为现金，从而投入生产。第四，家政企业的生产通常需要赊购很多生产资料，同时也要赊销自己的产品。如果利用保理业务所回收的资金去支付供应商的货款，可以享受销售折扣，这种折扣与要支出的保理费往往可以持平。同理，销售商通过保理业务及时收回了资金，就可以不向买方提供提前付款的折扣，同样也节省了费用。

由此看来，合理地使用保理业务，灵活地将其与家政企业经营结合起来，家政企业可以获得及时的资金周转、充裕的资金来源，并且可以随时调整流动资产的结构，以及提前支付原料款。从这一点讲，保理业务可以成为信用经理和财务经理在资金周转上的调节器。

4. 提高家政企业经营效率

由于资信调查和追收账款的工作都交由保理商处理，从而家政企业能够减少在这方面的投入，大大地节约成本。此外，保理商业务手续简便，家政企业可以免除一般单项交易中的大量制单工作。保理业务的申请过程所需要时间也很短，通常，第一次申请只需要5~10天的时间，此后保理融资可以在出具发票后24小时完成。

保理业务还可以达到改善资产状况的目的。首先，保理业务不是一项贷款，所以在资产负债表中不会出现负债。如果保持良好的财务状况，家政企业可以获得更多的融资。其次，通过保理业务产生的融资不会像风险投资那样引入新的股东，可以保证原有股东对家政企业的控制。此外，保理业务可以保证家政企业及时支付税金、账单、工资，从而有利于提升家政企业的信用等级。通过保理业务，家政企业花在收款、管理和记账的工作量大大减少，可以专注于家政企业自身的生产经营和销售。总之，在专业化社会分工日趋细致的年代，保理业务就是对家政企业利用社会专业化分工的结果。与信用管理本身不同，它将家政企业很多职能拿到了家政企业的外部。而它又是家政企业信用管理的延伸，家政企业可以灵活地进行选择，解决竞争加剧、利润下降、长期信贷风险、客户倒闭等众多风险。

（三）国内信用保险的承保

国内信用保险的承保是指保险人对投保人的保险标的给予保险保障，同被保险人签订保险合同的过程。保险人根据投保人的投保意向和提交的保险申请（投保单），提出相应的保险条件，保险双方协商取得一致意见后，签订保险合同。承保是保险业务经营中的首要问题，是业务经营的核心环节，上承展业，下达理赔，一旦保险人的承保工作发生问题，将直接损害保险双方当事人的利益。所以，承保工作质量的好坏，不仅关系到保险合同能否顺利履行，而且关系到保险机构能否正常经营。

1. 承保原则

投保人向保险公司投保时，须将保险标的的有关情况进行如实告知并填妥投保单，向保险公司提供一份反映其投保情况的申请书，提出保险要约。保险机构根据其提供的资料及通过调查掌握的情况，决定是否承保，如经保险人审核同意承保，并就合同的条款达成一致，保险人签发保险单。所以，此保险合同的签订过程即为承保。在实际操作中，国内信用保险承保应遵循以下原则：

（1）公平互利、协商一致的原则。

保险合同属于经济合同的一种，合同双方地位平等，应本着公平互利、协商一致的原则，自愿订立保险合同。除法律、法规规定的强制保险外，任何保险公司或其他单位及个人不得强制他人订立保险合同。只有保险人与被保险人就投保保险的一切条件达成一致意见后，方可签订保险合同。

（2）最大诚信原则。保险合同双方在订立合同时应诚实守信。合同订立之前，投保人应如实告知保险人所有有关的重要事实。否则，由于被保险人违反如实告知义务发生的保险赔款，保险人不负责赔偿。

（3）不得损害社会公共利益的原则。保险合同不得违反国家利益或损害社会公共利益，不得违反法律和法规的有关规定。否则，保险合同自始无效。在申请投保国内信用保险时，投保人亦不得从事损害社会、他人利益的行为，严格遵守投保要求，履行投保义务。

2. 承保操作程序

国内信用保险的承保与其他保险不同，它不是以数理统计（大数法则）为基础作出承保决定，而是以获取有关风险的各方面信息并据以做出正确判断为前提的。一般包括以下几个步骤：

（1）投保人填写投保单，提出投保申请。投保单主要内容包括被保险人的自然情况、保单开始生效的时间、以往的相关情况及未来情况预测等。投保单明确规定，被保险人应对投保单所列内容如实填写。同时，保险人也向被保险人做出保证，不向第三者泄露有关投保单的各项内容。

（2）保险人审核投保单并据此签发保险单。保险人接到投保申请后，认真研究投保人通过投保单提供的资料，对其资信进行初步审查，然后通过各种渠道重点对其所对应的买方的信誉、能力和资金等方面的状况做进一步的评估、分析，最后做出是否向投保人提供保险和在什么条件下提供的决定，并据以正确地签发保险单。保险单是保险人接受投保人保险申请后向投保人签发的确立保险合同项下保险人与被保险人双方权利与义务关系的书面凭证。国内信用保险单一般包括保险条款、费率表、信用限额申请审批表、申报表、批单等文件。

（3）保险人向被保险人签发保单后，被保险人应就其保险合同项下的信用销售，为不同的买方申请不同的信用限额。信用限额的申请和审批是保险人和被保险人共同控制风险的关键环节。被保险人应针对每一买方申请不同的信用限额，此信用限额一经保险人批准，可循环使用，直至保险人以书面形式变更此限额时为止。

（4）被保险人应定期（一般是按月）向保险人逐笔申报保险合同项下的实际销售，并据此向保险人交纳保险费。申报和交纳保险费是被保险人保险标的受到保险人充分保障的前提，是保险合同项下被保险人应履行的义务。被保险人的任何原因引起的漏报，均会使其相应的利益不能得到充分的保障。在发生买方任何违约事件时，保险人对任何无申报的业务概不赔偿损失。

总之，在国内信用保险的承保中，必须坚持这一原则：承保国内信用保险必须保证被保险人将其所有以商业信用方式的销售按销售额进行全部投保，不能只选择比较大的风险投保，从而确保保险人分散风险和保持业务经营的稳定性。保险人则根据实际情况与国家制定的限制条件等，决定是否承保。

（四）资信调查和信用限额的审批

1. 资信调查

由于国内信用风险本身的特殊性，被保险人对于买方的财务状况、资信等级和偿还能力等一系列信息，限于人力、物力和财力等的不同原因，不可能有十分清楚的了解。这时，最好的办法就是投保国内信用保险。保险机构拥有一批知识全面、业务精湛、了解被保险人情况的专职市场调研人员，他们凭借手中掌握的大量信息资料，包括与我国一些大的信息资信评估机构的资料库联网，可随时向被保险人提供所需要了解的各种信息。国内信用保险机构还可以根据自己的经验，向被保险人提出有价值的建议，促使被保险人采取相应的经营策略和措施。

（1）资信调查的内容。评估买方的偿付能力、付款记录、经营情况、法庭记录等，并定期跟踪买方付款表现以及突发事件引起的风险变化等。（2）资信调查的作用。对被保险人来说，有助于减少坏账风险；保证家政企业足够的现金流动和预期利润；有助于稳妥地开辟新市场，提高竞争能力。对保险人来说，有助于合理地分散风险；确定可授予的信用限额和可承受的赔偿金额；发现并控制风险。

2. 保险公司信用限额的审批

国内信用保险与其他商业保险不同，其所承担的最高保险责任是以信用限额为最高赔偿责任额。所以，国内信用保险的承保从一定意义上说也就是对信用限额的评估和定期复查。信用限额是信用保单中的一项重要规定，是风险管理的核心内容。一般的保单中都规定两种限额：一是对买方的信用限额，即对每一买方所造成卖方的损失，保险人所承担的最高赔偿限额；二是对保单的累计责任限额，即保险人对被保险人在 12 个月内保单累计的最高赔偿限额。买方信用限额应由卖方根据不同的买方的资信情况及买方在一定时期内预计以信用方式成交的金额，逐个向保险人提出申请，经过保险人审查批准后生效。

（1）信用限额申请。信用限额申请是国内信用保险经营所特有的，它是指被保险人应根据保险条款的规定，为其对特定买家的信用销售向国内信用保险承保公司申请的信用限额。被保险人应就本保险合同适用范围内的销售，按每一买方向保险人提交"信用限额申请单"申请买方信用限额。经批准后的买方信用限额为保险人对被保险人向该买方销售承担赔偿责任的最高限额。如果被保险人实际的信用销售额超过此限额，保险人对超出部分将不承担保险责任。

申请信用限额时，被保险人应尽可能地提供申请表内要求的所有资料，申请合适的信用限额。如果被保险人申请一个不切实际的数额，保险公司则会根据该买方的信用资料和偿付能力，批出合理的信用限额。信用限额一经保险人批准，在保险期限内即可循环使用。被保险人申请买方信用限额但保险人不予批准的，保险人对与该买方的销售不承担任何赔偿责任。

（2）限额审批。信用限额审批是承保工作中最重要的一环，也是保险人帮助投保人有效控制风险的主要步骤。限额审批是风险管理中技术含量较高的工作，在实务操作中，除可借鉴的一些财务数据外，很多时候，保险人所掌握的资料、信息有限，且无法预知未来风险，故限额审批应该是艺术性和科学性相结合。

买方信用限额是保险人对被保险人向该买方承担支付赔款的最高限额。一经保险人批复，它不受时间、商品性质的限制，可以循环使用，除非保险人书面通知被保险人更改或终止此信用限额。保险人审批信用限额的依据是对买方的资信调查和评估以及被保险人的信用限额申请。在实际信用限额申请、审批过程中，有时发生被保险人申请一个较高的信用限额，而保险人的批复额却很低。若发生这种情况，被保险人应充分信赖保险人的裁定，因为保险人的决定是建立在大量资信调查分析基础上的。事实证明，许多被保险人不听从保险人的忠告，一意孤行，往往给自己造成了经济上的巨大损失。

除保险公司审批的信用限额外，还有一个被保险人自行掌握的信用限额。自行掌握信用限额仅适用于无买方信用限额的买方，是保险人根据被保险人的实际风险管理情况，在订立保险合同时，授予被保险人可自行掌握使用的信用限额，是保险人对被保险人向有关买方销售承担赔偿责任的最高限额。如果被保险人实际的信用销售额超过此限额，保险人对超出部分将不承担保险责任。保险人批复自行掌握信用限额的依据是被保险人的经营历史、经营规模、盈利水平和经营作风等。

（3）限额调整与撤销。信用限额在整个保险过程中的作用非常重要，正确、及时地调整信用限额直接关系到被保险人的经济利益。被保险人获得经保险人批准的信用限额后，开始执行合同。保险人应定期跟踪合同运行及收款情况，并指导被保险人根据不同的情况及时对原有信用限额进行调整。

3. 资信调查与限额审批参考要素

（1）买方商业资信；

（2）法律记录与历史资料：官方注册的名称、地址、公司性质、营业时间、雇员人数、法庭记录及抵押记录等；

（3）业务范围及业务规模；

（4）财务分析：静态分析指年度财务报表（资本、负债、权益、销售额、利润、现金流动、财务比率等），动态分析指至少两年的报表比较、同行业比较以及预测财务变动情况和发展趋势；

（5）付款习惯及表现；

（6）信用等级评估；

（7）保户内部经营管理水平与以往承保、理赔记录；

（8）双方以往交易的坏账历史；

（9）合同因素。

资信调查与限额审批需要时间，故被保险人在销售合同草签后，即应立即申请限额，以不影响合同的执行。避免"过早"（合同取消执行）与"过晚"（货物已运出，风险已发生）申请。被保险人能否完全、真实地提供有关信息是被保险人与保险人共同控制风险的关键，只有完全、真实地反映信息，才能有效减少不必要的环节，加速审批时效。

（五）国内信用保险的申报和保险费

国内信用保险的申报是保险公司对被保险人承担保险责任和收取保险费的依据。投保国内信用保险后，被保险人应根据保险条款的规定将保单项下适保范围内的全部销售项目按月向保险公司逐笔如实申报其实际销售额，保险公司根据被保险人的申报和保单明细表列明的费率，计算被保险人应交纳的保险费。

保险费是保险合同双务有偿的重要表现，交纳保险费是保险合同开始并生效的前提，也是被保险人执行合同应履行的最主要义务之一。保险费作为保险人承诺分担风险的经济补偿，表现为一种有限补偿，即它足以抵补经营中的赔款支出。国内信用保险承保人一般不向被保险人退还保险费。保险费的计算公式一般为：

$$保险费=信用销售额×相应的保险费率$$

被保险人须于保险公司发出保费计算书之日起 10 日内交付保险费。保险费如需调整，保险公司应以书面通知被保险人。通知发出后第二个月销售的货物，保险费将按照新的保险费率计算。如被保险人超过规定期限 2 个月仍未交付保险费，保险公司有权书面通知被保险人终止保险合同，并且对于已经收取的保险费不退还被保险人。

（六）　国内信用保险的保险期限和等待期

1. 保险期限

国内信用保险的保险期限为保险责任生效的期间。保险人只对保险期间内发生的保险事故承担赔偿责任。为了确定保险合同的效力和有利于保险合同的履行，保险人和投保人双方在订立保险合同时，必须对保险期限达成协议，在保险合同中列明。

国内信用保险中，保险期限一般以 1 年为期，保险期满以后按年续保。保险期限的起止日期按照保险合同约定生效日的午夜 0 时开始至到期日午夜 24 时止。习惯上都对时间作如上约定，以免发生时间计算上的差错。

保险期限是计算保险费的依据之一，也是保险人和被保险人履行权利、义务的责任起讫期限和履行保险责任的期间，因此，保险期限是保险合同内容的重要组成部分。

2. 等待期

赔偿等待期是指在被保险人提出索赔申请并按保险条款的规定提交有关证明损失已经发生的文件后，保险人不立即定损核赔，还要等待一段时间后再做处理。商品交易中付款拖欠一两个月的现象很常见，但真正形成坏账的情况较少，故保险公司一般都规定相应的赔偿等待期以避免频繁划账。被保险人提出索赔后，保险公司要在该赔偿等待期结束以后才定损核赔。对于不同原因造成的损失，保险公司规定的赔偿等待期不同。如果造成损失的原因是买方破产，保险公司通常在证实买方确已破产或确定不具备偿付能力之后，即可定损核赔。由于买方拖欠货款造成的损失，赔偿等待期一般为 4 个月至 6 个月；由于买方拒收货物或拒付货款造成的损失，赔偿等待期为该货物重新出售或处理完毕后 1 个月；但是由于贸易纠纷引起的买方拒付货款，保险公司一般不立即受理索赔，只有等纠纷解决后才予以定损核赔。被保险人已经保险的货物确实受到损失，且损失的原因确实属于保险责任范围之内，不属于条款规定的责任免除，而且保单规定的赔偿等待期已经到期，理赔人员即可编制"赔款计算书"进行赔付。

等待期是国内信用保险定损核赔所应遵循的主要原则之一，因为承保标的风险已经发生，但是被保险人的货款仍有收回的可能性。但是，对于国内信用保险中能立即定损核赔的风险，则不需要等待期，因为此类情况下的任何延误，均会增大保险人和被保险人的损失。

（七）国内信用保险的赔偿处理

赔偿处理是当承保标的的风险可能发生或已经发生时，被保险人填报可能损失通知书和索赔申请书索赔及保险人受理索赔的过程。它包括损失通知、被保险人的索赔、保险人的理赔和欠款的追讨等步骤。

1. 损失通知

被保险人一旦获悉或发现保险标的遭受损失，应立即通知保险人，进行损失通知，填报可能损失通知书。可能损失通知书是保险人缮制的，由被保险人获悉损失已经发生或引起损失的事实已经发生后，在保单规定时间内填写并报送保险人的书面文件，一般包括被保险人名称、保险单号码、保险人批准的该买方信用限额、支付方式、买方违约及处置方式等。可能损失通知书虽不是保险索赔的申请书，但它能起到协助保险人控制风险、尽量降低损失的重要作用。被保险人按照保险条款的规定填报可能损失通知书是其应尽的义务，一般国内信用保险条款规定，在被保险人未能履行此义务时保险人有权拒绝赔偿。

国内信用保险人在接到可能损失通知书后，应立即要求并配合被保险人采取措施避免和减少损失，进行积极的损失控制。

2. 索赔

索赔又称提赔，它是在确认保险条款规定的保险标的遭受损失后，被保险人根据保险条款的规定，向保险人提出赔款要求的行为。

被保险人的索赔要注重时效，即要快，从而避免被保险人因想尝试独立追偿或根本忘记有保险而导致延误向保险人索赔。损失一经确认，要立即向保险人提出索赔。及时无误的索赔，可使保险人根据损失发生的原因，有针对性地采取行动，把损失减小到最低程度。

被保险人索赔时，首先要正确无误地填写索赔申请表。索赔申请表一般包括被保险人名称、地址、保单号、保单生效日、买方信用限额申请日、有效信用限额、造成损失的原因及被保险人采取了何种补救措施等。

除递交索赔申请表外，被保险人还要提交保险人要求提供的与确认保险事故的性质、原因、损失程度等情况有关的其他证明材料的原件或原件的复印件。上述有关索赔文件的齐全、清楚、无误，有助于保险人迅速定损核赔。

3. 理赔

理赔是在保险标的遭受损失后，保险人根据保险条款的规定核定损失，向被保险人支付保险金的行为。国内信用保险的理赔程序包括以下步骤：

（1）登记立卷。保险人收到被保险人索赔申请及有关单证后，根据保单号或其他标准进行登记立卷，以便随时查询。

（2）进行核赔。审核索赔申请及有关单证是否合规、齐全、准确、清楚。合规指提交索赔申请的事件符合保单条款的规定；齐全指证明索赔人履行卖方义务、被保险人义务及证明承保标的遭受损失的有关文件齐全；准确指上述文件均为有效的证明文件；清楚指字迹、印章清楚。

（3）确定损失原因。损失原因必须在保险条款所规定范围之内。

（4）检查被保险人是否履行了保险合同下的应尽义务，如定期申报、按时交纳保险费。

（5）计算赔款金额。赔款金额由合同金额、实际损失金额、某一被保险人最高赔付额、有效信用限额、赔付比例等因素决定。

（6）赔款等待期的等待。

（7）等待期满后，划拨赔款。对于拒绝赔偿的案件，保险人应该书面通知被保险人。

4. 欠款追讨

欠款追讨指在承保标的遭受损失后，在赔款等待期内，保险人或保险人接受被保险人委托后再委托他人（如追账公司），或被保险人向债务人（买方）或其担保人追收账款的行为；或在保险人向被保险人（卖方）支付赔款取得追偿权后，直接或委托追账公司向债务人（买方）或其担保人追收账款的行为。

一般国内信用保险条款对被保险人在欠款追讨阶段应尽的义务有如下规

定：被保险人应积极追讨或协助保险人追讨欠款；在保险人支付赔款前，应保险人要求出具追讨欠款委托书，并提供追讨所需相应文件；在保险人支付赔款后，将商务合同、保险合同项下被保险人的权益转让给保险人；按保险条款的规定比例承担追讨过程中发生的费用（包括佣金、律师费、诉讼费等）。

（八）国内信用保险的权益转让和追偿

1. 权益转让

权益转让指保险事故发生，保险人向被保险人支付了赔偿金之后，取得有关保险标的的所有权或者向第三者的索赔权。

在实际操作中，一般在保险人支付被保险人赔款后，被保险人应就保险人赔偿的金额出具赔款收据及权益转让书，将追偿权转让给保险人，并协助保险人向有关责任方追偿。如果被保险人已经从责任方那里获得了赔偿，保险人只承担不足部分的赔偿责任。对同一买方项下保险人未赔偿的欠款，如被保险人同意委托保险人追讨，可签署追讨委托书授权保险人代为追偿。

2. 追偿

追偿是指保险人在依照保险合同规定向被保险人赔偿之后，取得被保险人转让的代位求偿权，在赔偿金额范围内代位行使被保险人对第三者请求索赔权的行为。

（1）追偿业务范围。追偿的业务范围主要有以下方面：

①按照国内信用保险条款的规定，在被保险人就保险人已赔付的金额出具赔款收据及权益转让书后，保险人对该债务进行的追偿；

②承保合同项下保险人未赔付的欠款，在被保险人签署追讨委托书后，保险人对该债务进行的追偿；

③符合保险人有关规定的代理追偿。

（2）追偿实务操作程序。在实际的业务操作中，保险追偿一般包括以下程序：

①保险公司对追偿案件应分别按自追或代追进行登记，然后根据追偿原则，结合具体案情进行审核，查明事故责任，并将有效追偿单证汇集齐全，如检验报告和其他证明等。

②保险公司收全有关单证，立即办理索赔手续，缮制索赔清单，寄发索

赔通知书等，并根据案情进行定期催办。

③经审定同意债务人的申请赔偿数额时，去函复证。待收到赔款后，保险人缮制计算书并连同赔款收据寄给债务人予以结案。

（3）追偿费用。对于委托追讨费用（不包括法律费用）的收取，遵循"无效果，无报酬"的原则。对在买方信用限额内的买方欠款，保险人预付费用进行追偿。如追回欠款，追偿费用按双方所拥有的权益分摊；如未追回欠款，所发生的费用由保险人承担。对同一买方项下买方信用限额外买方欠款的追偿，保险人可预付追偿过程中发生的费用，但被保险人必须事先书面承诺追偿结束后偿还保险人预付的费用。

追偿过程中，发生争议而进行仲裁或诉讼时，在被保险人书面同意支付有关费用的情况下，保险人先预付追讨过程中发生的法律费用，结案时再按双方权益分摊此费用。

（4）追偿欠款的分配。对于已经赔付的欠款，自保险人缮制"赔款计算书"之日起，被保险人从债务人处得到的任何还款，均视为保险人的追回款；对未赔付的欠款，自被保险人出具"追讨委托书"一定的时间后，其从债务人处得到的任何还款，均视为保险人的追回款。

对于追回的款项，按照被保险人和保险人各自拥有的权益分配追回款。保险人追偿回的欠款应由债务人或保险人的代理人全部直接汇入保险人账户。保险人一般在收到欠款后1个月内，扣除相应的追偿费用，将被保险人拥有权益的部分转付给被保险人。如买方直接将欠款汇往被保险人账户，被保险人应在1个月内，按"权益转让书"和"追讨委托书"的约定，将保险人拥有权益的部分及保险人预付的相应的追偿费用转付给保险人。

（5）反追索。保险人如在追偿过程中发现下列情况之一，有权对被保险人进行追索：第一，被保险人违约造成债务人违约；第二，被保险人未经保险人同意，私自接受退货，同意折扣或与债务人达成还款协议；第三，被保险人不积极协助保险人追讨债务，或未经保险人同意擅自委托第三方追讨，严重影响保险人的追讨效果。

（6）追偿时效。国内信用保险的追偿时效一般为1年，在保险事故发生之日起，被保险人应在1年内进行追偿处理，否则视为自动弃权。保险人接受委托追偿后，被保险人在1年内不能提出撤案要求。

（7）追偿争议处理。被保险人与保险人因履行保险合同发生的有关争议，首先由当事人协商解决，协商不成的，可以采用以下两种方式解决：提交仲裁委员会仲裁（具体仲裁机构名称，必须在保单明细表中约定写明）或依法向被告方所在地人民法院起诉，进行诉讼。

第七章 家政企业信用管理部门的建立

第一节 家政企业信用管理部门的功能

在买方市场环境下，企业信用销售的比例越来越高，面临的信用风险也越来越大，而依赖原有的职能部门进行信用风险控制往往事与愿违。目前对于绝大多数家政企业来说，家政信用管理职能还是一个空白，企业并没有对信用业务（例如赊销）实行专门的管理。本章第一节将阐述建设家政企业信用管理部门的必要性及目标，从而确立在有关目标下家政企业信用管理部门应具有的功能。

一、建设家政企业信用管理部门的必要性

家政企业如果缺少专门的家政信用管理职能，通常会出现两种情况：一种情况是，销售部门拥有较大的销售决策自主权力，包括赊销业务，也同现金交易一样，都是在销售系统内部进行管理的。这使得信用风险难以控制，尤其是当家政企业以推销保姆的销售额提成为主时，销售人员往往更注重销售额的完成，而忽视对客户的信用风险控制。这种管理方式的结果通常是在实现的销售额背后隐藏着大量的信用风险损失，事后账款难以收回，呆账、坏账比重过高。另一种情况是，一些企业依靠财务部门对营销中的信用风险进行控制。由于财务部门往往过多地从应收账款的安全性和绝对额上考虑问题，过于主观地行使财务风险控制权利，使一些较好的业务和客户受到过分的限制，而有些业务风险又没有被有效地控制。

同时，一些家政企业并没有将风险控制作为销售时的一项重要内容，只是被动地在账款被拖欠后实施催收，而且前期的订单受理与后期的逾期账款管理工作分别由不同的职责部门或人员承担，相互脱节。这种滞后的管理方

式实际上形成了信用风险管理的真空，会产生大量的逾期账款而没有人真正负责。进一步分析可以发现，这种销售管理方式的失误实际上产生于销售授权与风险责任的严重脱节：销售人员"有权无责"，即使盲目赊销也不用为日后收不到货款负责，而账款管理人员（可能是财务人员）却"有责无权"，对订单管理决策过程中的潜在风险无能为力。

综上所述，家政企业的信用风险损失主要是由于在销售款项赊销、信用结算、信用担保等业务活动中，交易（或担保）对象不能正常履行付款责任而产生的，其表现形式是逾期应收账款、坏账、信用责任承担等。信用风险来源于客户，然而起决定性作用的却是企业的销售（授信）决策方式和风险控制方法。家政企业的信用风险损失过高，主要是在家政信用管理的权、责、利上不统一造成的。可以看到，如果家政企业的信用风险管理机制不合理，将造成业务上和管理上的混乱，而且难以分清责任。

因此，缺少独立家政信用管理职能的企业就像是没有守门员的球队，没有能力有效地控制交易决策中的信用风险损失。这样的家政企业只能依赖于销售人员拉到大量家庭订单，而面对交易对象可能带来的付款风险则经常是束手无策。其结果是尽管家政企业的销售额不断上升，但呆账、坏账比率更高，最终利润下降。因此，对于处于买方市场环境下的企业来说，强化家政信用管理职能已经成为一项必然选择。

二、家政企业信用管理部门的目标

我们的管理咨询实践证明，设立信用管理部门，聘用高水平的信用经理已成为欧美等发达国家近20年来企业普遍流行的趋势。因为企业管理者们越来越认识到，信用风险管理从"无形管理"过渡到"有形管理"，已成为企业经营成功的必要条件，而设立独立的信用管理部门，是使这项重要的管理职能更加合理化和专业化的基本保证。对于大中型家政企业来说，应当设立家政信用管理部门，对于小型企业来说，至少也应当设置信用监理。那么，企业家政信用管理部门的目标有哪些呢？

（一）解决家政信用管理和风险控制的授权问题

谁对家政企业的赊销行为负责？家政企业陷入信用风险管理误区的一个主要原因是忽视了信用决策权力的合理运用和控制。在赊销业务中，企业内部必须有人真正对于借贷资本（应收账款）向总经理或董事会负责。事实证明，家政企业将信用决策权力简单地交给销售或财务的做法弊大于利，应当建立专门的家政信用管理职能部门，兼顾信用营销和风险控制的双重管理目标，使家政企业信用资源的使用按照利润最大化的原则进行管理。

（二）解决家政企业业务部门的职责分工问题

家政信用风险产生于销售与回款业务流程中的许多环节，各业务职能部门应各负其责。信用风险是一个综合性的风险，它与其他风险密切相关，如信息风险、市场风险、客户风险、管理决策风险、财务风险等，因此，只有各相关职能部门分工明确、合理，才能达到有效的风险预测和控制目的。实践表明，家政信用管理应作为一项重要的企业管理职能，独立地、专业化地发挥作用。因此，应在企业内部设立专业化的家政信用管理部门或专职人员。

（三）解决家政信用风险的控制方式问题

单纯地依靠业务部门的内部管理或单纯的外部控制都不能很好地满足家政信用管理的要求，应采取内部管理与外部控制相结合的方式。内部管理应以信用政策的制定和执行为主，外部控制应以建立授信制度为主。因此，独立的家政信用管理部门对于销售系统的外部控制来说是必需的。

（四）解决家政信用风险责任的承担和考核问题

家政企业发生风险损失，究竟由谁来承担责任？这需要在合理分工明确的基础上，制定具体的考核指标，以达到激励和惩罚的目的。单靠推销保姆的销售业绩提成的激励制度（以回款额指标为主）或风险抵押金制度（以坏账损失指标为主）都不可能很好地达到信用风险管理的目的。设立家政信用管理部门，企业将可以非常清晰地在销售、财务和信用职能之间对信用风险的责任做出划分。例如，月嫂的工资收款是一项直接关系家政企业利益且部门交叉较多的工作，必须从部门的管理目标、主要职能、专业性及效率等多种角度考虑其职责分工及业绩考核。由家政信用管理部门实行对整个账款回收过程的监控机制被实践证明是一种改进账款回收工作的有效方法。

三、家政企业信用管理部门的功能

由前文可知，家政企业信用管理部门的总目标是在最大限度扩大赊销或授信的同时，控制来自客户的信用风险，追求将客户风险降低到合理程度，使企业取得最大利润的效果。因此，依据以上目标和信用管理理论，企业信用管理部门的功能应包括：

（一）客户信用档案管理职能

该职能是家政企业对客户信用风险进行全过程控制的基础。在与客户签订赊销合同以前，甚至与客户进行接触之前，就开始收集客户信用资料，对客户进行资信调查；在和客户进行业务往来、保持债权债务关系的过程中，关注客户动态，及时更新相关资料。客户信用档案管理是家政企业信用管理的一个基本职能。它除了可以为信用管理直接提供信息支持以外，还可以统一客户信息管理，加强家政企业与客户的联系，减少或避免因销售人员离职而导致的客户流失。同时，在客户信用档案管理过程中可以与家政企业外部征信机构交换信息和共享资源，多方位地控制信用风险。

（二）客户授信职能

客户授信职能包括接受客户信用申请、客户信用分析、确定授信额度和授信期限、给客户答复等。客户授信工作，特别是客户信用分析与制定授信政策两个环节，是各项信用管理工作中技术性和政策性最强的部分。信用管理部门对客户进行授信，既要最大限度对客户和销售人员的信用申请给予支持，为家政企业赢得商机，又要确保所承担的赊销风险是属于合理可承受范围的，即获得的收益和承受的风险应该合理配比，这种平衡的把握体现在家政企业信用管理战略定位的具体落实上。

（三）应收账款管理职能

应收账款管理包括对未到期和已到期的客户账款进行统计、分析和催收。管好应收账款是家政企业获得正常现金流量和实现销售利润的基础工作。应收账款管理制度的建立及其周转速度的快慢、余额的多少、账龄的长短对家政企业外部形象的塑造和融资能力都有直接的影响。与传统的财务部门应收账款管理方式不同，信用管理部门不是机械地等待客户到期付款，而是采取积极的应收账款管理措施。信用管理部门采用提前通知、核对账目、及时处理与客户的纠纷等方式，有效确立债权、培养客户正确的付款习惯、跟踪客户资信的实时变动情况，从而防范应收账款变成逾期账款。

（四）商账追收职能

商账追收职能是指对逾期应收账款进行处理，主要工作包括内勤催收、逾期账款分析、委托专业追账机构进行追账、法律诉讼、逾期账款的转让、申报注销坏账等。

（五）利用征信数据库开拓市场的职能

家政企业信用管理部门可以利用专业征信机构的数据库开拓市场，挖掘目标客户。由于数据库中收录了大量客户的信息，其中包括各种丰富的信用信息，对企业有选择地开发客户具有非常重要的价值。

案例 13：镇江信用平台对企业用工实行"首任制"

2019 年 4 月，镇江市家政服务信用平台上线，并融入全省家政服务行业诚信体系建设的统一大平台。运用网络信息技术建立的这一信用平台，将逐步建立健全家政服务"红黑名单"等制度，让市民放心用家政。此前，市信用办联合市人社局出台了《镇江市家政服务领域失信责任主体联合惩戒暂行办法》，对存在严重失信行为的家政服务企业及责任人员实施部门联合惩戒。

镇江市家政服务信用平台以信用大数据为基础，记录了全市登记在册的 2000 多家家政服务企业、近 3 万名从业人员基本信息和信用信息，提供红黑名单公示、信用评价等查询应用服务。信用平台对企业用工实行"首任制"，对从业人员实行"红黑名单"制，有利于市场良性竞争。平台运行近三个月，后台数据显示，已有不少住院患者家庭通过加入平台雇用了保姆护工。而家政公司也主动适应市场潮流，纷纷"触网"。家政服务人员是一支数量庞大、水平参差不齐但充满活力的劳动大军。引入家政服务信用平台，将有效推进家政服务的专业化、标准化、规范化，这一朝阳产业的发展必将步入"快车道"，实现从量变到质变的跃升。①

第二节　家政企业家政信用管理部门的组织结构

为了完成家政企业的信用管理目标，要成立相应的组织机构。组织机构是指与整个流程相关的管理和组织结构。它首先要规定谁对整个家政信用管理流程负责，谁有权对相关政策进行调整。家政企业要成立相关的领导机构

---

① 刘梦雨：《信用监管　推动家政行业提质扩容》，载《中国信用》2019 年第 9 期，第 58~67 页。

或工作小组，即具体负责人或集体，负责整个信用政策内容的审定和修改。还要规定信用部门的人员构成、组织图表、工作范围、职责权限，其他相关部门的职责权限、信用部门的地位与其他部门的关系，以及常规和特别情况下的授权界定等等。

　　家政企业在设置信用管理部门时需要考虑实际情况，市场习惯和客户特点不同，应采用的赊销比例和潜在风险也就不同。同时，家政企业的经营规模也决定信用管理部门的设置方案，家政企业规模大、分支机构众多，则信用管理部门也要有相匹配的规模，可能还需要设立分支机构。例如，规模较大的家政企业的客户较多，相应的信用管理部门需要比较完备。而规模较小的家政企业，面对的客户数量少，风险也较小，这时候需要设立的信用管理部门的功能就不要求那么强大，人员配备也不需要太多。如果家政企业赊销比例高、客户数量众多、应收账款潜在风险高，企业就有必要设立人员配备比较充足、功能比较完备的信用管理部门。

　　此外，信用管理政策的侧重点也决定了家政企业信用管理部门在职能设置及人员配备等方面的重点。如果家政企业正处于市场开发期，采用积极的信用管理政策，那么信用管理工作的重点就是前期客户信息管理和授信工作，相应地这两方面的人员配备也较多。如果家政信用管理政策确定控制坏账是工作重点，则要考虑建立严格的信用申请审批制度，健全商账追收职能，并重点设置相应的人员。

　　部分规模不大、客户数量较少、赊销金额占比小的家政企业，可能不需要设立单独的信用管理部门。但一般还是应该设立一位专职的信用管理主办或信用管理监理，由其行使信用管理部门所应有的一项或几项职能。这个专职岗位可以归入财务部门或者销售部门。如果家政企业使用专业征信机构的信用管理外包服务，也需要设立专门的信用管理岗位，该岗位专职人员的主要任务就是代表家政企业联系外包业务，监督所聘用的征信机构执行外包合同的情况。

　　根据家政企业信用管理的基本职能，家政信用管理部门内部一般可以相应地分设商情科、授信科、商账科、外勤科四个科室，如图7-1所示。

　　如果家政企业分支机构较多、业务规模较大，还可能需要信用管理部门设有针对各分支机构的信用管理专员，负责分支机构的信用管理，如图7-2所示。

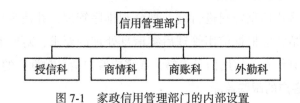

图 7-1 家政信用管理部门的内部设置

图 7-2 分支机构较多的家政企业信用管理部门

一、商情科及其职能

商情科负责客户信用档案管理职能，主要工作是档案归集与管理，并利用征信数据库开拓市场。商情科的具体工作内容可以分为三个部分：客户信用信息的采集、处理、录入和更新；数据库信息系统与网络的维护；面对企业内部的客户信息检索。商情科还可以通过建立家政企业自有征信数据库或利用外部征信机构的征信数据库对客户和市场进行各种统计和分析，为家政企业营销提供有价值的资料。

商情科主要的日常工作包括：

（一）收集、核实客户信息

商情科通过专业征信机构、公司销售人员或直接采集客户注册文件、财务信息等各类有关资料。完整的客户信用信息资料通常包括家庭的基本情况、客户基本资质文件、客户介绍资料、财务资料、个人信息资料等。此外，商情科还应收集家政企业与雇主之间往来的完整资料，特别是有关的商业合同、各种交易的凭据和记录、对账单等。这些资料既是客户信用信息的重要反映，又是重要的法律文件，万一出现信用风险，将是维护企业利益的基础材料。商情科还需对各种途径获得的客户信用信息进行必要的核实和汇总整理，以保证信用管理原始信息的可靠性。

（二）统一管理客户信息

商情科对客户信息资料进行统一划分和排序管理，并使客户信息标准化与电子化。商情科应根据信用管理后续信息处理的要求，对原始信息进行必要的标准化，制作有关信用信息表格，或完成客户信息数据库的录入。

（三）对客户的跟踪监测

商情科需要根据市场变动情况，对客户进行定期和不定期的跟踪，及时发现客户资信状况的变动，以便信用管理部门必要时调整信用管理政策。对客户的跟踪监测是商情科非常重要的一项工作。由于信用信息的局限性，一般情况下，收集到的客户资信状况与真实状况往往存在偏差。幸运的是，在客户资信出现问题时，往往会出现明显的异常迹象，但这时候客户的资金链通常还能维系。这给有效进行跟踪监测工作的企业信用管理工作者提供了绝好的机会，使其能及时进行风险控制，为企业赢得主动，减少甚至避免出现损失。从某种意义上说，有效的跟踪监测的重要性不亚于前期的信用调查。许多造成重大损失的客户风险事件，几乎伴随跟踪监测缺失的问题。

（四）信用档案的维护与更新

对客户信用档案及信用信息库进行日常性的维护是商情科的日常工作之一。根据定期和不定期的跟踪监测结果，商情科还需要将新收集的客户信息进行更新。

（五）从专业征信机构获得客户资信报告

对有些信息收集和分析能力不足的家政企业，专业征信机构是获得客户信用信息的重要途径。即使是信息收集和分析能力较强的家政企业，也需要外部专业征信机构对某些客户的信用信息进行补充。

（六）信息系统及数据库的软硬件维护

在家政企业电子系统维护部门的配合下，商情科对家政信用管理部门信息系统的设施和软件进行系统管理、日常维护及动态更新。

（七）客户信息的内部咨询服务

一个完整强大的客户信息数据库，往往会是一个家政企业客户信息最齐全、最新的信息库，业务部门、财务部门都可能会来查询和了解有关客户的资料，商情科应该根据需要提供相关服务。

商情科是家政信用管理部门较早介入客户信息工作的部门。根据事先防范为主的原则，商情科应该在家政企业其他部门接触客户的时候，及早进行客户资料的收集工作。当销售部门或其他部门提请公司的服务提供者，如保姆与客户签约时，信用管理部门就可以及时向公司决策层提交有关客户资信的报告。

二、授信科及其职能

授信科负责客户授信职能，主要工作是对具体客户进行信用分析与评价，并按照家政企业信用管理政策的规定确定具体客户的授信条件。对信用管理政策规定的授权额度以内的信用申请，授信科可以直接给予核准；对于超过授权范围的授信，上报部门经理批准；特殊的业务，可能还需要提交信用管理委员会或公司更高的决策层来裁决。授信科和销售部门的联系最紧密。

客户授信工作是信用管理工作的重中之重，是各项信用管理工作中技术性和政策性最强的一个环节。授信科应根据家政企业的信用管理政策和信用管理制度对客户进行授信，既要最大限度地对客户或销售部门的信用申请给予支持，又要确保企业所承担的风险处于合理范围之内。授信科的经常性工作内容主要包括：客户信用分析与评价、授信额度及授信期限的确定、受理与回复客户信用申请。

（一）客户信用分析与评价工作

这是在商情科已有的客户信用信息资料的基础上进行的。信用分析是家政信用管理部门的核心技术部分，其过程就是对已经收集的客户信用信息进行综合分析和专业判断，在对客户信用价值进行定性和定量分析的基础上，对客户作出相应的信用评价。授信科应当根据家政企业确定的客户评价方法和程序，在充分分析已有信用信息的基础上，通过定性和定量分析相结合、客观信息和综合判断相结合的方法，确定客户信用级别，形成信用分析与评价报告。商情科提供的客户信用信息资料不齐全、不可靠的，要建议商情科及早补充与完善。如果重要信息确实无法得到或无法得到可靠验证的，应调低该客户信用级别或在信用分析与评价报告中予以说明。

（二）授信额度及授信期限的确定

授信额度及授信期限的确定是客户信用分析与评价工作的延续，是授信科的主要工作成果。客户的信用等级确定和信用评价报告完成以后，授信科应当根据客户信用评价，结合家政企业财务状况、市场现状、企业发展战略及客户对企业的重要性等方面，经过一定换算，求得授信额度和授信期限的推荐值。这种换算可能是一个完整的、客观的数学模型，也可能是有较大主观性的一个匡算值。

在对新客户进行初次授信之后，授信科可以采用渐次增加法，逐步放大客户的信用额度，直至其享受同老客户同等的优惠条件。渐次增加法，就是先授予新客户比较小的信用额度和比较短的信用期限，待过一定时间有了良好的信用表现以后，可以逐渐增加客户的信用额度和延长客户的信用期限。渐次增加法是比较实用、常见的信用控制方法。从某种角度而言，新客户在多次交易中表现出守信用的行为也是种正面的信用信息。从企业客户资源理论来看，多次交易后的客户其价值也在增长，企业愿意为维系与该客户的关系而付出的代价也相应增加，在交易中自然就会增加客户的授信。但值得注意的是，许多用心不良的客户会利用这个规则进行恶意诈骗。这种情况一般出现在没有科学信用评价制度的企业身上，受害企业往往过多地依赖直觉决定对客户的授信政策。

(三) 受理与回复客户信用申请

根据不同规模家政企业的情况，授信科受理和回复客户信用申请时面对的工作对象可能是客户，也可能是销售等部门的企业内部人员。授信科应备置相应的客户申请表，以供对方按格式要求填写信息。客户申请表至少应该包括申请授信额度和申请授信期限两大要素。授信额度还可以分为年度信用额度、短期信用额度或一次性信用额度等形式。

回复客户信用申请应该采用书面形式，以授信确认函、授信通知书等文件形式回复申请对象。该类文件应包括被批准授信的客户名称，信用额度的金额、币种、使用的业务范围，授信期限，时间的具体计算方式等内容。这是实施家政企业信用管理政策的重要文件。授信科要根据家政企业的信用授权规定，在相关授权机构确定客户的授信额度和授信期限等条件并签字后，交给申请信用的客户或有关部门。

授信科应认真对待客户或家政企业内部业务部门对授信条件的反馈，回答他们的疑问，耐心细致地帮助客户和业务人员理解并执行好企业的授信政策。对于客户的投诉，要积极受理，认真分析，同时要做必要的记录，以便在适当的条件下调整有关信用条件。

授信科在力争对客户和业务人员的信用申请给予最大限度支持的同时，一定要依据家政企业既定的信用管理政策最大限度地控制风险。同时，在接触客户及企业内部人员的时候，既要充分听取对方意见，又要坚持家政企业一贯的信用管理政策，不能有盲从心理，也不能过于教条，更不能有居高临下的姿态。

三、商账科及其职能

商账科负责应收账款管理职能，主要是对赊账客户进行催收。此外，它还需要和财务部门合作，确保应收账款凭证和合同的完备、有效，以维护债权。商账科和财务部门的联系比较紧密。应收账款产生以后，商账科不能机械地等待客户到期付款，而应建立应收账款管理档案，密切关注客户情况。商账科应明确应收账款的管理目标是追求应收账款的最佳流动性和效益，控制账款逾期和坏账。

家政企业商账科的应收账款管理职能可分为企业内部控制和外部形象塑造两个方面。在企业内控上，管好应收账款能保证家政企业有合理的现金流，并保证家政企业会计利润的现金实现。外部形象塑造则包括在商业市场上树立严谨商业习惯的形象和在信用市场上获得良好的资信等级这两个方面的内容。

从付账自觉性的角度来看，家政企业客户的付账行为一般有：收到货很快付账；被提醒后才付账；反复催收后才付账等类型。目前，在中国不少客户属于后两种。商账科应该及时对客户的付账习惯有所判断，并及时通知商情科做有关信息记录。

商账科对应收账款的管理大致可分为四个阶段：

(一) 形成应收账款时的管理

信用交易发生以后，如提供家政服务给客户，商账科应该及时和业务部门、财务部门联系，按企业信用管理制度的要求收集并保存应收账款凭证和合同，以维护债权。按规定，该由其他部门保存的原件，商账科应该进行复印，确保债权的证明文件完整、有效。商账科还应直接和客户有关亲属联系，确认债权债务关系的形成，并及时提示对方既定的信用条件。这种确认可以提前得知客户对家政服务的意见。如果存在服务不符合合同的情况，也可以及时通知有关部门进行核实、弥补，以减少客户日后将服务的缺陷当作拒付的理由的可能性，保证企业对债权的主动性。同时，商账科应该对该项商账制作表格或录入信息系统，以备后续应收账款管理的需要。

（二）在授信期限内的应收账款管理

主要是指商账科对未到授信期限的应收账款的管理，提前提示客户安排付款计划。对于款项金额较大的业务，提前提示客户有利于客户完成内部付款审批程序、调度资金。同时，商账科应与商情科及时交流信息，对于商情科提供的动态监测异常信息予以高度重视，该加大催收力度的要及时加强，甚至提前准备外勤催收和委托追收工作。

商账科有必要对一些客户适当地施加催款的压力，可以由家政信用管理部门会同公司其他部门不同级别的人员出面，不厌其烦地给客户有关部门人员打电话，积极进行正面沟通，提示对方还款。当客户应收账款逾期时间较长，或还款安排不确切时，即使该客户名下的欠款总额未达到其总授信额度，也应立即停止对该客户的赊账，甚至暂停与客户的业务往来，停止提供相应的家政服务，即实行"锁单"。

（三）信用期限到期的应收账款管理

按正常信用交易的约定，客户应该在信用期限之前支付账款，但由于目前国内大量客户尚缺乏良好的支付习惯，以及国内既有的商业文化的影响，信用期限之内未按约支付的现象十分常见。从一笔应收账款到期之日起，直到该笔账款被定义为需要追收的逾期账款之前，通常可以被视为一个非常关键的预警期。在预警期内，商账科应该抓紧时间，集中处理。商账科必须要在到期日以后及时联系客户，询问是否付账、未及时付账的原因和款项安排的情况。同时，需要对客户未按时付账的真正原因作出自己的判断。应该争取在2~3周的时间内结束客户的拖欠行为，最长不应该超过1个月。

（四）商账逾期判断与催收安排

在家政企业信用管理工作中，逾期应收账款管理属于信用管理过程的后期管理阶段。在信用期限结束以后，商账科应该抓紧与客户联系，同时对应收账款进行分析。逾期应收账款产生的原因可能有以下几条：客户财务状况发生恶化，无力支付账款；客户财务状况未发生恶化，但是资金周转出现问题，无法按时支付；客户支付习惯较差；客户存在故意拖欠或拒付的意图；客户对企业提供的家政服务存在异议，拒不付款。不论是哪种情况，一旦出现逾期，则出现坏账的可能性将大大增加。及时性，是商账科工作的重要质量要求。一个能够及时开展催收、能够快速对账款可收回性作出判断和安排对策的商账科，可以在企业遇到不良客户或客户出现不良状况时，为家政企业赢得宝贵时间，提供转危为安的希望。

在预警期内，通过电话、网络联系无效，或认为客户已经出现无法付款的可能时，商账科应该及时将有关材料转交外勤科，由外勤科进行催收。对出现坏账迹象的账款应会同财务部门按有关财务会计制度及时调整坏账计提比例。

四、外勤科及其职能

外勤科负责家政企业信用管理部门的对外业务活动，除了商账追收职能以外，还包括信用档案管理职能中对家政企业的客户进行调查，以及联系专业征信机构获得相关服务的职责。如果需要和保理、信用保险等机构进行信用业务合作，也由外勤科负责。外勤科可能涉及的工作类别较多，如条件许可，应当配备多个不同岗位。一些规模较小的信用管理部门往往将相关外勤工作分别交由不同的科室来负责。但当外部联络经常发生，或者经常需要出差时，设立外勤科能够较好地完成相关工作。

外勤科的日常工作包括外勤客户调查、外勤商账催收、外勤联络专业机构等。外勤客户调查工作需要和商情科配合工作。在商情调查中，客户的现场调研、外围走访了解及与征信机构的联系等，都需要外勤科。当商账科在电话催收无效，或预计某笔应收账款出现不良倾向时，就要将有关材料交给外勤科，启动外勤催讨程序。如果外勤催讨希望不大，外勤科应会同商账科进行研究，并提请信用管理部门经理或其他决策层，研究是否应该委托外部专业商账追收机构进行商账追收，或是否应直接进入法律诉讼程序。

将一笔逾期账款正式委托外部专业机构追收之前，外勤科与商账科的汇总分析十分重要，因为专业机构的追账需要的费用较高。对客户提起法律诉讼更需谨慎，法律诉讼不仅成本高，而且花费精力较大。即便获得胜诉，是否能够获得账款仍然存在较大的不确定性。除非万不得已，一般对金额不大的逾期账款，很少有企业愿意进行法律诉讼。这种理性选择，也是导致市场上部分不良客户到处欺诈的原因。随着我国法制建设的进一步健全，可以预期，未来法律诉讼手段的成本和不确定性将逐步减少，法律诉讼将会是信用管理的一个有效工具。

第三节　家政企业家政信用管理部门的人员设置

信用管理是一项对专业知识要求较高的工作，同时还需要有很强的对内、对外协调交流的能力。岗位人员的配备状况直接关系到家政企业信用管理政策与制度能否得到有效落实。根据家政信用管理基本功能和组织结构，结合现代企业人事管理权责分明、系统协调等原则，对于家政信用管理部门的人员设置，应配备信用经理、客户档案管理员、客户信用分析员、应收账款管理员、账款催收员和外勤联络员，对不同岗位的人员素质要求有不同的侧重点。

同时，家政信用管理是一门实践性强于理论性的管理知识，对家政信用管理人员，尤其是家政信用管理经理的要求非常高。家政信用管理人员要掌握信息、财务、管理、法律、统计、营销、公关等多方面的综合知识，同时实践能力和工作经历也必须出色。信用人员是企业内部少数工作责任大于工作权利的人员。一个好的信用经理，更是顶得上几十个追账人员。因此，家政企业必须培养自己的优秀信用人员。

一、一般素质要求

家政企业信用管理部门是综合类部门，工作价值量高，对工作人员素质要求也相对较高。

（一）教育背景：大学经济类专业毕业，主修过财会、营销、统计、审计、信息管理、管理经济学、商法、国际经济法、破产法、国际贸易、计量经济学等全部或大部分相关课程。

（二）技能专长：熟练计算机应用技术和互联网；具备一定的英语听、说、读、写水平。

（三）公关能力：善协调、善表达，组织管理能力强，富有团队精神。

（四）品德素质：责任心强，高度敬业。

（五）身体素质：身体健康，工作量较大、任务紧迫时能超负荷工作。

二、信用经理的素质要求

信用经理是家政企业信用管理的核心，对一个家政企业的信用部门经理来说，他就是企业的守护神。他不仅是一名管理人员，同时也是一名有经验的家政信用管理技术专家。合适的人选除在上述所有要求中都属上乘外，还应明显具有公关技巧娴熟、说服力强的个人特点。在当前国内大学尚未培养家政信用管理专业大学生的情况下，家政企业信用经理最好具备经管专业硕士学位和征信公司专业培训。此外，信用经理可以单独任命，也可以由企业的主管副总经理兼任。但是，不论这个职位由谁担任，都必须是在这个领域中拥有各种专业知识和技能的人。

（一）对家政企业所属的行业具有丰富的经验，对行业情况非常熟悉，尤其对家政企业的发展前景应有比较准确的估计，并且并不仅仅是乐观的估计，而要有超前意识。一旦企业经营发生困难，应有应对措施，对行业政策、国际环境要熟悉。

（二）要有丰富的法律、金融知识，尤其对企业法、合同法、破产法、民法比较熟悉，对金融风险管理的知识要比较熟悉，对中国的司法实际操作比较熟悉。

（三）对销售部门的日常工作与管理要非常熟悉，善于和客户以及其他部门沟通，当发现问题时，应能及时纠正并采取必要措施，以免出现更大的风险。与销售部门配合具有指导性，但要注意沟通方式。

（四）应有较长时间的中层管理经验，既了解上层意图，又能很好地贯彻执行。既了解下层心声，又能向上反映下层的愿望，还能代表下层群体的利益。参照其他同类行业家政信用管理人员的报酬概况，根据自己企业的实际情况，拟定本信用部门员工的报酬。信用部门经理既要有较好的管理才能，又能领导一个团队，扎扎实实地做好工作。

（五）应能掌握最新的知识，最新的技术，尤其必须熟悉电子商务与实际操作，熟悉公司的管理信息系统，熟悉相关软件的使用与发展趋势。

（六）要有数量分析的技能，熟悉各种财务报表，熟悉一般的统计知识与分析方法，熟悉各种数据的基本计算方法，并能发现具体操作人员在报表中出现的错误，及时予以纠正。

信用经理的工作和任务一般包括：

（一）协助决策层编撰行之有效的家政信用管理政策和制度。

（二）向家政信用管理人员和其他相关部门解释有关政策和程序。

（三）检查各项家政信用管理制度的执行情况。

（四）核准或拒绝各种信用额度的申请，增加或减少信用额度，延长或缩短赊销时间。

（五）协助审查销售合同条款，对条款中不合理之处向销售部门提出建议。

（六）指导信用部门人员管理应收账款和逾期账款。

（七）在集团管理体制下，检查下属企业或其他关系企业的家政信用管理状况。

（八）参与培训企业信用人员和其他部门人员，宣传家政信用管理知识。

（九）定期向决策层汇报公司的家政信用管理状况。

（十）和其他部门经理举行定期、不定期洽谈，交流体会、化解矛盾。

（十一）与外界有关部门保持密切联系，主要有法律、会计、贸易中介组织、商会、行业协会、专业家政信用管理公司等。

（十二）在破产案例中，代表法人参加债权人大会。

（十三）参加公司销售和其他经营管理会议。

（十四）定期检查信用管理人员业绩、推荐、提升有贡献人员，解除辞退不称职人员。

在家政企业信用管理中，应避免出现两种情况。一是信用经理作为高层管理者的顾问和幕僚，信用经理只提出建议，由高层管理人员做出决策。比如在实际工作中，经常会发生信用经理认为应该拒绝一笔业务，但领导指示可以执行该笔业务；信用经理认为有理由扩大信用额度，但却遭到上层领导否决的情况发生。长此以往，信用部门的作用就不知不觉地失去了，变成一个账款追收和清欠部门。另一种的情况是将核准信用的权力平分给信用部门和其他部门，例如销售部门或财务部门，这种情况更加糟糕，因为分散权力导致无人负责，形成权力真空，后果是部门间相互推诿，互不信任，各行其是，信用政策得不到执行。

因此，要保证家政企业信用管理政策能够顺利执行，必须采取有力措施，确立信用部门和经理的权力。信用经理有权做出其职权范围内的任何决定，在执行过程中避免任何其他因素的干扰和限制。

三、其他家政信用管理人员的素质要求

（一）客户档案管理员

客户档案管理员在家政企业信用管理部门中属于商情科岗位。从其工作

性质来看，客户档案管理员首先是信息收集、处理和检索的专家，其次需熟悉各种征信报告的格式和符号系统。他们必须具备财务管理专业知识，能够比较了解企业财务报表和其他经济指标的意义。该岗位主要负责及时收集客户资料和信息；汇总所有收集到的客户资料；对资料进行登记、排序、建档；通知并将资料转给客户信用分析员。客户档案管理员应对转给客户信用分析员的资料标上时间要求，如一般、紧急和加急。需明确客户资料具体包括哪些文件、什么事项和内容。客户档案管理员应当定期报告自己工作的进展，及时更新客户信用信息资料。

（二）客户信用分析员

信用分析岗位是专业性很强的信用管理工作岗位，有很高的技术能力要求。客户信用分析员属于信用管理内勤人员，其任务是根据信用信息评价客户信用、应用信用评分数学模型等。主要负责根据企业的风险评估系统和要求对客户资料数据进行综合分析，加以必要的调整后，给出评估意见；负责对销售部门的信用申请提出审核意见，并向信用经理报批。客户信用分析员应当对财务数据、行业情况及各种信息具有高度的理解能力，对企业的经营现状及信用管理政策有准确的把握。此外，客户信用分析员应当对分析处理的结果进行回顾和评价。

（三）应收账款管理员

应收账款管理员主要负责跟踪应收账款。具体工作包括：以电话、邮寄账单或其他方式与客户对账、催款及核查到账情况；记录客户延迟付款的情况并进行统计、汇总和报告；重点跟踪和监控有可能出现拖延的账款及客户。该岗位人员需要有一定的法律和财务知识，并能胜任与客户沟通的工作。

（四）账款催收员

账款催收员属于信用管理部门外勤人员，主要负责对客户进行上门催账拜访，追讨逾期账款。账款催收员应该熟悉国家的法律法规，最好具有一定的法律工作经验，同时需要客户服务意识较好、心理素质好、口头表达能力和自我控制能力强。账款催收员应该有敏锐的分析能力，能在一定程度上判断账款回收的可能性。要及时报告逾期账款的变动状况、重点问题客户的特别追踪及分析报告，并能够对逾期账款的处理提出适当的处理建议。

（五）外勤联络员

外勤联络员主要负责信用管理部门的对外联络，如联系征信机构、信用风险转移机构、专业商账追收机构、政府有关部门及律师事务所等。外勤联络员应该熟悉各信用管理相关机构的行业情况及具体业务，能根据企业实际需要选择适合的合作机构。此外，外勤联络员还需要有较强的交往能力和谈判能力。

案例 14：湖北省突出人才培训，推进家政服务业发展的职业化

当前，家政服务业在迅速发展的同时，仍面临供需矛盾突出，人员素质不高，专业化程度偏低，市场主体发育不够充分企业规模普遍较小等问题。针对这些亟待解决的问题，湖北省围绕"增加服务供给，提高服务质量"，突出组织引导、行业规范、人才培训、信息服务、品牌建设五个重点，努力推进全省家政服务业规范化、职业化、信息化、品牌化、产业化发展。

在人才培训方面，湖北省多措并举。一是加大经营管理者和领军人才的培养。将家庭服务业经营管理和专业人才培养纳入全省人才中长期规划，企业经营管理者培训班项目化，省财政每年落实经费组织专项培训班，培训累计人数达千人。指导武汉现代家政进修学院开展涉外家政管理、家政教育师范等专业的普通高等专科层次学历教育。二是加大从业人员的培训。全省把家庭服务从业人员作为职业技能培训工作的重点，认真组织实施"家政服务工程""家政服务员技能提升计划""春潮行动"等培训项目。同时聚焦精准扶贫，大力实行"菜单式""订单式""定向式"特色班、师资班等培训，提高培训的针对性、有效性。此外，指导武汉友缘家政公司、武汉炎黄职业培训学校开展英式管家示范培训。三是加强示范基地建设。自 2015 年起，在全省范围内开展家庭服务职业培训示范基地创建工作。目前，湖北省已在家服产业园、规模企业、职业院校、培训机构分别确定 24 家省级示范基地。四是举办技能大赛。连续三年湖北省家服办会同妇联、商务厅等成员单位联合举办全省家政服务职业技能大赛，向单项第一名的三名选手颁发了"湖北省三八红旗手"荣誉证书，对冠亚季军分别颁发金银铜牌及证书，并给予奖金。组织了全省巾帼脱贫创新创业大赛，营造了比赶学和尊重家庭服务业技能人才的氛围。①

案例 15：甘肃新录用家政服务员入职一个月内需建信用记录

2019 年 8 月，《甘肃省家政服务业信用体系建设实施方案》印发，提出对家政服务员设立信用记录，引导消费者优先选择已建立信用记录且信用状况良好的家政企业和家政服务员。家政企业对已录用的家政服务员，要在"商务部家政业务平台"上线 2 个月内录入并建立家政服务员信用记录；对今后新录用的家政服务员，要在其入职后 1 个月内在商务部统一平台建立家政服务员信用记录；对由其他企业流入的家政服务员，要求提供其历史信用情况并录入信用信息平台，原企业须如实提供相关信用信息。

家政企业为家政服务员建立信用记录时，要同时将信用信息和家政服务员签署的《家政服务员信用信息授权书》上传至"商务部家政业务平台"。商务主管部门及行业协会负责随机抽查辖区内家政企业上传的家政服务员信息材料，提高上传资料的真实度。甘肃省将依托商务部业务系统统一平台，为家政企业建立信用记录；采取家政服务员自愿填报与家政企业填报结合的方式，推动家政企业为下属家政服务员建立信用记录，接受信用监督。同时，强化企业诚信建设，拓展信用信息征集和共享应用范围，建立诚实履约和守信经营约束制度。

甘肃省将建立和规范家政服务领域守信联合激励对象名单制度。对失信家政企业和家政服务员实施跨部门联合惩戒，公布失信联合惩戒对象名单，加大失信企业监管力度，提高检查频次，支持各级商务部门和行业组织按有关管理规定，对失信主体实施降低信用等级、限制会员资格、公开曝光等惩戒措施。②

案例 16：福州家政员信用分和关联家政机构信用分

福州市从 2018 年 8 月就开始升级福州家政互联网平台。如今，消费

---

① 国家发改委社司：湖北省以"五化"建设为抓手，着力推进家政服务产业健康发展，见国家发展和改革委员会官网。

② 刘梦雨：《信用监管　推动家政行业提质扩容》，载《中国信用》2019 年第 9 期，第 58~62 页。

者通过该平台，可参照地区、客户评价情况等快速预约合适的家政员。升级后的福州家政互联网平台，建立了家政员动态信用分值管理系统，实现了家政员全流程5大类19项动态信用评分，直接明了地呈现及推荐优质家政员。家政员的信用分关联家政机构的信用分，以此激励家政公司严格管理所属家政员，改变从业人员管理混乱的现状。

近年来，福州市家政服务业快速发展，现有2000多家企业的经营范围涉及家政，登记造册家政员2万多名，但行业发展不规范问题仍然存在，推进行业信用体系建设至关重要。家政互联网平台打通了经过公安部接口的身份核验系统，实现实人、实名、实证认证，确保了家政员身份信息的真实性。同时，规范了家政员体检，明确了体检项目、体检机构、体检结果上传流程，杜绝体检结果造假行为。目前，平台已经完成升级，正在完善家政员人证核验数据库。①

第四节　家政企业信用管理部门的业务流程

家政企业信用管理中的业务流程是企业组织内部及企业不同组织之间的工作程序，按不同工作涉及的范围不同，可以分为不同的层面。最基本层面的业务流程是一个岗位执行其职责的操作程序，如客户档案管理员应完成从销售部门获得客户的名单及基本信息、采集客户其他信用信息和资料、进行基本信息的整理和录入等操作。其次是同一个部门不同岗位间的工作程序，如客户档案管理员和信用分析员、外勤联络员在信用信息交接上的工作程序。部门之间的业务流程是不同部门协作工作中的操作程序，如信用管理部门和销售部门在客户信息收集中的配合关系。将企业的信用管理目标、职能制度化，制度化的信用管理工作就形成了信用管理业务流程。

一、家政企业信用管理部门的内部业务流程

家政企业信用管理是一个动态的过程，具备明确的流程目标、完善的规

---

① 刘梦雨：《信用监管　推动家政行业提质扩容》，载《中国信用》2019年第9期，第58~62页。

章制度和相应的组织机构。工作的起点是家政企业和客户的接触，终点是账款收回，以及后期客户信用额度的调整和客户关系的维持。企业信用管理过程分为事前、事中和事后三个阶段。事前管理是指授信阶段以前的工作，主要是筛选合格的信用交易对象，进行资信调查、资信评价，确定信用管理政策等；事中管理是指从签订赊销合同到按约提供家政服务形成收入过程的管理，主要在于赊销合同管理、按约提供服务、确认债权；事后管理是指服务实现收入并形成应收账款以后的管理，主要是应收账款管理、催收和追收。

信用管理的工作流程由各个阶段的一系列工作及任务组成，体现了对信用销售业务流程全过程的信用风险控制和转移。其工作流程主要包括以下环节：

（一）业务部门开始接触客户时，应通知信用管理部门进行前期调查。尤其是存在明确机会成本和交往成本的客户，必须及时通报信用管理部门。

（二）信用管理部门将收集到的信用信息反馈给业务部门，以确认是否和业务部门掌握的客户信息一致。

（三）当业务部门与客户达成销售意向之后，以赊销方式交易的业务应转移到信用管理部门处理。

（四）信用管理部门负责对客户进行资信调查。

（五）信用管理部门利用掌握的信用信息对客户信用进行分析，以确定是否对客户进行授信及信用额度、信用期限等信用条件。

（六）当信用管理部门核准某客户的授信，并确定客户的信用条件以后，业务部门签订赊销合同。

（七）提供家政服务之后，信用管理部门要确认发票等凭据，对单据寄出和送达客户的时间作详细的登记和跟踪。保姆、月嫂等到了客户家庭以后，要求客户出具书面的确认文件，证明人员已到达，并且符合要求，以保证客户不会因单据问题或人员问题而拖延付款或拒绝付款。

（八）在信用期限内，信用管理部门要在适当的时候与客户进行联系，一方面提醒客户安排资金计划准备按时付款，另一方面及时了解客户的资金现状，并进行定期的信息记录。

（九）信用期限过后，如果客户没有按时足额付款，信用管理部门首先应该进行分析，然后将客户和业务置于收账流程之中进行催收，并按信用管理制度的要求及时上报。

（十）催讨无效后，信用管理部门必须及时委托外部追账机构或利用法律手段进行追账，以保证时效。

（十一）收到提供家政服务相应的款项之后，作为一项销售业务已经结束了。但是，信用管理部门的工作并没有结束。信用管理部门应对整个业务过程中取得的有关客户的信用信息资料进行归档整理，同时记录客户的特点或有关的失信行为，及时更新客户的信用信息资料，一方面可以对现有客户重新进行信用评价，另一方面可以在现有客户的基础上找到良好客户的特征，为今后的业务拓展提供有效的依据。

其中，一至五项为事前管理，六、七项为事中管理，八至十一项为事后管理。

二、家政企业信用管理部门和其他部门的关系

家政企业内部信用管理体系不仅包括信用管理部门，还涉及销售部门、财务部门等多个部门。企业信用管理部门在执行信用管理政策时，主要协同的两个部门是销售部门和财务部门，有时还会与市场部门、公关部门等发生工作联系。

（一）家政企业信用管理部门与销售部门的关系

销售部门是家政企业信用管理部门最主要的协同部门，它们都直接接触客户、分析客户并保持与客户的持续联系，关注家政服务的市场。在不少没有设立信用管理部门的家政企业，其信用管理职能归入销售部门。不少企业管理者注意到销售部门和信用管理部门之间存在工作目标的不一致，这种不一致还体现在两个部门的考核制度、激励制度等方面，这些差异有时可能导致两个部门之间产生很大冲突。两个部门可能为了自身的利益，在工作中作出损害对方利益的事情。

销售部门要尽可能多地开发客户，将家政服务销售出去；而信用管理部门却要控制销售风险，对客户信用进行审查。对客户进行信用评价和审查的结果就是对客户信用额度进行限制，甚至拒绝对某些客户进行授信，这必然会影响销售人员的销售额。销售部门面临市场同行的竞争，开发客户、建立客户关系，与客户的关系密切。"客户就是上帝"，这在销售部门体现得最为明显。销售部门总是以客户为中心，一般倾向于对客户持信任态度。信用管理部门的职能是控制销售风险，谨慎原则是信用管理部门的行动准则之一，

倾向于对客户持怀疑的态度。

家政企业信用管理部门和销售部门的这种差异甚至对立，可能影响它们之间的相互合作。这就需要家政企业的信用管理政策和销售政策在实现企业利润最大化和长期发展的最终目标下统一起来。家政企业必须建立一种协调机制，以减少两个部门之间的对立性因素。解决的办法可以是将信用管理部门和销售部门统一归于销售总监或其他某个特定的企业高层管理人员负责，以便容易在这两个部门间建立协调关系。考核指标要具有全面性和长远性，将企业利润、销售额、坏账损失额按一定比重与两个部门挂钩。要将公司允许的坏账比例目标纳入销售人员的考核中，避免一味强调销售额的增加。另外，还应该建立一套有利于部门间协调工作的操作指南和培训制度，即培训信用管理部门人员与销售部门人员如何相互配合。还可以通过例会、客户情况通气会、业务探讨等形式使部门人员相互交流。信用管理人员应该向销售部门人员解释企业信用管理政策，让销售部门人员了解企业对客户信用管理的流程及信用评价的基本原则。销售部门人员一般对客户的接触是最频繁、最直接的，他们应该向信用管理部门人员介绍家政服务市场中竞争对手的信用管理政策，人员变动等情况。

家政企业信用管理部门和销售部门角色的差异有时也是一个可以利用的条件。比如，对客户应收账款的催收，由信用管理部门出面，就比销售部门人员催收更有助于维护企业与客户间的关系，效果也会更好。

（二）家政企业信用管理部门与财务部门的关系

家政企业信用管理部门与销售部门因为有不同的目标，对待客户的出发点不同，所以容易出现冲突。相比之下，信用管理部门与财务部门的关系则要融洽得多。两者之间往往要相互合作，才能完成各自的任务。这两个部门的关系还体现在企业财务数据的协作上。两者在一般情况下都遵循谨慎原则，这也使得两个部门间有更多的沟通基础。从家政企业信用管理部门来看，它在控制应收账款的发生规模、避免逾期应收账款、调节企业的现金流量等方面与财务部门的目标一致。两者在有关财务科目的预算、控制上也有相互配合的地方。正是因为信用管理部门和财务部门存在目标上的某种一致性，在许多企业，信用管理岗位设置在财务部门。

总体上，家政企业信用管理部门的目标与财务部门的目标一致，但也有一些冲突的地方。如在推销家政服务、开拓新市场的情况下，有效地扩大信用销售常常成为信用管理部门信用管理政策的倾向。这时候，信用管理部门就不可能和财务部门一样始终保持谨慎原则了，两个部门的目标就会发生偏离，并可能带来冲突。在注销逾期账款时，信用管理部门可能会主张按照对应客户的实际情况来处理，但财务部门往往会考虑当期会计盈余对企业的影响，或税务上可能的影响。财务部门往往注重结果，着眼于账面反映的与应收账款有关的数据；信用管理部门则需对这些数据的产生过程进行重点关注，甚至进行预先的、对源头的控制。

（三）家政企业信用管理部门与企业其他部门的关系

除了与销售部门、财务部门的关系比较紧密外，家政企业信用管理部门还可能和公关部门等发生业务关系。

若家政企业的信用管理部门功能比较强，除了管理一般的赊销业务以外，还具有审核、评价有关家政从业人员综合资信的职能。信用管理部门考察其从业人员，如保姆等的资信实力和服务价格，以评价保姆能否保质保量按时提供稳定的服务。这种专业化的资信评价也有助于防止家政从业人员出现信用问题而损害公司形象。类似的资信评价也可用于公关或招待的对象，对不符合条件的家庭可以不予接洽，从而减少不必要的开支。

案例17：广州通过持证上门服务加强信用档案的维护和更新

就家政市场供给不足，行业规范标准等问题，广州市商务局表示，计划从2020年起，用3—5年时间大力推进家政持证上门服务，通过持证上门服务，收集汇总家政服务从业人员信息，审核身份背景，形成信用档案，逐步建立完善广州市家政服务信用体系。

目前，广州有两个线上家政服务公共平台——家政天下和广州市家庭服务公共平台。市民可通过平台找有信誉的家政公司，平台上的家政人员都有"一人一码一卡"绿色标签，可以通过标签查询其基本信息、培训记录、健康信息以及动态的工作状态评价。不过，目前上述平台的覆盖面还比较小。广州市妇联打造的广州市家政服务综合管理与行业监管平台已启动，平台接入"互联网+"人脸识别功能，对从业人员进行"人证合一"的可信身份认证，通过收集从业人员信息数据实现"一人一卡一码"上门服务。

广州市商务局方面表示，将把上述平台作为推进家政人员持证上门服务的依托，下一步重点推进家政服务信用体系建设。计划从明年起，花3—5年时间大力推进家政人员持证上门服务，每年持证上门人数在2万—3万人之间。通过持证上门服务，收集汇总家政服务从业人员信息，审核身份背景，形成信用档案，加强对信用档案的维护和更新，逐步建立完善广州市家政服务信用体系，实现家政服务可追溯、可查询、可评价。①

第五节　家政企业信用管理部门的考核

随着我们市场经济体制的不断完善，许多企业开始建立自己的信用部门，在我国，这也是一个从无到有的过程，既是借鉴外国的经验，也是我们自己探索的结果。家政信用部门的建立，在保障家政企业正常运转方面，必将起到巨大的作用。但是，市场经济千变万化，有时事与愿违，不一定能够达到企业的期望值，这样就要对信用部门进行合理的切合实际的评估，即需要对其业绩进行考核，同时，家政企业信用部门也要接受政府部门的统一监管。

一、家政信用部门业绩考核体系的措施

如何建立完善的家政企业信用评估方法和监督制度？在中国目前的管理水平下，应该由谁来制定？谁来监督？建立完善的信用体系的作用是为了指引家政企业走向正确的价值观，就像公司为了鼓励员工多劳多得的奖惩制度一样。但如果制度不公平或执行不到位，结果往往适得其反。

主观来说，要建立家政信用体系，需要政府大幅度提高管理水平，学习国际上先进的企业管理水平，借鉴先进的管理方法来管理国家，国家就是一个大的"组织"，它建立的信用体系将影响到我国家政企业将来的发展及国际竞争力。客观来说，从家政企业的角度出发，建立完善的信用评估机制，实施一整套科学的管理措施，是有效地避免损失的根本。借鉴欧美企业流行的做法，大体有如下的具体措施：

---

① 刘梦雨：《信用监管　推动家政行业提质扩容》，载《中国信用》2019年第9期，第58~62页。

（一）是否尽可能多地收集了客户信用信息

在提供家政服务之前，请客户填写详细"信用申请表"，其中包括客户名称、地址、电话、财务数据、银行往来、参考资料等。如果该客户工作未满5年，应要求其亲属提供个人担保。此外还应注明如果将来客户拖欠付款，由此产生的利息和追账费用由客户承担。根据此资料，联系所有能证明该客户信用情况的单位和个人，并向专业信用风险管理机构购买资信报告，以核实所得到的资料。如发现有任何与客户提供的资料不相符的情况，与客户进行联系和查证。

（二）订立信用限额是否合适

根据家政公司服务市场情况和信用政策，确定合理的信用限额。对客户资料定期及时更新，并相应修正信用限额。放宽或收紧信用条件、限额时，明确是否有充分合理的理由。

（三）合同是否完备

签订合同时是否符合当前的法律法规，如果是外籍个人，是否考虑了本国的法律法规。签订合同时是否尽到了注意义务，合同文本是否完备。

（四）账款逾期是否及时发现并采取必要措施

家政服务到期未付，是否及时做出相应的反应。向客户追收是否迅速及时，实际效果如何。

（五）是否有责任意识，保持积极的工作状态

如果客户提出不能还清账款的各种原因，是否要求客户提供有关的证明资料，找出问题所在，寻求有效的解决办法；是否要求客户提供了更多的还款保证，如个人担保或还款承诺书等。

（六）追款是否能够坚持到底，具有百折不挠的精神

如果接受新的还款计划，可信程度如何？预计有风险发生时，是否马上联络客户，要求解释；如果客户拖欠账款超过了规定的日期，又没有实际追回欠款，是否及时向主管领导进行了汇报。

（七）主管领导是否布置了下一步的追款工作

如把追款事宜交给了追账公司，是否马上落实，即是否告知客户把此项欠款交给追账公司处理；是否和追账公司密切合作，直到追回账款。

二、家政信用部门考核的具体指标

在对家政信用部门进行业绩考核时，具体指标的参考至关重要，最具代

表性的考核指标有坏账率、销售未清账期 DSO、逾期账款率、回收成功率、信用批准率指标和逾期账款结构。

（一）坏账率

坏账，是指企业、单位无法收回的应收账款。由发生坏账而产生的损失，称为坏账损失。坏账率是应收账款与坏账款的比率，又有单项坏账率、季度坏账率、年度坏账率和总坏账率之分。坏账率是最常见的信用部门业绩评价指标之一，它反映了在某一销售时期内坏账与销售额的比率，公式如下：

$$坏账率 = 注销的坏账/销售总额 \times 100\%$$

1. 坏账发生的主要类型：

（1）收款不力。企业没有确定具体的收款人是销售部门、财务部门还是信用部门，造成权责不清晰，而收款人又缺乏主动付款的意识，因而造成拖欠形成坏账。

（2）合同纠纷。在订立销售合同时不够严格，家政企业和客户因服务质量问题、时间问题等认为对方违反了合同规定，形成纠纷，从而导致款项难以收回造成坏账。

（3）客户资金周转失灵。因为客户各方面的原因，导致其难以支付家政服务相应的账款，从而成为坏账。

（4）故意坏账。客户不讲信用，故意拖欠款项，虽然家政企业已经采取了各种追账措施，但是客户不予配合，长期拖欠形成坏账。

（5）意外事故。由于意想不到的事故，使客户造成重大经济损失，如洪灾、火灾、交通、地震、台风、洗钱等，使客户经济状况全面瘫痪崩溃，无法偿还账款，只能作坏账处理。

2. 对坏账的确认方法：一是债务人破产，依照民事诉讼法清偿后，仍无法收回的；二是债务人死亡，无遗产可供清偿或遗产不足清偿又无义务承担人，确实无法收回的；三是债务人逾期未履行偿债义务，超过 3 年仍无法收回的应收账款。

3. 对坏账损失进行核算的方法：第一，直接转销法。即在实际发生坏账时，作为损失计入期间费用，同时冲销应收账款。第二，备抵法。即承认应收账款存在着收不回的可能性，按期估计坏账损失，转作期间费用。同时设置"坏账准备金"，实际发生坏账时，冲销坏账。

（二）销售未清账期 DSO（Days Sales Outstanding）

销售未清账期 DSO 是最常用的评价信用部门业绩的指标之一。具体计算方法为：

$$DSO = （期末应收账款余额/本时期的销售额）×销售天数$$

比如，在 3 个月内销售额为 300 万元，3 个月末应收账款余额为 200 万元，

$$DOS = （200 万元/300 万元）×90 天 = 60 天$$

这个数据说明企业在此 3 个月内的销售未清账期为 60 天。抛开其他因素，如果在随后的销售中 DSO 的天数上升了，就表明信用部门没有做好工作，使账款回收变得缓慢。反之，如果 DSO 的天数下降了，说明信用部门的工作更有成效。

这个算法也有其缺陷，因为 DSO 易受到比如季节和销售质量的影响，这些因素虽然影响到 DSO 的数据，但却不是信用部门的责任。因此，目前有一些关于 DSO 的新算法，就是将 DSO 细化为对比分析 DSO、销售质量 DSO 和账龄 DSO 等。

（三）逾期账款率

逾期账款率指某一时期期末逾期账款占总应收账款的比率。

$$逾期账款率 = 期末逾期款/总应收账款×100\%$$

这个数据需要连续记录几个时期，以显示有问题的付款趋势是上升还是下降。在一定时间内如果指标上升太快，信用经理就必须采取必要的措施阻止这个趋势，使指标回归正常比例（每个企业都有自己正常的比例，这可以从多个期间的记录中得出）。

（四）回收成功率

回收成功率是指在总应收账款中，实际收回的应收账款所占比例。该比率越高表明回收效率越高，家政信用管理部门的管理越好。该指标公式如下：

$$回收成功率 = （BTR+QCS/3-ETR）/（BTR+QCS/3-ECR）×100\%$$

其中：

BTR 表示某时期初总应收账款金额；

QCS 表示该季度总信用销售额；

QCS/3 表示该季度平均每月信用销售额；

ETR 表示某时期末总应收账款金额；

ECR 表示当期产生的总应收账款。

这个数据比坏账损失指数更有优势，因为它能较早地反映和预见公司在回收账款方面的困难并尽早纠正追账方法。若该数据指标下降，表明家政企业坏账增加或者回收效果出现问题，企业应及时健全自己的信用政策。此外，指标下降也可能意味着公司的信用销售和付款方式期限太过宽松，给客户的信用产生偏差，导致企业的追账行为产生反作用，难以成功回收账款。

（五）信用批准率指标

信用批准率指标用以评估企业在信用申请方面的态度、质量、效率等。指标公式如下：

信用批准率＝被批准的信用申请额/提交的申请额×100%

从这个指标可以看出企业信用政策总的轮廓。如果比率过低，说明企业的信用政策保守，不利于企业的开拓发展；反之，如果比率过高，则说明企业的信用政策可能过于激进，信用风险将大大增加。此外，该指标也可与其他指标（比如坏账比率）相互参照以确定信用部门的工作状况。

（六）逾期账款结构

逾期账款结构是指逾期应收账款的账龄分布情况。为了更清晰地了解家政企业本年度的逾期账款状况，信用部门应以百分比的方式列出所有逾期应收账款的账龄分布情况。图 7-3 是某企业的逾期账款结构示意图（图 7-3）。

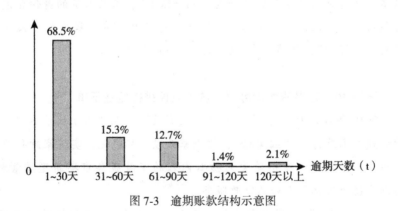

图 7-3　逾期账款结构示意图

如图 7-3 所示，家政企业的信用部门应每月制作一张逾期账款结构示意图，用以账款管理的纵向比较。如果家政企业信用管理向好的方面发展，左边的比重会逐步加大；如果家政企业信用管理向坏的方面发展，右边的比重将增加，因此家政企业信用管理部门的信用经理应努力使该图表的比重向左边倾斜，尽早收回逾期应收账款，降低信用风险，使企业的资金压力和利息损失最小化。

案例 18：山东依托大数据实现家政人员服务"可追可查可评价"

2018 年，山东省家政行业努力探索，围绕推动家政业健康快速发展做文章。目前，已经有济南、青岛、烟台、潍坊、东营、滨州六市试点建设家政服务信用平台。以此推动建立从业人员社会信用体系建设，提高从业人员诚信素质，改善家政市场信用环境，提高就业效率，降低运营成本，提高整个行业的发展潜力。该平台全称"山东省家政服务信用平台"，涵盖家政服务员信用档案系统、家政企业信用档案系统、消费评价档案系统、纠纷投诉调解系统、先行赔付系统、信息查询系统等内容。

平台为家政服务员定制档案信息卡，消费者通过扫描卡面二维码，就可直接获取家政服务员基础档案。此外，平台还推出了先行赔付制，当遇到消费者理由正当而且充分的投诉，平台可给予先行赔付，完善家政消费纠纷售后服务体系。此外，去年 6 月份山东省商务厅也开始在家政企业试点推出诚信家政"一卡通"，依托大数据、App 移动互联网等新技术，推行家政服务人员"一人一码一张卡"，家政人员的身份信息、学习经历、从业记录、职业证书等信息均可追溯，实现家政人员服务"可追可查可评价"，让消费者选择家政服务时更加放心。

案例 19：宜昌消费者可根据诚信点评排行便捷下单

2019 年 6 月 19 日，宜昌市"三峡家政"信用平台上线试运行。该平台将建立家政行业"红黑榜"，推进家政服务标准化，实现家政行业数字化运营，并构建以信用监管为核心内容的家政服务市场新型监管机制，帮助宜昌市民找到更好的家政服务。

"三峡家政"信用平台包含手机 App、小程序，并且打通与"市民 e 家"政府平台的对接，做到信息的高效互通。消费者可根据诚信点评排行便捷下单，家政企业及服务人员可通过系统进行管理和接单，进一步提升工作效率。此外，该平台还可实现家政企业"一企一证一码"，服务人员"一人一卡一码"，让消费者在选择家政企业及服务人员时更加公开透明、心中有数。同时，通过家政企业及服务人员守信激励和失信惩戒并举的方式，推动建立家政行业诚信体系。

下一步，宜昌市人社局将指导家政服务行业协会牵头编制"家政服务企业等级划分及评定标准"，对参与标准评级家政企业进行全方位公开、透明的考核和评比，让家政企业之间的差距明细化、清晰化，形成市场良性竞争，促进行业健康发展。

参 考 文 献

1. 关伟主编:《企业信用管理》,中国人民大学出版社 2009 年版,第 1~17 页。

2. 袁慧玲主编:《家政服务公司经营与管理概论》,山东科学技术出版社 2011 年版,第 1~45 页。

3. 刘澄、李峰主编:《信用管理》,人民邮电出版社 2015 年版,第 4~23 页。

4. 吴晶妹主编:《现代信用学》,中国人民大学出版社 2009 年版,第 1~82 页。

5. 吴晶妹主编:《现代信用学》,中国人民大学出版社 2020 年版,第 233~330 页。

6. 国家发展改革委社会发展司,商务部服务贸易和商贸服务业司,人力资源和社会保障部农民工工作司主编:《推进家政服务提质扩容》,社会科学文献出版社 2019 年版,第 1~20 页,第 106~185 页。

7. 张鹏主编:《个人信用信息的收集、利用和保护——论我国个人征信体系法律制度的建立和完善》,中国政法大学出版社 2012 年版,第 26~58 页。

8. 马建华主编:《征信知识与实务》,国防工业出版社 2012 年版,第 1~83 页。

9. 王丛漫、马骞:《家政企业诚信监管的三方演化博弈及仿真分析》,载《经济与管理》2021 年第 2 期。

10. 尹晓:《重庆市家庭服务业诚信体系建设的路径研究》,载《企业导报》2016 年第 3 期。

11. 曾光辉、骆立:《推动我国信用服务机构发展的对策研究》,载《厦门特区党校学报》2019 年第 6 期。

12. 张燕:《我国家政行业标准化发展趋势及对策探讨》,载《大众标准化》2021 年第 16 期。

13. 安冰：《老龄化社会背景下家政服务行业面临的机遇与挑战》，载《大众标准化》2021 年第 15 期。

14. 李舒婷、章嘉薇：《家政服务业标准化发展建议》，载《大众标准化》2020 年第 22 期。

15.《贵州家政"上门服务证"首发》，载《家庭服务》2020 年第 11 期。

16. 胡洁人、卫薇：《家政业需要规范、尊重和认同》，载《检察风云》2020 年第 15 期。

17. 王丛漫、马骞：《家政企业诚信监管的三方演化博弈及仿真分析》，载《经济与管理》2021 年第 2 期。

18. 马媛：《斑马：做家政服务行业信用建设的先行者和践行者》，载《家庭服务》2020 年第 11 期。

19. 杜晓娟：《茂名青年家政：一支芙蓉出水来——记广东茂名国家家政服务业标准化试点》，载《中国标准化》2020 年第 11 期。

20. 何玲、孟佳惠：《加大家政企业财政支持 健全家政服务信用体系》，载《中国信用》2020 年第 7 期。

21. 刘凡华：《企业信用管理在市场营销中的运用——以斑马家政为例》，载《企业改革与管理》2020 年第 3 期。

22. 孙红玲、张敏、张志辉：《电子档案管理在家政档案管理中的探讨》，载《管理观察》2019 年第 13 期。

23. 刘玉芬主编：《企业信用管理》，中央广播电视大学出版社 2011 年版，第 56~96 页。

24. 吴晶妹主编：《信用管理概论》，中国人民大学出版社 2021 年版，第 1~68 页。

25. 李红艳、刘丽珍主编：《信用管理概论》，复旦大学出版社 2007 年版，第 1~19 页。

26. 张其仔、尚教蔚、周雪琳、施晓红主编：《企业信用管理》，对外经济贸易大学出版社 2002 年版，第 54~60 页。

27. 林钧跃主编：《企业信用管理》，企业管理出版社 2001 年版，第 48~110 页。

28. 朱荣恩、丁豪梁主编：《企业信用管理》，中国时代经济出版社 2005

年版，第 99~144 页。

29. 王进主编：《信用管理基础教程》，中国金融出版社 2008 年版，第 104~122 页。

30. 李先国、周伟主编：《营销实务与案例分析》，中国商业出版社 2003 年版，第 188~204 页。

31. 刘俊剑主编：《信用管理实务教程》，中国金融出版社 2008 年版，第 45~70 页。

32. 林鸿熙主编：《中小企业信用问题博弈研究》，厦门大学出版社 2010 年版，第 78~114 页。

33. 关伟主编：《企业信用管理》，中国人民大学出版社 2009 年版，第 1~17 页。

34. 周宗放主编：《新兴技术企业信用风险演化机理及评价方法研究》，科学出版社 2010 年版，第 1~92 页。

35. 管晓永主编：《中小企业信用理论与评价研究》，浙江大学出版社 2007 年版，第 1~40 页。

36. 李乐波主编：《新医改下公立医院信用评价研究》，浙江工商大学出版社 2013 年版，第 1~35 页。

37. 张宇主编：《企业信用等级评估指南》，中国经济出版社 2017 年版，第 3~31 页。

38. 唐凯：《家政服务企业提高内部控制水平的探析》，载《技术与市场》2020 年第 27 期。

39. 刘姗姗：《家政 O2O 企业等级评价体系构建》，载《合作经济与科技》2020 年第 6 期。

40. 施歌：《建好用好信用平台完善江苏家政服务诚信体系》，载《改革与开放》2019 年第 9 期。

41. 张海洋、舒云、刘桂云、刘昕欣主编：《企业信用管理实用手册》，清华大学出版社 2017 年版，第 1~45 页。

42. 平肖毅：《海关企业信用管理体系建设研究——以厦门海关为例》，厦门大学 2018 年硕士论文。

43. 关伟主编：《企业信用管理》，中国人民大学出版社 2009 年版，第 45~56 页。

44. 马胜祥、王云玲、高英华、高宏业主编：《中小企业信用体系建设理论与实务》，河北人民出版社 2014 年版，第 28~30 页。

45. 谢旭主编：《全程信用管理实务与案例：销售与回款业务流程整体解决方案》，中国发展出版社 2007 年版，第 1~50 页。

46. 陈晓红主编：《中小企业融资创新与信用担保》，中国人民大学出版社 2003 年版，第 262 页。

47. 李芸、熊筱燕：《家政企业"员工制"管理的阻力和动力》，载《家庭服务》2020 年第 1 期。

48. 陈晓红、文亚青：《企业全面信用管理的背景与体系特征》，载《求索》2004 年第 8 期。

49. 样子：《天娇家政：用真诚服务客户，用诚信铸造未来》，载《家庭服务》2019 年第 12 期。

50. 邵琳：《临沂：大力推进家政服务信用体系建设》，载《家庭服务》2020 年第 10 期。

51. 赵振杰：《河南：家政信用"红黑榜"来了》，载《家庭服务》2019 年第 10 期。

52. 史宁、李美丹、吕琳：《我国企业信用管理存在的问题分析》，载《北方经贸》2018 年第 5 期。

53. 李吉海：《企业信用管理体系的构建与应用研究》，吉林大学，2008 年。

54. 文亚青：《"三位一体"的企业全面信用管理体系的构建及应用研究》，中南大学，2006 年。

55. 58 同城：《中国家政市场就业及消费报告》，https：//www.199it.com/archives/943209.html

56. 童锡来：《2021 年中国家政服务行业研报》，载前瞻产业研究院，https：//www.qianzhan.com/analyst/detail/220/210624-7b020053.html

57. 林钧跃主编：《企业信用管理》，企业管理出版社 2001 年版，第 282~342 页。

58. 中国商业技师协会市场营销专业委员会、华夏国际企业信用咨询有限公司主编：《信用管理基础与实务》，中国商业出版社 2002 年版，第 281~290 页。

59. 蒲小雷、韩家平主编：《企业信用管理典范》，中国对外经济贸易出版社 2004 年版，第 14~20 页。

60. 吴晶妹主编：《信用管理概论》，上海财经大学出版社 2005 年版，第 162~165 页。

61. 林钧跃主编：《企业与消费者信用管理》，上海财经大学出版社 2005 年版，第 244~275 页。

62. 谢旭、北京博升通管理咨询公司主编：《全程信用管理实务与案例 销售与回款业务流程整体解决方案》，中国发展出版社 2007 年版，第 64~70 页。

63. 刘俊剑主编：《信用管理实务教程》，中国金融出版社 2008 年版，第 235~245 页。

64. 邵正勇主编：《销售账款催收实用手册》，广东经济出版社 2015 年版，第 7~16 页。

65. 肖智润主编：《企业信用管理与战略》，上海财经大学出版社 2019 年版，第 52~63 页。

66. 田玉平：《企业信用部门运作效能的提升》，载《中国洗涤用品工业》2006 年第 5 期。

67. 许华：《信用管理"操盘手"系列信用部门的架构设计与完善》，载《今日工程机械》2010 年第 10 期。

68. 李亮：《我国企业信用管理现状及对策研究》，载《中国商贸》2011 年第 31 期。

69. 刘梦雨：《信用监管 推动家政行业提质扩容》，载《中国信用》2019 年第 9 期。

70. 马媛：《斑马：做家政服务行业信用建设的先行者和践行者》，载《家庭服务》2020 年第 11 期。

71. 张志东：《提质扩容背景下家政服务业信用体系建设的思考》，载《对外经贸》2020 年第 5 期。

后　记

　　根据国家发改委、商务部等公布数据显示，2018 年家政服务业总营业收入达到 5762 亿元，同比增长 27.9%，预计 2021 年将达到万亿规模；家政服务从业人员数量超过 3500 万，并持续增长。然而家政服务业的发展质量没有完全跟上发展速度，家政服务企业小、散、弱特征明显，规范化、信息化、集约化水平有待提升；家政服务质量无法满足人民群众日益增长的消费需求。针对家政产业发展中的痛点和难点，国务院办公厅 2019 年印发了《关于促进家政服务业提质扩容的意见》，对症下药提出 10 点重要任务，以实现家政服务业高质量发展。在这种背景下，家政服务企业如何抓住机遇，促进产业提质扩容，关键因素是家政企业内部控制和管理，特别是家政企业的信用评价和风险管理，只有提高家政服务企业好的信用管理，才能实现家政服务业提质扩容的目标。

　　由于家政服务业准入门槛较低，对投资者文化程度等各方面要求都比较低，很多小微家政公司遍地开花。随着公司规模逐渐加大后，公司的管理往往没有跟上，在客户需求不断增长的同时，很多家政公司的服务和管理都没有跟上，如果经营不善将会给家政服务公司和客户带来巨大风险。在此背景下，我们根据以往的家政课程培训，将家政企业的信用风险管理的知识进行科学化的总结和归纳，以便更多的家政企业的管理者可以了解家政企业管理中的内部控制和风险管理，提高家政企业信用，从而更好满足人民群众对家政服务的信任和需求。

　　编好一本能够让准备从事家政企业管理的从业者满意的学习教程需要有持久而辛勤的前期研究和实践积累。这本教程结合我们多年的实际经验，理论联系实际，尽可能将目前家政企业信用风险管理中存在的问题和对策纳入教程中，丰富当前家政企业管理教育的知识。同时，我们希望这本教程能够为在校本、硕学生提供良好的学习教材，为家政企业走向正规奠定一定基础，让每一个家庭都可以分享到家政企业发展带来的丰硕成果。

2021 年 9 月于南京师范大学随园